澳大利亚学校
亚洲素养教育研究

刘奕涛　著

广东高等教育出版社
Guangdong Higher Education Press
·广州·

本书简介

本书的研究重点聚焦于“澳大利亚如何经过50余年的国家教育努力培养国民亚洲素养”以及“澳大利亚的经验对中国发展‘一带一路’素养有何借鉴意义”两个重要的主题，探索澳大利亚的亚洲素养政策对其教育改革的影响以及在实践中这一政策如何实施、形成什么经验和面临什么困境，从中归纳出澳大利亚亚洲素养政策的“得”与“失”，从而为中国推进“一带一路”倡议，发展国民“一带一路”素养提供参考。

图书在版编目（CIP）数据

澳大利亚学校亚洲素养教育研究 / 刘奕涛著. —广州：广东高等教育出版社，2023. 10

ISBN 978 - 7 - 5361 - 7464 - 1

Ⅰ. ①澳… Ⅱ. ①刘… Ⅲ. ①高等教育 - 国际合作 - 联合办学 - 研究 - 中国、澳大利亚 Ⅳ. ①G649. 2 ②G649. 611

中国国家版本馆 CIP 数据核字（2023）第113623号

AODALIYA XUEXIAO YAZHOU SUYANG JIAOYU YANJIU

出版发行	广东高等教育出版社 地址：广州市天河区林和西横路 邮政编码：510500 电话：(020) 87551436 http://www. gdgjs. com. cn
印　　刷	佛山市浩文彩色印刷有限公司
开　　本	787 毫米×1 092 毫米 1/16
印　　张	16. 25
字　　数	310 千
版　　次	2023 年 10 月第 1 版
印　　次	2023 年 10 月第 1 次印刷
定　　价	49. 00 元

序

在大国博弈加剧和世界多个地区陷入地缘冲突危机的双重叠加影响下，人类社会进入新一轮的动荡期，不确定和不稳定因素正在重塑国际关系的大环境，教育的国际化发展面临着诸多挑战。右翼民族主义和民粹主义势力在许多欧美国家的盛行，加剧对非西方的留学人员、办学机构以及正常的国际交流与合作的排斥与阻挠；中美两国多层次多领域竞争所产生的衍生效应正在助推西方国家与中国在各领域“脱钩”，尤其具有代表性的例子是欧美诸多高校中的孔子学院项目遭到撤销或不公平的审查。与本书有关的有，2019年澳大利亚新南威尔士州教育部宣布取消孔子学院项目及当地13所公立学校的孔子课堂，2021年4月澳大利亚政府取消该国维多利亚州与中方已签署的归属于“一带一路”倡议的两份协议。

教育国际化面临的这些挑战反衬出中国所提出的人类命运共同体理念对解决当今人类社会所面临的诸多共同问题的重要价值。站在人类命运共同利益的高度审视这些挑战及其催生的问题，可以发现“不宽容”“不对话”“不公正”“零和博弈”“霸凌”等因素是导致教育国际化面临挑战的重要原因，而其背后的深层次原因是欧美国家自立国之日起就根植于其民族心理之中的“西方中心主义”的思维逻辑。这种思维逻辑既然是西方中心主义的，其偏颇的预设和对立的倾向不可避免地对相关的文化与教育政策的价值取向和目标诉求产生内在影响。显然，在刘奕涛博士所著的《澳大利亚学校亚洲素养教育研究》一书中主要关注的也是这种思维逻辑。该书得出结论，正是这一思维逻辑导致了澳大利亚50多年来不遗余力推行的亚洲素养政策表现出不彻底与不稳定等特征的结果。该书以历史的广角为读者呈现澳大利亚亚洲素养政策演进历程以及它在当今国际格局变换中对澳大利亚的亚洲观形成的重要影响。书中运用大量的有关澳大利亚亚洲素养的研究报告成果、政策文本、战略规划的数据与研究结论，反复论证了澳大利亚亚洲素养政策背后的思维逻辑，这一思维逻辑当然也影响着澳大利亚学校亚洲素养教育的改革，进而塑造着澳大利亚国民对亚洲的认知和理解。

正如作者在书中所论及的，应辩证地看待澳大利亚亚洲素养政策，要充分肯定其通过学校教育改革在提升年轻一代对亚洲的认知与理解方面的重要性，同时也要批判其过分强调经济理性主义的逻辑。在全球化潮流与逆全球化暗流相互博弈的背景下，秉持辩证思维尤为重要。从澳大利亚学校亚洲素养教育的成效看，这一政策既不能真正成为一种国家整体认同的政策并一以贯之，也无法获得亚洲国家的真正认可，因为它忽视了亚洲的差异性及亚洲国家的真正需求。在某种程度上，它只是澳大利亚单向的设想，难以在很大程度上引起亚洲国家的共鸣。这对于中国正在深入推进的“一带一路”建设具有重要的启发意义。我们可以从澳大利亚 50 多年的学校亚洲素养教育的经验中深刻地感知到，提升对“一带一路”沿线国家的全方位、多角度的认知与理解，深化与沿线国家的对话与交流以及尊重文化的多样性和差异性对于我国高质量推进“一带一路”建设具有重要意义。在人类命运共同体理念的指导下，随着“一带一路”建设的纵深发展，我国需要整体提升“一带一路”素养，这种素养应是真正基于人类共同利益的，应是能给中国与沿线各国带来真正的双赢效益的。基于这个前提，在人类命运共同体理念的指导下规划我们的教育改革，才能培养出真正具有国际视野、能从人类共同利益出发思考问题与进行跨文化交流，服务“一带一路”建设需求的国际化人才。

《澳大利亚学校亚洲素养教育研究》一书是我国第一本系统研究这一专题的学术专著，它的出版标志着国别与区域教育政策及规划研究取得了开拓性成果。期待能够引发更多社会对这一领域的关注和探究，推动相关研究的进一步细化和深化，提升其系统化水平和质量。

是为序。

柯　森
2023 年 6 月 30 日

（柯森，广东省比较教育专业委员会原理事长，华南师范大学国际与比较教育研究所前所长，博士生导师）

目　录

绪 论

一、选题缘由与研究意义

随着全球一体化进程的加速，全球互联互通的特征也日益凸显，各国各地区间的政策、战略规划的沟通效果日益依赖于各国各地区对彼此的认知与理解的程度。因此，各国各地区纷纷通过教育改革，在课程体系中融入面向特定国家或特定区域的语言与文化，以此培养对特定国家或特定区域具有认知和理解能力的年轻一代，以便本国在与特定国家或特定区域的交往中获得主动权，从而更好地服务于本国的利益。这种能力被称为国际素养或区域素养，它日益成为一种更好地处理国际关系、增强国际适应力的综合素养，对该能力的培养也成为各国各地区学校教育改革的国际化发展的特征。随着全球跨文化联系、跨国人口流动趋势的增强，以及亚太地区地缘政治影响力的变化，尤其是亚洲中的中国、印度等新兴国家的影响力日益增强，促使各国更加重视对亚洲的认识和理解，同时也推动各国各地区将培养具有亚洲素养的公民作为学校教育的一个重要的政策议程。鉴于亚洲的经济复苏与迅速崛起，“自 1969 年以来，澳大利亚政府和非政府机构的政策、文件、委员会、工作团体和组织致力于探索‘认识亚洲’（knowing Asia）的需求。在学校，这种接触被概念化为‘亚洲素养（Asia literacy）’”。1973 年澳大利亚政府废除了种族歧视的“白澳政策”。自那以后，亚洲素养一直是澳大利亚政治、经济和文化（包括教育在内）独有的政策术语。亚洲素养成为澳大利亚接触和融入亚洲、获得区域认同的重要媒介，代表着澳大利亚对亚洲的认知和理解，反映了澳大利亚增强与亚洲各国联系的行动自觉，也反映了澳大利亚为实现本国核心利益而制定面向亚洲的发展战略的基本逻辑。在全球化进程加速以及亚洲地缘政治影响力变化的背景下，亚洲素养教育已成为澳大利亚教育政策的重要议程，并成为澳大利亚国家课程的重要内容。澳大利亚 50 多年来通过学校教育改革，致力于培养具有亚洲素养的公民，增强对亚洲的认知和理解，在提升本国国民在“亚洲世纪”的适应力和竞争力方面的这一经验，在全球化互动增强的国际关系以及区域一体化发展日益增强的背景下，对各国均有重要的启示意义。

从现实意义上看，本书选取澳大利亚的亚洲素养作为核心主题，探讨澳大利亚亚洲素养教育的实践经验，并对其陷入困境的原因进行剖析，尤其是对澳大利亚亚洲素养政策①对学校教育改革的影响以及亚洲素养的学校教育体系进行分析，有助于理解澳大利亚面向亚洲的教育国际化发展的经验以及面临的问题。基于对澳大利亚实施亚洲素养政策的经验及反思，本书认为中国在深入推进与“一带一路”沿线国家的合作与交流中，也必须具有“一带一路”的素养。可以借鉴澳大利亚亚洲素养教育实践中的经验性举措，同时，也要深入贯彻人类命运共同体理念，持续地推动中国与“一带一路”沿线国家间的教育对话、沟通和合作，以此不断增强双向认知与理解的基础，进而提升国民“一带一路”素养。

从理论意义上看，本书选取亚洲素养为研究基点，以此基点为核心探索澳大利亚自二战以来学校教育国际化发展的基本脉络及其对澳大利亚认知、理解和融入亚洲的角色功能，并对相关主题进行必要的论述，如公民教育与亚洲素养构建的关系、学校国际化发展与亚洲素养构建的关系以及澳大利亚国民身份认同与亚洲素养构建的关系等，从而拓展澳大利亚教育国际化发展的研究内容和研究视野，并构建亚洲素养的理论分析框架，为后续研究提供新的视角。

二、国内外研究文献综述

（一）国内研究综述

澳大利亚研究亚洲素养的学者黛博拉·亨德森（Deborah Henderson）认为，“40 多年来澳大利亚研究亚洲的学者同意这样的观点，即将亚洲相关内

① 鉴于亚洲素养一词是澳大利亚的亚洲政策在教育领域中的概念化，因此，本书提及的亚洲素养政策特指亚洲素养教育方面的政策。为了行文方便，本书有时候会用“学校亚洲素养教育”“亚洲素养教育实践”等词组来表示这一政策的教育实践。

容的学习（study of Asia）① 嵌入于澳大利亚的教育体系之中对于确保国家未来至关重要。”她经过调查统计，发现在此期间有超过 30 种官方或半官方的报告和政策都强调通过对亚洲及其语言的研究和学习来教育澳大利亚青年人了解和认知亚洲符合澳大利亚国家利益。澳大利亚亚洲素养问题涉及澳大利亚政治、经济、文化、学术等领域问题，引起了澳大利亚研究机构如亚洲教育基金会（Asia Education Foundation，AEF）和澳大利亚亚洲研究会（Asian Studies Association of Australia，ASAA）等等机构广泛的关注，学者及机构对其开展范围广泛的研究，探究其本体论、认识论与方法论等问题，形成了诸多理论成果。

尽管澳大利亚亚洲素养的相关研究始于 20 世纪 90 年代，此后也一直受到澳大利亚学术界尤其是教育界的关注，但是我国学者似乎对这一问题没有给予关注。笔者以“澳大利亚”和“亚洲”两词为检索词，以“篇名”为检索条件，在中国知网数据库进行搜索，仅发现笔者与导师柯森教授合作发表在 2018 年第 7 期《比较教育研究》上的《培育“亚洲素养”：学校教育的路径探析——基于澳大利亚亚洲教育基金会的研究报告》一文。该文较为系统地阐述亚洲素养的概念及其演进，并对亚洲教育基金会推动澳大利亚亚洲素养政策实施的举措进行全面的分析。此外，国内较早关注到澳大利亚的亚洲教育政策的是浙江师范大学罗美娜副教授发表于 2016 年第 5 期《浙江师范大学学报（社科版）》上的《基础教育课程国际化的比较研究——澳大利亚“亚洲战略”与我国“非洲战略”的思考》一文。该文探讨了在 2012 年澳大利亚政府发布《亚洲世纪中的澳大利亚》白皮书背景下，澳大利亚在“亚洲战略”主导下的课程变革的问题。该文将“亚洲战略”定义为“20 世纪 90 年代以来，国内市场狭小的澳大利亚逐渐意识到作为近邻的亚洲地区在战略和经济上的重要意义，加快了将对外政策重心转向亚洲和太平洋地区的步伐，提出了‘面向亚洲’和‘融入亚洲’的口号和政策，并在经济、

---

① study of Asia，如果按照英文直译的话就是“亚洲的研究”或“亚洲的学习”，这一词实际上是指“学习有关亚洲的历史、文化、政治等方面的内容”，比如在澳大利亚的学校中表现为课程的学习内容。为了避免与亚洲研究（Asian studies）一词相混淆，本书以“亚洲相关内容的学习”指代 study of Asia。应该指出，在澳大利亚的很多研究报告和战略中用“Asian studies”和“study of Asia”来指代“对亚洲的研究”和“亚洲相关内容的学习”。为了避免两者的混淆，当描述政策中的“Asian studies”和“study of Asia”时，本书分别用“对亚洲的研究”和“亚洲相关内容的学习”来表述。另外，有些专门的研究机构，比如澳大利亚亚洲研究会及大学中的亚洲研究学科，也多采用“Asian studies”表述一种有关于“亚洲”的专业的科学研究，这种情况下，本书则采用“亚洲研究”来表述。

政治、外交等方面采取了一系列切实的行动”。为了培养具有亚洲素养的公民，在课程领域，澳大利亚国家课程明确要求各门学科的教学都要融入“三个跨学科重点领域”，其中之一便是“有关亚洲地区及有关澳大利亚与亚洲的接触”。这一重点领域的设计围绕着三个核心概念：亚洲及其多样性、亚洲人民的成就和贡献、亚洲和澳大利亚的接触。该文认为，澳大利亚中小学通过在学科内容中渗透国家亚洲战略思想、开展阅读和“多元文化日”等主题活动以及专门开设亚洲语言课程等路径培养更多学生具备用亚洲语言沟通的能力，并培养他们对于亚洲文化及社会的欣赏与理解。该文虽揭示了澳大利亚“亚洲战略”的目的，并从课程改革的视角论述澳大利亚亚洲素养构建的几种路径，但是囿于研究主题的限制，论述尚不够全面和体系化，未能对其他的路径进行系统而深入的阐述。

虽鲜有以“澳大利亚亚洲素养”为主题的学术性文章，但这并不意味着国内学者没有对澳大利亚的亚洲认知、亚洲政策方面进行关注。事实上，早在20世纪50年代末，我国学者就开始关注澳大利亚与亚洲关系，不过那时更多的是对境外发表的外文文献进行翻译，如咏洲翻译了发表于香港《远东经济评论》第26卷第10期（1959年3月5日）的一篇文章《澳大利亚及其亚洲邻国》，这篇文章主要是基于澳大利亚联邦与东亚、南亚之间经济关系的调查分析“澳大利亚和亚洲的贸易类型的变化”以及“澳大利亚在东南亚的投资”，并在其中论及通过“科伦坡计划”推动亚洲国家学生到澳大利亚留学的情况。从目前收集到的国内有关文献来看，研究者们主要是从三个方面进行研究。

1. 从以历史视角研究政策演变、塑造澳大利亚亚洲观的主要因素以及“面向亚洲”政策面临的挑战等论述澳大利亚与亚洲的关系

目前国内较为系统研究澳大利亚亚洲政策的演变的学者是江苏师范大学的张秋生教授。在相继出版《澳洲简史》和《澳大利亚华侨华人史》之后，张秋生教授于2002年出版《澳大利亚与亚洲关系史（1940—1995）》，该书探索了澳亚关系的本质和源头，他认为“种族文化”“地缘政治”“移民问题”三个要素是影响澳大利亚人亚洲观和战后亚洲政策的重要因素。张秋生教授还在《澳大利亚“面向亚洲”政策的形成》（2002）一文中概述了澳大利亚“面向亚洲”政策形成的历史分期和基本内容，认为澳大利亚“面向亚洲”政策的基本框架是由与亚洲的经贸关系、外交关系、地区安全与防务合作以及推广学习亚洲语言文化和调整亚洲移民政策所构成。其他研究者，如许善品和巫宏在《近代以来澳大利亚亚洲观的演变》（2016）探讨了塑造澳大利亚亚洲观的主要因素及其历史演变，认为“近代以来，澳大利亚的亚洲观经历了由殖民主义亚洲观到民族主义亚洲观、实用主义亚洲观，再到地

区主义亚洲观四个阶段。与此相对应，澳大利亚的亚洲政策也经历了由歧视、恐惧到敌视、防范，再到被动接触，继而积极融入的过程。澳大利亚亚洲观的演变主要由安全防御的需要、经贸投资的增多、地区合作的增加、国家身份的变化共同塑造”。学者王光厚和袁野在《澳大利亚“融入亚洲”战略论析》（2013）中分析了在《亚洲世纪中的澳大利亚》白皮书出台背景下澳大利亚“融入亚洲”的规划举措，并指出其“融入亚洲”的战略面临自身缺乏充分准备、内部政治变化、与亚洲主要国家间互信不足、地区安全环境存在不确定性等多个因素的影响和挑战。学者张建威在《亚洲世纪中的澳大利亚公共外交》（2013）中讨论了澳大利亚利用公共外交手段塑造国家形象的成就及其在亚洲面临的挑战，认为在经济与安全双轮驱动下，摆正心态，加强与亚洲国家的政策互信，努力在亚美间保持战略平衡，在亚洲一体化中寻求现实合作，是澳大利亚的不二选择。这决定了澳大利亚的国家长远发展路径，也决定了为之鼓与呼的公共外交的未来走向。可见，现有国内研究更多的是从政治、经济和文化的层面对澳大利亚与亚洲关系进行阐述，鲜有涉及教育层面尤其是学校教育方面的内容。但是从历史视角研究澳大利亚面向亚洲的政策演变及其挑战为我们提供了这一主题的历史与现实的概貌，是澳大利亚构建亚洲素养的历史的、政治的、经济的、民族心理和社会文化背景。

2. *从教育国际化战略探究澳大利亚面向亚洲教育发展的问题*

教育国际化是澳大利亚教育发展的重要特征。作为教育国际化重要组成部分的国际教育已经成为澳大利亚第三大出口产业。鉴于亚洲经济的崛起以及中产阶级规模的扩大，澳大利亚将国际教育的重心放在吸引和招募亚洲的留学生上。国际教育是澳大利亚推动留学生跨国流动，增强与亚洲关系的重要举措。国内研究者大多从澳大利亚国际教育的发展历程与现状，包括立法、政策和质量保障体系建设在内的相关举措，以及面临的挑战和发展新动向等内容来研究澳大利亚国际教育和国际教育发展。从目前收集到的国内文献资料来看，比较明确论述“澳大利亚面向亚洲的教育国际化发展”主题的文献，笔者仅发现黄丽仪的硕士学位论文《二十世纪八十年代以来澳大利亚高等教育面向亚洲的国际化》（2012）以及李辉的博士学位论文《二战后澳大利亚高等教育国际化政策的研究》（2016）。前文对澳大利亚高等教育面向亚洲的国际化发展进行历史回顾，对澳大利亚高等教育国际化从“援助”到“贸易”再到“国际化”的发展脉络进行梳理；然后集中对澳大利亚21世纪高等教育国际化的三个主要问题，即政府政策动向、国际留学生招募以及境外教育等进行系统研究，并指出其中的问题和剖析相应的原因。后文是从整体宏观的视角对澳大利亚高等教育国际化政策发展进行回顾，并对影响澳大利亚高等教育国际化教育政策的诸多环境和理论因素进行论析。在该文的其中一节中专门论述了在《亚洲世纪中的澳大利亚》白皮书（2012）和“新科伦坡计划”（2013）背景下澳大利亚面向亚洲的教育发展举措及实施效果。尽管澳大利亚大力发展教育国际化的主要目的是以经济利益为核心的，但是其公共外交的角色不容忽视。本书为国内研究提供了可资借鉴的视角。本书将澳大利亚的国际教育作为学校教育变革的重要组成部分，探索国际教育在面向亚洲时的公共外交角色，即澳大利亚通过国际教育的相关机制与举措加深与亚洲的联系，深化与亚洲各国的交流合作，塑造澳大利亚在亚洲各国中的国际形象，这些均是澳大利亚亚洲素养的重要表征。

3. 有关澳大利亚增强亚洲认知和亚洲关系的更广泛范围的研究

澳大利亚的亚洲素养在本质上是一个综合性很强的概念，由诸多要素构成，它涉及澳大利亚对亚洲区域整体的认知、理解和相互关系，以及与亚洲具体国家的关系，尤其是与中国、日本、印度、韩国、马来西亚、印度尼西亚、新加坡等国家的国际关系，能从一定意义上反映澳大利亚的亚洲素养程度。鉴于澳大利亚对亚洲的外交政策受到美国亚太政策的影响，因此，国内研究中涉及澳大利亚与亚洲关系（包括与亚洲具体国家的关系）以及澳美关系的相关主题都应是本书关注的内容。其中，尤其要关注几个具有内在联系的主题，即澳大利亚的移民政策、多元文化主义政策和语言政策以及澳大利亚的区域认同或国家身份认同的问题。

（1）移民政策方面。澳大利亚本身是一个移民国家，移民结构的变化折射了澳大利亚与亚洲关系的变化以及移民政策的调整。“20 世纪 70 年代以来，澳大利亚顺应时代变化潮流，推行多元文化主义，摒弃实施已久的‘白澳政策’，使亚洲移民得以大规模地进入澳大利亚。20 世纪 90 年代中期以后，亚裔移民特别是华裔移民人数逐年增加，占移民比重不断上升，澳大利亚移民构成、类型以及移民特性都发生变化。”张秋生在《澳大利亚移民政策调整主要制约因素探析》（2017）一文中认为澳大利亚移民政策不断调整，国家利益始终是其移民政策基本的决定因素，并从移民政治、经济因素和外交考量三个维度剖析其移民政策的变化，着重分析了亚裔移民比重变化背后的政治、经济和外交的影响因素。亚洲移民为澳大利亚经济社会发展带来不可磨灭的贡献，钱超英在《澳大利亚：移民、多元文化与身份困惑》（2009）一文中认为 20 世纪后期亚洲移民的涌入无疑改写了澳大利亚内部的文化地图，加强了它和亚洲在贸易上和精神上的联系，并为一度冒出的“走向亚洲”“融入亚洲”的自我想象提供了基础和动力。因此，本书认为，澳大利亚亚洲移民比重的变化及其技术移民政策的出台和调整反映了澳大利亚与亚洲关系的变化。本书也将探讨澳大利亚移民政策对澳大利亚国家身份认同的影响，分析其背后的本质与源头有助于实现对移民政策调整对澳大利亚构建亚洲素养过程中的困境的全面把握。同时，本书也认为亚洲移民的持续出现是增强澳大利亚与亚洲关系、提升亚洲素养的一种内在动力。

（2）多元文化主义政策方面。移民政策调整推动移民结构多样化是澳大利亚多元文化特征的源头，也是澳大利亚推行多元文化主义政策的客观环境。多元文化主义政策的价值诉求在于增强社会团结，促进文化整合以及完善公民身份。国内研究主要是对澳大利亚选择和实施多元文化主义政策的原因、多元文化主义政策的演变历程和多元文化主义的实施路径等进行阐述。钱志中在其论文《澳大利亚多元文化主义政策的历史选择与动态演化》（2014）中指出：澳大利亚选择多元文化主义有其历史必然性，多样性的移民构成是客观因素，自由主义思想是政治基础。该文在分析澳大利亚多元文化政策演化的三个阶段的基础上，指出澳大利亚多元文化主义的成功实践与种族主义、文化同化主义对多元文化主义的威胁并存，同时还须提防少数族群文化之间的过度竞争与主流化倾向。王敬慧在《亚洲世纪的澳大利亚文化研究》（2015）中研究了澳大利亚多元文化政策的发展历史及新发展方向，认为在多元文化的原则之下，澳大利亚以自身的“西方文化”之躯体拥抱以儒释道思想为主体的亚洲文化，这也决定了未来澳大利亚文化进一步发展的动力。韩芳在《澳大利亚多元文化主义与公民教育：挑战与应对》（2010）指出：多元文化主义政策的有效实施需要公民教育在促进文化整合、加强社会团结和完善公民身份方面给以积极应对。澳大利亚公民教育除了培养学生的跨文化理解能力外，还需要在倡导核心价值观、培育多元文化公民身份方面进一步努力。多元文化主义是澳大利亚的重要政策之一，澳大利亚推行多元文化主义的公民教育来培养公民跨文化理解和交流的能力，是亚洲素养能力结构的重要构成部分，也是澳大利亚国家课程的关键实施重点。综合上述研究，本书认为，亚洲素养教育本身就是一种基于文化多元化背景下提升跨文化理解能力的制度设计，它以“跨域视角”（cross-area perspective）正视澳大利亚与亚洲多元化的差异现实，为澳大利亚接触与了解亚洲提供机会。

（3）语言政策方面。澳大利亚政府坚信语言是跨国交流的重要媒介与根本前提，而语言规划和语言政策的实施背后是有多样化的动机的，这些动机影响着澳大利亚语言规划的路径选择。亚洲语言的强化是澳大利亚面向亚洲的战略抉择，反映了澳大利亚对亚洲经济发展与文化传统的定位。国内研究多从澳大利亚语言政策的发展历程着手，分析澳大利亚语言政策制定的背景、动因与动向。刘晓波和战菊在《澳大利亚语言政策的发展变迁及其动机分析》（2013）一文中分析了澳大利亚语言政策从放任、同化、多元到优先化的四个发展阶段，并探究其背后的动机，指出澳大利亚的语言政策在不同发展阶段分别有着交际、工具、认同、危机感、平等、经济等动机。王晶在其硕士学位论文《影响澳大利亚国家亚洲语言学习战略的经济和政治因素》（2016）中更明确地论述了澳大利亚亚洲语言学习战略规划中的经济与政治的动机问题，文章强调经济利益并不是澳大利亚亚洲语言学习政策的唯一决定因素，政治原因也起着相当的影响作用。联邦政府和州政府之间紧张的关系、亚洲语言学习战略的公关管理、政策控制权的斗争以及之后的联邦政府对待该战略的不同态度，都在影响着澳大利亚亚洲语言学习政策的形成和实施。国内研究者也关注到语言政策调整对澳大利亚加深与亚洲联系的重要意义。如王绍华对2008年出台的澳大利亚《国家学校亚洲语言学习计划》的实施背景、内容体系、具体举措和实施效果进行系统研究，指出这一政策极大地加强了澳大利亚与亚洲国家深层次的联系，推动了澳大利亚与亚洲国家学校之间的交流与合作，提高了澳大利亚亚洲语言教师的教学水平，促进了澳大利亚学习亚洲语言的人数增加。张秋生对基廷政府执政期间的亚洲语言文化与移民政策调整的背景、主要内容与深远影响进行剖析，认为澳大利亚推广亚洲语言文化教育和进一步吸纳亚洲移民，并不仅仅是出于发展经济贸易的现实需要，它在相当程度上也体现了澳大利亚文化价值观的变革和面向亚洲政策进程的深化。笔者认为，语言是一国文化的重要载体，是一国构建民族认同与民族文化心理的机制。早在1984年，澳大利亚就颁布了《国家语言政策》国会报告书，正式给予亚洲语言教学以政策上的支持，这足以体现澳大利亚政府从国家层面对语言教学在增强亚洲认知、促进与亚洲交流方面的意义的重视。作为一种交流的工具和理解他国文化的首要因素，亚洲语言的接触、学习和掌握是亚洲素养的根本保障。本书将在国内既有研究成果之上剖析澳大利亚亚洲语言规划和实施背后的动机，探讨亚洲语言规划与学校教育改革、课程改革的内在关系。

（4）国家或民族身份认同方面。国家或民族身份的认同长期制约着澳大利亚这个多民族、多语言、多元文化国家的自我定位及其在区域中的国际形象展示，也造成了澳大利亚面向亚洲发展战略的不稳定性和矛盾性。钱超英在《澳大利亚：移民、多元文化与身份困惑》（2009）一文中以澳大利亚是“太平洋国家还是亚洲国家”“白澳国家还是移民国家”“单一国家还是多元（文化）国家”为分析框架，指出澳大利亚一直面临着其他西方社会所不多见的国家身份焦虑，这种国家身份上的严重的不确定表现在它对于自身的世界地缘特点所可能赋予的意义和作用难以定义。具体地说，澳大利亚作为一个西方文化根源的现代国家，在处理与亚洲国家及其文化关系时始终面对深刻的矛盾。许善品和巫宏在《近代以来澳大利亚亚洲观的演变》（2016）中从澳大利亚与亚洲互动关系的构建历程方面剖析了澳大利亚关于自身国家身份定位的特点，他们指出，出于构建国家身份、确立民族意识的考虑，澳大利亚将亚洲构建为“他者”，以此明确澳大利亚民族“自我”的含义；在亚洲国家群体性崛起的背景下，澳大利亚不得不纠正了对亚洲的错误认识，开始建立积极、正面的亚洲观，并将自己定位于最了解亚洲的欧洲国家。这种国家身份定位的转移，只能以其位于亚洲边缘、远离欧洲的地理上的错位来解释，虽然由于自身的西方文化限制，澳大利亚难以成为彻底的亚洲国家，但是随着亚洲国家的群体性崛起，澳大利亚将会从“亚洲地区外的局外者”（the odd man out Asia）向“亚洲地区内的局外者”（the odd man in Asia）转变。澳大利亚这种国家或民族认同与身份定位的模糊性和不确定性充斥于澳大利亚政府与民间、国家关系以及政治、经济、文化之间的张力关系，是澳大利亚与亚洲关系的鲜明特征，从深层次影响与制约着澳大利亚的亚洲素养的构建，在某种程度上导致了亚洲素养的构建成为一个“棘手的政策问题”。本书将深入剖析澳大利亚这种国家或民族身份认同的特点及其对亚洲素养构建的影响，深入剖析澳大利亚亚洲素养构建的困境及其未来发展的走向。

以上简要概述了国内对“澳大利亚亚洲素养”这一主题的研究情况。总体而言，国内还未对这一主题进行深入而集中的研究，其论述的范围相当广泛而分散。可以将国内有关这一主题的研究分为“澳大利亚与亚洲关系的历史梳理”“澳大利亚面向亚洲的政策研究（包括国家战略、移民、多元文化、语言政策等方面）”“澳大利亚的国家或民族身份认同”及“澳大利亚与亚洲具体国家的关系”等内容。这些内容为理解澳大利亚亚洲素养构建提供多元视角和丰富的材料基础。

（二）国外研究综述

从国外研究来看，由于亚洲素养是澳大利亚一项长期的政策规划，该主题因而受到澳大利亚政界、商界和学术界的广泛关注，并出现了诸多学术成果。迪肯大学（Deakin University）的丽贝卡·卡恩斯（Rebecca Cairns）认为：“澳大利亚与亚洲的关系是一个长期令人困扰的受到持续关注的公共政策问题。在教育方面，自20世纪70年代早期开始，有关亚洲的学习内容就已成为一个国家政策关注的问题。”自那以来，推动澳大利亚学校的亚洲语言教学和学习有关亚洲的内容，增强对亚洲的认知，培养年轻一代使之更具有亚洲素养成为澳大利亚的国家利益和政策话语。澳大利亚学术界普遍认为亚洲素养是由曾任澳大利亚驻华大使、澳大利亚国立大学历史学家和中国专家的斯蒂芬·菲茨杰拉德（Stephen Fitzgerald）在1988年提出来的。其在《国家教育政策和亚洲研究》一文中论述了在当时澳大利亚的“双元”教育体制改革背景下学校中亚洲语言教学和亚洲研究的状况，对当时学校没能培养出足够数量能够处理亚洲事务的人才这一问题提出批评，指出澳大利亚需要达到亚洲研究的深度，而澳大利亚甚至没有获得达到这一深度的正确路径。他认为澳大利亚必须成为一个具有亚洲素养的国家，其民众普遍拥有亚洲语言知识，亚洲风俗、经济和社会知识在民众中广为流传，而要培养具有亚洲素养的民众，学校发挥着重要的角色，尤其是高等教育机构。目前，澳大利亚学术界有三位代表人物对澳大利亚亚洲素养进行了深入而系统的研究。第一位是迪肯大学的克里斯汀·哈尔斯（Christine Halse）教授，她的研究聚焦于文化、多样性和教育政策、实践与课程的实施问题。她于 2013 年领衔撰写了由澳大利亚教学和学校领导力机构（Australian Institute for Teaching and School Leadership）和亚洲教育基金会联合委托的研究报告《亚洲素养和澳大利亚教学人员》，于 2015 年组织各个专家出版了《亚洲世纪中亚洲素养的学校教育》一书。此外，她还撰写了一系列论文，分别是《亚洲素养与学校教育》（2013）、《在学校中培养教师亚洲素养能力》（2014）、《是什么使亚洲素养成为一个“棘手的”政策问题?》（2015）等。研究报告《亚洲素养和澳大利亚教学人员》对 1 300 名教师、432 名校长进行在线调查访问，并以澳大利亚学校中处于不同职业发展层次的 12 名教师作为案例研究，剖析当时澳大利亚亚洲素养师资力量培训的情况、意义、面临的问题及改进举措。在《亚洲世纪中亚洲素养的学校教育》一书，她认为该书主要解决现代教育中的三个问题，即“亚洲素养意味着什么”“为什么重要”以及“学校怎样做才能更具有亚洲素养”。

《亚洲素养与学校教育》一文分析了澳大利亚亚洲素养发展的历史，并指出从亚洲素养的历史轨迹看，其主要内涵还是没有变化的：①亚洲素养意味着与亚洲地区进行接触所需的对其文化、历史、地理、艺术和文化的知识、技能和理解；②亚洲素养将为促进澳大利亚经济和就业发展提供基本技能和能力并且它对“澳大利亚的繁荣至关重要”；③学校是使所有澳大利亚年轻人具有亚洲素养和实现长期、持续的更新换代变革的最有效的渠道。她进一步指出，虽然经过数十年的努力，但是学校中的亚洲素养教育成效只是取得小小的进步的原因与“将亚洲素养作为一种服务于国家利益的实用主义知识形式”有关，从深层次上看它忽略了文化是通过跨文化联系以及与其他文化间的关系进行建构的。这一结果将继续将“我们/他们”“东方的/西方的”“澳大利亚/亚洲”进行二元主义的划分，这种划分将延续这样一种误解，即澳大利亚是一个文化上和道德上同质的国家，这种误解将激发反对亚洲的种族主义。这对学校意味着什么呢？她认为，学校开展跨文化理解的教育及时且必要，应从语言、课程与教师教育层面进行系统思考。上文的观点继续在《是什么使亚洲素养成为一个“棘手的”政策问题?》中得到进一步的阐述，作者系统地梳理了澳大利亚亚洲素养政策的演进历史，并将其划分为三个时期。她认为亚洲素养学校教育的认识论和本体论意义、政治和经济条件及议程对学校课程的控制、联邦制基于国家利益创设学校教育议程等问题没有得到系统的解决，导致了亚洲素养政策实施过程中存在与实践的鸿沟，因而成为一个“棘手的政策问题”，未来的改革方向在于重新确立亚洲素养教育的定义和解决方案，并且改革教育政策制订和实施的社会和文化条件。她非常重视教师在“亚洲素质”教育中的角色，这一点在《在学校中培养教师亚洲素养能力》中得到论证。在该文中她剖析具有亚洲素养的教师与校长的基本特征，最后分析了学校、教师以及校长在增强教师亚洲素养能力上所发挥的角色功能。

第二位是昆士兰科技大学（Queensland University of Technology）的黛博拉·亨德森（Deborah Henderson）博士，她是澳大利亚课程研究协会（Australian Curriculum Studies Association）的执行委员，其跨学科的研究领域是跨文化理解、亚洲素养的政策与政策制定、教师领导与专业发展等。其在“亚洲素养的政策与政策制定”方面的代表性文章有《通过在澳大利亚学校的亚洲语言教学追求一种“输出文化”》（2002）、《通过亚洲素养满足国家利益——对主要阶段与论争的综述》（2003）、《重新概念化我们的文化地图：通过亚洲研究进行跨文化理解教学》（2004）、《战略中断：澳大利亚学校中的国家亚洲语言与研究战略》（2007）、《政治和亚洲素养政策的制定：拉德报告和澳大利亚教育国家战略》（2008）、《形成亚洲素养：澳大利亚课程和亚洲—澳大利亚儿童文学》（2013）、《全球化和澳大利亚国家课程改革：亚洲素养的推动》（2015）等。在《通过在澳大利亚学校的亚洲语言教学追求一种“输出文化”》一文中，黛博拉·亨德森在分析澳大利亚第二语言教学的方法论——沟通能力理论的背景下对《亚洲语言与澳大利亚的经济未来》（也被称作《陆克文报告》，后文采用《陆克文报告》的表述）的亚洲语言教学与学习的政策举措和基本假设进行论证，继而对《陆克文报告》的第二语言教学的举措提出批判，认为《陆克文报告》忽略一个事实，那就是澳大利亚第二语言教学有一个很重要的教学法问题，即错误地坚持结构与语法、沟通与功能的第二语言教学的二分法，这导致了有效沟通理论并没有转化为学习的方式以及忽视了学生的认知技能，并且将实现“输出文化”的目标的方法寄托在教学专业化上，它的政策目标与其社会背景是相脱节的。《通过亚洲素养满足国家利益——对主要阶段与论争的综述》描述了澳大利亚在如何变得具有亚洲素养的问题上的观念的演进过程。它分析了《陆克文报告》及其前后的几个重要时期政府与非政府有关亚洲素养战略的报告，并对相关研究进行综述评论，主张《陆克文报告》致力于培养具有亚洲素养的一代人的计划，促进了澳大利亚空前的国际化与区域经济发展。《重新概念化我们的文化地图：通过亚洲研究进行跨文化理解教学》论证了跨文化理解的内涵、重要性及其实现的路径。文章认为全球化和区域发展的现实要求澳大利亚的学生必须通过对亚洲的研究而获得跨文化理解能力。《战略中断：澳大利亚学校中的国家亚洲语言与研究战略》和《政治和亚洲素养政策的制定：陆克文报告和澳大利亚教育国家战略》两篇文章都将研究的视点放在《陆克文报告》及其产生的背景与后续的影响上。它们研究了澳大利亚国内第一个尝试在教育体系中建构亚洲语言和文化研究的战略——《澳大利亚学校亚洲语言和研究国家战略》（*National Asian Languages and Studies in Australian Schools Strategy*，*NALSAS*）建立的历史背景、发展和实施效应及其最终的命运。它们认为，经济原理是说服澳大利亚政治家需要亚洲素养的国家战略的最大权威，最后指出联邦政府决定终止这一战略是一种短视行为并且会损害澳大利亚未来融合区域的能力。澳大利亚维持区域和全球的竞争力不再像以前一样依赖于资本、资源和技术，而在于未来一代是否受过接触亚洲的教育和有足够能力接触亚洲。《形成亚洲素养：澳大利亚课程和亚洲—澳大利亚儿童文学》关注了新的澳大利亚国家课程的出台背景下亚洲素养发展的方式问题。文章结合国家课程重点“有关亚洲地区及有关澳大利亚与亚洲的接触”所要求的跨文化理解和信息与沟通技术运用的一般能力要求，认为“亚洲—澳大利亚儿童文学和出版项目”可以为教师与学生提供大量的关于亚洲的文化资源，使他们更深入地理解亚洲地区的多样性与亚洲和澳大利亚关系的复杂性的问题。《全球化和澳大利亚国家课程改革：亚洲素养的推动》一文从政策的视角探索了在全球化、21 世纪学习社会观念和教育与政策分析的背景下澳大利亚国家课程改革纳入亚洲素养学校教育的推动力以及面临的挑战。

第三位是詹姆斯·库克大学的彼塔·沙尔特（Peta Salter）博士。彼塔·沙尔特 2013 年毕业于詹姆斯·库克大学，获得博士学位。彼塔·沙尔特博士的研究领域主要集中于亚洲素养的政策实施问题，其博士论文是《“认识亚洲”的多维分析：一种政策轨迹的方法》。彼塔·沙尔特认为，“认识亚洲”在澳大利亚被概念化为亚洲素养。该文分析了亚洲素养的认识论和本体论假设，认为在政策文本和政策实施者中有关亚洲的矛盾的概念导致了对亚洲是单一的、可认知的还是复杂而多元的，是经济的需要还是文化的需要之间的认知困境。教师关于“认识亚洲”的认识论假设，在“认识什么”和“怎样认识”之间产生了冲突。文章最后认为，“认识亚洲”需要重新概念化，应将之作为一个单一的概念，并解决“什么构成了亚洲”这样的认识论问题，为学校接触“亚洲素养”创造空间。其代表作除了博士学位论文以外，还有《定义“亚洲”——澳大利亚课程的重构》（2009）、《政策中的问题：亚洲世纪中澳大利亚教育的亚洲素养表现》（2013）、《澳大利亚教育中“认识亚洲”的一种重新概念化》（2014）、《认识亚洲：澳大利亚学校中的创造性政策转向》（2014）等。在《定义“亚洲”——澳大利亚课程的重构》一文中，彼塔·沙尔特认为，尽管联邦政府将亚洲素养作为教育改革的核心部分，成为澳大利亚教育政策中的重要关注点，但是它充满着复杂性。彼塔·沙尔特认为，亚洲素养是澳大利亚对亚洲的重新定位与重新构造。彼塔·沙尔特分析了在联邦政府亚洲素养政策的背景下重构澳大利亚课程的问题所在，分析了定义“亚洲”的知识基础以及界定“亚洲”边界的困难，对“亚洲”进行定义的困难也造成了推动跨文化理解的挑战。彼塔·沙尔特认为应该在澳大利亚教育背景中推行亚洲素养，改革课程中的经济价值逻辑是亚洲素养的核心，同时，亚洲素养可以缓和“白澳政策”带来的紧张情绪并且增强澳大利亚的跨文化理解，有助于总体战略性的国际经济发展。《政策中的问题：亚洲世纪中澳大利亚教育的亚洲素养表现》探讨了澳大利亚相关政策对亚洲素养定义上的经济理性主义倾向，认为在政策中这种经济理性主义与新殖民主义的逻辑导致了亚洲素养的问题。彼塔·沙尔特认为可以采取三种方案解决这个问题：一是将亚洲素养的经济议程作为一种积极的推动因素；二是采取一种世界主义的观点，重新构造全球化，强调自身与世界其他地方的内在联系；三是教师可以将政策问题作为教育空间和研究的关注点。把政策问题作为教育与研究的空间的观点在《澳大利亚教育中“认识亚洲”的一种重新概念化》一文继续得到阐述，文章认为对亚洲素养的一种后殖民解读阐述了对“认识亚洲”的一种重新概念化的需要。它分析了澳大利亚有关亚洲素养政策中的二元主义现象，即从战略的和文化的维度对亚洲素养进行表述。它认为将亚洲素养的观念从主流工具主义者的话语中剥离出来，并构建一种产生关于亚洲和亚洲的知识的新方法是必需的。彼塔·沙尔特主张“学校领导者、教师以及实践者可以把课程作为改变现有文化想象的关键点和‘去殖民化’的代理人与连结点，至少努力使自己去殖民化。这一工作对澳大利亚文化想象进行批判性反思，不仅是一个政策或课程领域，而且它指向真正的‘突变（step change）’，这是澳大利亚教育中的‘了解亚洲’的重新概念化所需的”。

以上简要概述了目前活跃于澳大利亚学术界的三位亚洲素养研究者的基本著述及其观点。之所以认为他们的研究具有代表性，是因为他们对亚洲素养教育及其政策背景进行了系统、广泛且持续的研究，并且其主要的理论视域构成了本书主要的论述内容。比如，克里斯汀·哈尔斯教授对亚洲素养的学校教育问题、亚洲素养师资培训，以及亚洲素养历史进程及政策问题等的研究；黛博拉·亨德森博士广泛涉猎亚洲素养政策的制定及实施的问题，尤其是对《陆克文报告》及《澳大利亚学校亚洲语言和研究国家战略》这一澳大利亚历史上最大规模地支持亚洲素养的战略的实施进行了深入的研究；彼塔·沙尔特博士主要从“认识亚洲”的概念化问题入手对亚洲素养政策问题中的二元主义及殖民化的问题展开研究。他们的研究对本书具有重要的启示作用。

当然，除了以上研究成果之外，还有一些研究者的观点也是不容忽视的。比如澳大利亚教育研究协会（Australian Association for Research in Education）前主席法扎尔·里兹维（Fazal Rizvi）也是研究亚洲素养方面的专家。他在《超越东西方划分：教育与澳大利亚和亚洲关系的动力》一文中号召澳大利亚教育研究者验证历史上不同文化知识根据特定权力关系进行组织的方式，以便超越现行教育研究中的亚洲与澳大利亚关系研究的二元主义和文化主义。笔者认为，对亚洲素养认知所持的二元主义逻辑是亚洲素养政策无法彻底实施的重要原因。

迪肯大学的丽贝卡·卡恩斯在《作为政策问题的亚洲素养构建》一文中指出，对各种亚洲素养政策的原理进行审视可以发现，亚洲作为一种教育政策关注的内容主要是由工具主义原理（instrumental rationale）构造的，这一原理将亚洲素养作为一种经济和战略的问题，……将国家利益和经济发展放在澳大利亚与亚洲接触的中心。卡恩斯认为，除了这种工具主义原理之外，亚洲素养还有文化的原理（cultural rationale），文化原理体现人文的目的，强调亚洲素养在跨文化理解中的作用。两种原理并不彼此排斥，它们是争议观念摩擦的表现。卡恩斯认为，亚洲素养的问题化意味着它需要进一步的审视，借用法扎尔·里兹维的话说，对亚洲素养政策的持续争议反映了这一政策的实施与理解方式是不充分的。

南澳大利亚大学（University of South Australia）的高山敬太（Takayama Keita）在其《教育中亚洲研究的后殖民困境：来自一个富有的外围国家的观点》一文中从后殖民批判视角研究了澳大利亚社会科学和教育中亚洲研究存在的问题本质。他认为“对于澳大利亚而言，亚洲是被需求和嘲讽的对象。这个国家一方面认为‘亚洲’与‘我们’（澳大利亚）的重要的政治目标是绕不开的、联结在一起的，另一方面又‘不能确保充分远离对亚洲以及澳大利亚的亚洲移民的种族刻板印记’。这种矛盾的基础是自我与他者的殖民二元法逻辑（colonial binary logic），或者是对‘亚洲和澳大利亚文化不相容’的一种推测。文化的二元主义使得亚洲他者化了（otherize）；对亚洲的经济驱动的、工具主义的观点构成了澳大利亚政府促进‘亚洲素养’的基础”。他从去殖民化的知识视角批判了澳大利亚社会科学和教育中对亚洲研究的殖民思维和西方中心主义逻辑。为了纠正现有研究中的矛盾性问题，他认为首先应该在澳大利亚教育研究中重新定义亚洲素养，将亚洲作为认知的来源，这需要培养会讲多种语言的澳大利亚研究者；其次，澳大利亚教育研究团体要与澳大利亚大学中的亚洲研究部门建立更紧密的工作关系；最后可以借用亚洲学者陈宽新的内部参考网络（inter-referencing networks），为学者提供各种亚洲的资源。

澳大利亚格里菲斯大学教授朱丽叶·皮奇（Juliet Pietsch）和澳大利亚天主教大学社会科学学院副院长海顿·亚伦（Haydn Aaron）在《澳大利亚与亚洲接触：迈向更紧密的政治、经济和文化联系》（2012）一文探讨了自20世纪90年代以来，澳大利亚在政治、经济和文化方面与亚洲进行接触，构建越来越紧密关系的历程，并剖析了这三个方面的内在关系。他们发现，澳大利亚与亚洲的政治接触对澳大利亚与区域的文化和经济接触水平有着重要的影响，体现在教育、移民和经济合作关系上。他们在“澳大利亚民众对亚洲接触的态度和行为的调查”基础上，指出“一般而言，受过大学教育者、专业人员、年轻人和城市居民（urban dwellers）群体倾向于通过文化实践和经济关系与亚洲进行接触”。最后，他们认为：第一，在学校推动亚洲语言受到城市中产阶级的广泛支持，而在那些与亚洲地区接触开放性较弱的边远或农村地区面临更大阻力。第二，在区域层面，未来年轻一代有兴趣与亚洲和世界其他地方保持更紧密的接触。……澳大利亚与亚洲之间更高层次的跨文化理解有助于未来对重大的国际政策问题，诸如环境和经济危机开展对话。

这里不得不提及澳大利亚学者的两本专著对亚洲素养教育研究的贡献，这两本专著代表着亚洲素养教育研究的最新成果。第一本是克里斯汀·哈尔斯教授主编的《亚洲世纪中的澳大利亚学校教育》。该书于2015年出版，汇集了来自澳大利亚、新加坡、中国香港等国家或地区共14位学者的研究论文。学者们主要从澳大利亚亚洲素养的定位与学校教育改革的关系、亚洲素养与教师的专业发展的关系、亚洲素养与澳大利亚国家课程的关系，以及如何克服和超越澳大利亚亚洲素养教育面临的问题等方面论述亚洲世纪中澳大利亚亚洲素养教育的现状和问题，并提出了批判性和建设性的建议。第二本是由南澳大利亚大学的两位学者宋汉娜（Hannah Soong）和纳亚·科米诺斯（Nayia Cominos）于2018年主编的《全球世界中的亚洲素养：一个澳大利亚的视角》。该书比《亚洲世纪中的澳大利亚学校教育》的研究范围更为广泛，汇集了来自澳大利亚和英国的学者研究成果。该书主要对2015年以来在澳大利亚的社会政治变化背景下亚洲素养的现状进行了从宏观到微观的多重思考，内容包括课程中亚洲素养的相互关系以及这与身为澳大利亚人的意义之间的关系，亚洲素养的在线想象（on-line images），亚洲素养对培养全球公民的影响，关于亚洲素养在学校中的地位的研究综述，学生作为亚洲素养的利益相关者，亚洲素养在澳大利亚学校中的地位变化等方面。这两本专著所分析的有关亚洲素养教育在澳大利亚国家课程中的地位及其面临的问题，以及澳大利亚的国家身份认同和亚洲素养教育的关系等问题，对本书的研究具有重要的启发意义。

最后，应该提到亚洲教育基金会所开展的一系列研究工作，其中对本书的启发意义最大的是亚洲教育基金会在2012年6月到2015年7月间发布的《什么起作用》（*What Works*）的10份系列报告。这些报告明确了在澳大利亚学校中实现高层次的亚洲素养涉及哪些方面。它为学校提供了一个基于研究的“使用手册”，并采取行动实现每个澳大利亚学生具有亚洲素养的目标。这些研究报告围绕澳大利亚学校发展亚洲素养所涉及的一套关键要素（政策、技术、教师、课程、语言、家庭与社区和学校的合作以及如何创造对亚洲的需求等）进行实证研究。这些研究拓展了本书的研究视野，并为本书提供了可资借鉴的实践框架。

总体上而言，国外学者尤其是澳大利亚学术界已经对亚洲素养开展了持久而系统的研究，涉及了亚洲素养计划的历史进程及现状研究，对其诸要素及动力系统开展了深入研究。亚洲素养成为澳大利亚学术界一个持久争论的学术概念，正是由于它存在争议性，对其进行学术分析与概念重构的系统研究反映了澳大利亚学术界对澳大利亚与亚洲关系以及自身国家身份认同的新的知识生产，这种新的知识生产在全球化进程加速与亚洲地缘政治影响力增强的背景下对澳大利亚而言十分重要，因为它给澳大利亚重构身份认知、明确自身的发展定位提供了理论支撑。

第一章　澳大利亚亚洲素养：概念框架和理论基础

澳大利亚在地理上毗邻亚洲，而在文化传统上则属于盎格鲁—撒克逊文化范畴。这种“天然的冲突”所造成的澳大利亚国民性自英国殖民澳大利亚时期就显示出来：对涌入“淘金区”的亚洲移民的排斥和将澳大利亚作为防御亚洲入侵的“前哨”。这种冲突的张力，反映在不同历史时期澳大利亚关于亚洲不同的印记、观念和认知范围之中。“对于澳大利亚来说，亚洲本身是一个变幻不定、指向不明的存在体，它本身既充满魅力，又令人忧虑不安。在不同历史阶段，澳大利亚对（亚洲）地区的看法从认为是威胁到认为是机遇都有”①，“在澳大利亚历史中，亚洲似乎既是恐慌的来源又是希望的所在”②。对澳大利亚而言，亚洲一直是一个复杂的概念，对亚洲的认识深深地影响着澳大利亚国民的心理，澳大利亚也通过与亚洲各国的互动过程逐渐地塑造着本国的国民性与国家身份认同——在与亚洲关系的深化过程中，澳大利亚逐渐增强民族意识和国家身份的定位。一个多世纪以来，“认识亚洲”被表征为对亚洲历史、地理、语言、文化、政治、经济以及多样化的风俗习惯的综合化认知和把握，并于20世纪80年代在教育领域被概念化为亚洲素养。

然而，亚洲素养并不仅仅是一种对文化或语言的认知与理解，它是一个动态性的发展概念，随着地缘政治权力版图的变化以及国际互动增强，时代

① TAYLOR B. Australia as an Asia Pacific regional power：friendships in flux？［M］. London and New York：Routledge，2007：169.

② 沃克，索伯辛斯卡. 澳大利亚的亚洲观［M］. 李建军，等译. 北京：社会科学文献出版社，2017：16.

赋予亚洲素养更为复杂的概念内涵。亚洲素养是理解澳大利亚亚洲观的关键，也在一定程度上影响澳大利亚面向亚洲教育国际化的战略抉择。亚洲素养的基本内涵与内在构成要素是什么？亚洲素养对澳大利亚国民性的形成、学校教育政策的制定、学校教育国际化的改革以及学生国际化素养的提升意义何在？由于培养亚洲素养现已成为澳大利亚课程体系的重要目标，并且在实操层面上，诸多澳大利亚中小学也采取形式多样的教育形式和教育策略，加强与亚洲各国的联系与合作，因此，亚洲素养的形成与实施与澳大利亚业已成熟的强调公民意识、国际意识和跨文化理解的相关学校教育理论（如多元文化教育理论、价值教育理论、全球教育理论等）的内在关系是什么？这些问题的回答对于深入理解澳大利亚亚洲素养的历史与现实角色，以及澳大利亚亚洲素养学校教育的实施过程及成效等具有重要的意义。

第一节　亚洲素养：概念演变及相关概念界定

一、亚洲素养概念在政策语境中的演变

亚洲素养的概念是澳大利亚在与亚洲长期的交往和融合的过程中逐渐形成的。亚洲素养概念的确切起源还不完全清楚。被广泛认为的观点是斯蒂芬·菲茨杰拉德①首先创造了这一术语。这位致力于推动澳大利亚与亚洲各国发展积极关系的外交官，同时也是一位研究澳大利亚与亚洲关系的专家。在 1988 年澳大利亚亚洲研究协会（Asian Studies Association of Australia, ASAA）会议上，斯蒂芬·菲茨杰拉德发表了学术论文《国家教育政策与亚洲研究》。在该文中，他认为尽管澳大利亚在开展亚洲研究方面做了许多创新性的工作，但是澳大利亚尚没有找到对亚洲研究具有相当的深度的正确路径。他进而指出，只有获得这样的深度，才能让澳大利亚在亚洲环境中感到

① 斯蒂芬·菲茨杰拉德（中文名费思芬）于 1973 年至 1976 年任澳大利亚驻华大使，是澳大利亚首任驻华大使。曾任澳大利亚前总理惠特拉姆（Gough Whitlam）的顾问，并于 1971 年随同惠特拉姆对中国进行历史性访问。1980 年，他建立了第一家与中国打交道的澳大利亚人私人顾问公司。他同时是 20 世纪 80 年代澳大利亚亚洲研究协会的亚洲研究和澳大利亚教育语言委员会的主席。他于 1990 年创立悉尼新南威尔士大学的亚洲—澳大利亚研究所，并担任所长直到 2005 年。其主要的学术著作是《中国与世界》（*China and the World*）（1977）、《大使同志：惠特拉姆的北京特使》（*Comrade Ambassador: Whitlam's Beijing Envoy*）（2015）等。

舒适，从而充分地利用亚洲环境所提供的经济和其他利益。若要使地理上靠近亚洲成为我们的有利条件，澳大利亚必须变成具有“亚洲素养”的国家，其国民普遍拥有亚洲语言的知识以及有关亚洲风俗、经济和社会的知识，这些知识将成为我们执行力的核心。这一概念成为后续澳大利亚政策及学术研究定义亚洲素养概念的基础，并在一些研究报告中被反复引用。20 世纪 90 年代初，随着澳大利亚与亚洲各国联系日益紧密，亚洲经济快速发展所产生的影响力和冲击力使得澳大利亚政府认为不能仅仅从知识层面和外部将亚洲作为认识客体，亚洲素养不仅仅是对亚洲语言的习得和亚洲文化的了解，亚洲素养被赋予了更多的经济与政治的价值。因此，亚洲素养的定义必须得到重新明确和拓展。1994 年，凯文·迈克尔·拉德（Kevin Michael Rudd，中文名陆克文）① 受当时澳大利亚政府委员会（Council of Australian Governments，COAG）的委托做了题为《亚洲语言与澳大利亚的经济未来》的报告。有学者指出：“陆克文报告雄心勃勃的长期计划是史无前例的，目的是培养出具有亚洲素养的一代人，以提升澳大利亚的国际和地区经济表现。”② 在该报告中，陆克文认为“亚洲素养”是澳大利亚推动个体、组织和整个国家有效地处理区域不同业务时所需的语言和文化能力。陆克文对亚洲素养概念的定义是对菲茨杰拉德的亚洲素养概念定义的继承与超越，更为系统地阐述了澳大利亚掌握亚洲语言与相关的文化技能对澳大利亚经济发展的意义。进入 21 世纪，随着亚洲在全球地缘政治与经济发展的影响力日益提升，亚洲素养的概念在澳大利亚政策语境中的表述也发生了一些变化：越来越多的亚洲素养表述从主要关注与亚洲地区有关的知识和理解转向亚洲能力，这也包括与该地区人民积极交往所需的技能、行为和性情。2006 年的《在澳大利亚的学校里让澳大利亚的年轻人融入亚洲的国家声明》虽然没有提及亚洲素养一词，但是它指出：“为了迎接 21 世纪生活和工作的挑战和机会，澳大利亚人需要与亚洲地区有关以及促进澳大利亚融入亚洲的新技能、知识和理

---

① 凯文·迈克尔·拉德（中文名陆克文），分别于 2007—2010 年和 2013 年 6 月至 9 月两任澳大利亚总理。其本人精通普通话，是一位“中国通”。在总理任期期间，他大力倡导建立亚太共同体，主张将这一地区的所有国家和地区都包容进来，就“经济、政治、未来挑战等方面的问题展开全面合作与对话”，培养全面而真诚的共同体意识和合作习惯。陆克文关注多边主义合作，试图用国际主义者和道德主义者的立场处理与亚洲国家的关系。本条参考：王毅．1949 年以来的澳中关系［M］．喻常森，等译．北京：社会科学文献出版社，2012：196－197.

② HENDERSON D. Meeting the national interest through Asia literacy：an overview of the major stages and debates［J］. Asian studies review，2003，27（1）：23.

解力。"① 2008 年的《澳大利亚年轻人教育目标墨尔本宣言》将亚洲素养定义为跨文化理解的能力，尤其注重亚洲文化以及与亚洲国家的联系和交流的能力。2011 年，亚洲教育基金会在整合既有定义的基础上，在其发布的《澳大利亚学校中亚洲素养的国家声明（2011—2012)》中给亚洲素养做出了更为全面的定义，认为亚洲素养是对亚洲地区不同国家的历史、地理、文学、艺术、文化和语言所形成的知识、技能和理解的综合体现，它包括对亚洲的跨学科研究、澳大利亚与亚洲的接触以及聚焦于中文、日语、印度尼西亚语和韩语的亚洲语言的学习。2012 年，《亚洲世纪中的澳大利亚》白皮书发布，该白皮书认为为了成为亚洲世纪的"赢家"，澳大利亚应具有"亚洲能力"（Asia capability)②，而"这样的能力意味着拥有在咨询、决策和文化以及在日益复杂的环境中做出明智决定的代表性技能"③。2013 年，《澳大利亚课程》（*Australian Curriculum*）将亚洲素养定义为"对亚洲社会、文化、信仰和环境的认知，构建亚洲、澳大利亚及世界其他国家之间的联系以及与亚洲人进行交流和接触的能力，以便更有效地在该区域生存、工作和学习"。《澳大利亚课程》是澳大利亚首个国家层面的课程文件，由 2009 年成立的澳大利亚课程评估和报告局（Australian Curriculum Assessment and Reporting Authority，ACARA）开发。从亚洲素养概念在政策语境中的历史演进来看，这一概念经历了从注重"亚洲相关知识"到注重"亚洲相关能力"的转变。它反映了仅仅拥有亚洲历史和地理的知识还不足以建立具有亚洲素养的澳大

---

① Asia Education Foundation. National statement for engaging young Australians with Asia in Australian schools. [EB/OL]. (2006 - 10 - 10) [2019 - 02 - 20]. https://files.eric.ed.gov/fulltext/ED534687.pdf.

② 应该指出的是，2012 年《亚洲世纪中的澳大利亚》白皮书出台以后，在澳大利亚相关的一些政策及研究报告中更倾向于用"亚洲能力"来定位澳大利亚在亚洲世纪以及澳大利亚和亚洲各国经济与社会发展交流合作中的角色。"人们开始关注谁应该具备亚洲文化，以及亚洲能力。白皮书将人们的注意力从学校转向了成熟的澳大利亚公众，尤其是公共行政和商业。政府的立场反映出商界和政府领导人的观点发生了更广泛的转变。"[参见：BICE S, MERRIAM A. Defining Asia capabilities for Australia's public service [J]. Australian journal of public administration, 2016 (3).] 尽管两者有着重要的区别，但本书认为"亚洲能力"作为亚洲素养在澳大利亚政策语境中发展和延伸而成的一种素质体系，两者具有广泛的共性，尤其是在澳大利亚教育领域中诸多举措和声明都反映了亚洲素养的融知识、情感和技能于一体的综合性特征。因此，本书并不对这两个概念做本质上的辨析。在很多时候，本书认为两者表达的是同一个意思。

③ Australian Government. Australia in the Asian Century [EB/OL]. (2012 - 12 - 10) [2016 - 10 - 10]. https://www.murdoch.edu.au/ALTC - Fellowship/_ document/Resources/australia-in-the-asian-century-white-paper.pdf.

利亚，是澳大利亚对亚洲这一客体认识深化的过程，也反映了在全球化推动下澳大利亚融入亚洲、抓住亚洲发展机会的战略转型。

二、澳大利亚政策话语和学术话语中亚洲素养的概念内涵

随着亚洲素养政策成为国家政策的议题，亚洲素养引起了政府、经济学界、学术界等的广泛关注，也逐渐在澳大利亚形成了有关亚洲素养的政策话语和学术话语。值得强调的是，澳大利亚政策话语中亚洲素养的定义与学术话语中的亚洲素养的定义有着重要的区别，两个话语体系对亚洲素养教育所应该包括的内容的主张是不一样的。也就是说，作为国家政策议程的亚洲素养与作为学术话语的亚洲素养在定义、内在构成要素等方面的主张是有差异的，这一点是理解澳大利亚学校亚洲素养教育内容的前提。

由于“对亚洲的定义以及对亚洲概念的含义或价值的理解经常受到质疑，并有多种解释，使其成为一个模糊的概念。因此，亚洲的表现方式会随着视角、背景、时间和地点而改变”①，这就导致在澳大利亚，政策话语和学术话语中的亚洲素养并没有一个统一和达成共识的定义。因为政策话语往往代表国家和政府的施政价值观，与国家利益紧密联系在一起，因而更加强调战略性和实用性，而学术话语往往在政策话语之外观察、批判政策话语的正当性和可行性，因而注重反思性和人文性。基于此，在历史上，澳大利亚亚洲素养的政策话语与学术话语时而出现互相批判的现象：政策话语认为学术话语不能够为政府的亚洲素养政策提出切实有效的方案，只注重思辨；而学术话语则批判政策话语不能基于亚洲素养作为一个教育范畴的概念来推行亚洲素养政策，认为政策话语过于注重经济理性主义逻辑，充斥着意识形态的逻辑。这两种几乎不同的逻辑相互交织着，因而也引发了关于亚洲素养是什么、哪些方面才是亚洲素养等问题长时间的辩论。下面收集到的有关政策话语和学术话语中的亚洲素养概念内涵，反映了这一概念的复杂性以及模糊性。

（一）政策话语（文本/组织）关于亚洲素养的概念内涵

《亚洲语言和澳大利亚的经济未来》（简称《陆克文报告》）（1994）：亚洲素养是澳大利亚推动个体、组织和整个国家有效地处理区域不同业务时所需的语言和文化能力。

---

① CAIRNS R. The representation of Asia in Victorian senior secondary history curriculum [D]. Melbourne: Deakin University, 2017.

《在澳大利亚的学校里让澳大利亚的年轻人融入亚洲的国家声明》(2006)：为了迎接21世纪生活和工作的挑战和机会，澳大利亚人需要学习的与亚洲地区有关以及促进澳大利亚融入亚洲的新技能、知识和理解力。

《澳大利亚年轻人教育目标墨尔本宣言》(2008)：亚洲素养是一种跨文化理解的能力，尤其注重亚洲文化和与亚洲国家的联系和交流的能力。

《澳大利亚学校中亚洲素养的国家声明(2011—2012)》(2011)：亚洲素养是对亚洲地区不同国家的历史、地理、文学、艺术、文化和语言所形成的知识、技能和理解的综合体现。它包括对亚洲的跨学科研究、澳大利亚与亚洲的接触以及聚焦于中文、日语、印度尼西亚语和韩语的亚洲语言的学习。

《亚洲世纪中的澳大利亚》白皮书(2012)：亚洲能力意味着拥有在咨询、决策和文化以及在日益复杂的环境中做出明智决定的代表性技能。

《澳大利亚课程》(2013)：亚洲素养是对亚洲社会、文化、信仰和环境的认知，构建亚洲、澳大利亚及世界其他国家之间的联系以及与亚洲人进行交流和接触的能力，以便更有效地在该区域生存、工作和学习。

澳大利亚课程评估与报告局(2016)：亚洲素养为学生提供了与亚洲人民沟通和交流的技能，使他们能够在该地区有效地生活、工作和学习。在澳大利亚努力加强与亚洲地区的联系、为整个地区的福祉作出有效贡献之际，亚洲素养将成为青年人的一项关键需求。为此，青年人需要对亚洲区域各国的历史有广泛的了解，包括它们同澳大利亚的共同历史、澳大利亚复杂多样的文化以及对该区域当前存在的挑战和机会。

亚洲教育基金会(2016)："亚洲能力"是指每个学生在离开澳大利亚后都能了解亚洲不同国家的历史、地理、艺术和文学。同时学习一门亚洲语言的学生，亚洲能力得到加强。

澳大利亚亚洲素养教师协会(2016)：亚洲素养是反思和探索亚洲地区文化差异的能力。它是一种理解亚洲文化和了解亚洲人及其历史的能力。

(二)学术话语(学者)关于亚洲素养的概念内涵

斯蒂芬·菲茨杰拉德(1988)：若要使地理上靠近亚洲成为我们的有利条件，澳大利亚必须变成具有亚洲素养的国家，其国民普遍拥有亚洲语言的知识以及有关亚洲风俗、经济和社会的知识……这些知识将成为我们执行力的核心。

斯蒂芬·菲茨杰拉德(1991)：一个具有亚洲素养的人是这样的一个人——在学业结束时，他将对亚洲的历史、地理、政治、经济和文化有足够的了解，这样他就可以——见多识广；做自信的地区公民，与亚洲互动时很自在；了解该地区的动态，特别是澳大利亚在其中的地位；代表他们自己并通过国家决策过程做出明智的决定，以便与亚洲进行富有成效的互动。

韦恩·穆勒和玛德琳·王（1991）：虽然亚洲素养的概念的确包括语言能力，但它还不止于此。这个概念也包含了文化素养的概念。因此，亚洲素养一词指的是对亚洲研究和澳大利亚身份问题的知识运用。

迈克尔·辛格（1996）：目前，亚洲素养可能被认为是澳大利亚与一个在其经验中占有特殊地位的地区打交道的方式。……亚洲素养是澳大利亚机构应对亚洲事务的简称，通过对它做出明智的声明来处理它，以帮助协商国家未来在该地区的重新定位。在这个意义上，亚洲素养是澳大利亚在当前全球结构调整时期处理其与该区域的政治、经济、军事和文化关系的一种手段。因此，亚洲素养是澳大利亚的一项经济、文化和社会项目，其范围包括殖民主义、战场和跨国贸易等不同的联系。因此，我们有理由期望，即使是亚洲语言课程，也会设法在澳大利亚学生中传播对“目标”亚洲国家的美学、经济学、社会学、历史、地理、哲学和政治的认识，并详细阐述这些知识。

斯蒂芬·菲茨杰拉德（1997）：这不是一个优雅的术语，但它的本意是要成为一种不具威胁性的、容易理解的方式，来解决亚洲研究的学术用途和澳大利亚人身份问题的本质问题。亚洲素养具有人文主义的色彩，在通往亚洲素养的道路上，尽管不是全部的，但重要的是，它属于人文学科的研究范围。亚洲素养的定义，意味着：①我们应该通过严谨、持续和深入的学习来获得知识，接触亚洲社会的思想，并接受这些思想的挑战来检验我们自己的思想，这是最重要的一点。②我们应该获得一种文化框架。在这种框架内，我们应该与亚洲社会建立联系，并在一定程度上理解亚洲社会，就像我们现在与英国和欧洲的关系一样。这种文化框架为我们提供了参考点和路标，帮助我们应对不熟悉的事物。③我们应该对亚洲历史、文化、地理和文学有足够的了解，这样当我们在报纸上读到有关亚洲国家的报道时，当我们见到这些国家的人民时，当我们去这些国家访问时，不会完全沉浸在平庸的语言和文学典故中。④我们应该能够在一个亚洲社会中发挥作用，与亚洲人交流而不感到尴尬、不安全感或屈尊俯就，以便理解他们的态度、偏见和敏感。⑤我们应该能够享受与亚洲社会和亚洲人民的交往；去学习，去受益，去丰富我们自己的生活；分享同样的笑话。⑥我们对亚洲事物的了解应该成为就业中的一笔财富。

苏珊·梁和丹尼斯·伍兹（2017）：亚洲素养超越“我们”和“他们”的二分法，让澳大利亚人拥有批判意识形态规范的技能，而这些规范定义了亚洲的表现和谈论的方式。

宋汉娜（2018）：除了帮助澳大利亚年轻人了解亚洲之外，我认为，亚洲素养的一个重要组成部分，就是通过对澳大利亚和亚洲社会、文化全球化这一更广阔领域的质疑，帮助他们发展一种新的生活方式。亚洲素养可以被视为一种媒介，通过这种媒介，学生可以成为创造社会经验的积极参与者，通过参与和塑造人类环境的人们之间的互动，看到文化转型的潜力。

从以上政策话语和学术话语关于亚洲素养概念内涵的表述中，我们可以发现，政策话语中亚洲素养的概念内涵更加强调亚洲素养的战略性和实用性，即亚洲素养的出发点是培养具有亚洲素养的一代人，以提升澳大利亚的国际和地区经济表现，发展亚洲素养成为实现澳大利亚亚洲世纪战略目标的手段，其中亚洲语言、对亚洲的相关文化知识的认知与理解以及与亚洲国家和人民接触的技能等都具有重要的战略意义。而学术话语的亚洲素养认为政策话语的亚洲素养将亚洲看成静态的、单一的文化的“他者”，忽视了澳大利亚与亚洲久远而丰富的历史，忽视了亚洲作为澳大利亚社会和文化的重要构成部分的现实，强调应以文化互动的视角来看待澳大利亚与亚洲的关系，以及澳大利亚自身的身份认同问题。

三、亚洲素养概念与内涵以及相关概念的争议性

（一）亚洲素养概念的界定及其构成要素

随着澳大利亚亚洲政策的调整，亚洲素养从主要关注“亚洲相关知识”到关注“亚洲相关能力”转变，这种概念的转变反映了仅有亚洲地区的知识不足以形成一个具有亚洲胜任力的澳大利亚。全球化能力诸如跨文化理解必须成为确保有意义和变革性地与亚洲地区接触的整体概念框架的一部分。在竞争日益激烈的亚洲地区，澳大利亚人需要更具有亚洲胜任力，包括“接纳一种全球的定位，拥抱新技术的能力以及提高亚洲素养”。亚洲素养概念的话语转移反映了它是一个动态发展的概念，反映了澳大利亚与亚洲的跨文化联结与理解需要由诸多不同能力构成的素养体系。同时，概念话语的转移也反映了澳大利亚通过构建亚洲素养加深对亚洲的认知、理解和接触能力，建构澳大利亚与亚洲的良好关系，并在亚洲世纪实现国家利益的伟大构想与实践。在本质上，这一概念是对亚洲地区不同国家所构造的历史、地理、社会、文化、文学和语言等要素的基础性和深层次的知识、技能和理解。为使亚洲素养这一概念更加明确、更具有可操作性，需要对以上定义中的关键要素进行整合。笔者认为，亚洲素养可以定义为有效地与亚洲国家和亚洲文化以及来自亚洲文化背景的人们进行相互作用，以便实现有关目标或目的所需

的态度（attitude）、技能（skill）、知识（knowledge）和经历（experience）的有机整合，这四个构成要素具有内在的相互作用、相互支撑和相互联结关系，其各自包括的内容如图 1－1 所示。

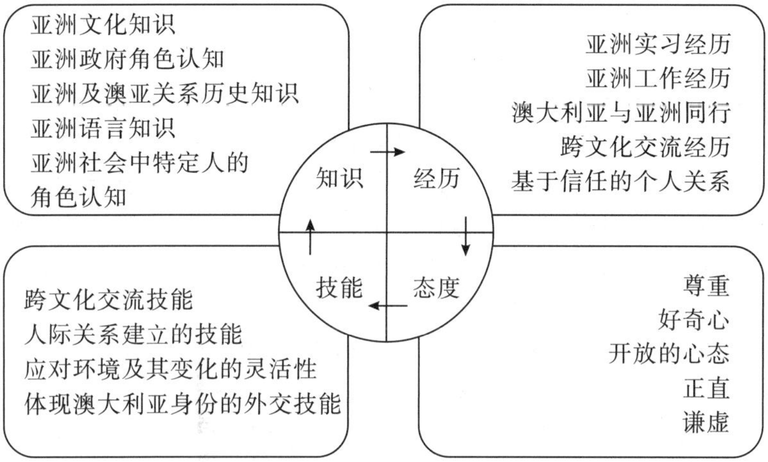

图 1－1　亚洲素养的维度与内在构成要素①

根据这一定义，在澳大利亚的教育实践中，亚洲素养教育指向四个层面的实践领域，分别是亚洲语言教育、有关亚洲内容的学习、开展亚洲的相关科学研究以及提升在亚洲世纪的竞争力和领导力的培养。因此，亚洲素养可以概括为四个方面的素养：①亚洲语言学习素养，包括亚洲语言及语言文化的学习和教学，这一素养是其他素养形成的基础，也是把握亚洲社会人文心理的重要素养；②有关亚洲内容学习的素养，包括对亚洲地理、文化、历史、政治、经济等以及澳大利亚与亚洲关系的历史发展的知识与理解；③亚洲研究素养，包括对亚洲多样性的政治、文化、经济、历史遗迹以及澳大利亚与亚洲关系的各种层面所开展的科学研究，这一素养领域是持续地加深澳大利亚对亚洲的认知与理解的重要前提；④亚洲胜任力素养，包括国家、社会和个人层面与亚洲建立的联系与交流，对亚洲多元文化的包容、尊重和认同，同时也包括有效地完成各种涉及亚洲事务的目标，在亚洲世纪中获得竞争力，并发挥领导力角色的功能。

---

① 本图参考：BICE S，MERRIAM A. Defining Asia capabilities for Australia’s public service［J］. Australian journal of public administration，2016：6. 该图“知识”维度中“亚洲社会中特定人的角色认知”是指亚洲社会中某个群体在社会系统的角色、责任、行为风格甚至其日常工作生活等方面的知识。

（二）亚洲素养概念的争议性

亚洲素养的定义蕴含着澳大利亚政府期望其年轻一代在日益全球化的世界中拥有参与全球事务的意识、知识和技能的价值取向。然而，在澳大利亚的政策语境下，亚洲素养一词并非没有争议。这种争议主要集中在两个方面。一是亚洲素养概念的模糊性或不确定性。澳大利亚蒙纳士大学教授岩渊浩一（Koichi Iwabuchi）指出："即使'亚洲素养'的概念在澳大利亚已被讨论了至少50年，但它仍然是一个未解的问题和亟需讨论的主题。"目前在澳大利亚政策语境与学术话语中，尚未就亚洲素养概念及其目的达成共识。尽管澳大利亚将亚洲素养的培养集中于三个主要领域，即学会讲亚洲语言，获得亚洲历史、文化和环境的知识，发展促进澳—亚之间联系的技能，但是，亚洲素养所具有的价值内涵远不止这么多。正如克里斯汀·哈尔斯所指出的，"亚洲素养是一个'不可靠的概念'，即亚洲意味着什么是模糊的——是地理位置、地理构造或一种民族的、文化的或语言的特征？亚洲素养的目的和作用是模糊的——一种促进跨文化理解和沟通的手段；一种构建区域与全球和谐的战略；一种促进国家劳动力在亚洲获得财富与机会的技能；一种消弭了多元文化和多元社会的多样性，使之成为一个单一的同质化实体的标签；抑或是一种将'我们'与'他们'区分开来的概念，从而使东方主义关于亚洲的概念，即亚洲是异国他乡，是澳大利亚以外的地方得以延续？"① 多重指向的概念使得亚洲素养的培养在实际中缺乏操作性。二是亚洲素养的工具主义特征。这一特性是由澳大利亚作为一个贸易型国家的特性和澳大利亚国家身份认同所决定的。首先，无论是1994年陆克文在《陆克文报告》中所宣扬的"澳大利亚需要一种'懂亚洲'的出口文化"，还是2012年《亚洲世纪中的澳大利亚》白皮书所称的"让澳大利亚成为亚洲世纪中的'赢家'"，都一脉相承地强调亚洲素养对于澳大利亚未来发展的战略性价值。澳大利亚希望通过提升亚洲素养加强与亚洲的互动，为其经济贸易铺设道路，从而实现经济价值和利益的最大化。在这个层面，亚洲素养被视为改善劳动力素质的一种关键手段，以满足澳大利亚经济发展的需要。然而，经济理性主义的逻辑不可否认地会"降低亚洲素养在构建跨文化理解与

---

① HALSE C. Asia literacy and the purposes of schooling [C] //CHENG X P, WALKER D. Australia and China in the 21st century: challenges and ideas in cross-cultural engagement. Beijing: China Social Sciences Press, 2015: 271-288.

促进社会公平的潜能"①。从更深层次而言，"可以这样说，这种通过与亚洲的互动来获取经济优势的关注是一种当代形式的新殖民主义，它试图利用亚洲的'他者身份'来获取经济利益。在这种背景下，亚洲素养可以被概念化为一种新殖民主义概念或总称，它包含了澳大利亚人对亚洲的认知的本质和潜在益处的各种想法和假设"②。此外，尽管澳大利亚位于亚太地区，但是基于其工具理性的原则，它始终认为其文化传统属于西方文明，是文明的和正统的代表，而亚洲是被认识的"他者"，是外来的、异质的，其文化是同质的和静止的。"地理上与亚洲的靠近"和"文明上与英国的亲缘"一直是建构澳大利亚身份认同的一体两面。这一僵化的国家身份认同，导致澳大利亚在历史上和现实中的亚洲观时常出现矛盾与冲突："亚洲似乎既是恐慌的来源又是希望的所在。"③ 因此，人们可以在澳大利亚的历史图景中看到这样颇具戏剧性的变化情景：20 世纪 50—60 年代"白澳政策"时期的对亚洲人种的敌意行为；70—80 年代和 90 年代初几任总理提出融入亚洲的澳—亚亲密行为；1990 年的"东帝汶事件"、中国台湾海峡航行权问题分别导致澳大利亚与印度尼西亚和中国的关系陷入危机；2012 年 10 月 28 日《亚洲世纪中的澳大利亚》白皮书出台，强调深化澳大利亚与亚洲的关系，但是"2013 年 9 月 7 日赢得大选后托尼·阿博特（Tony Abbott）的保守联合政府立即开始解除其前任的亚洲议程。白皮书被"存档（archived）了，网站也被关闭了"④。从这些戏剧性情景中，可以感受到，即使经过 40 多年的努力、亚洲素养已经嵌入国家的课程政策之中，澳大利亚实施亚洲素养政策的不彻底性却依然存在。

（三）亚洲素养相关概念的争议性

1. 关于"亚洲"的概念

虽然大家每天都在使用"亚洲"这个词，并且这个词被印在地图册上，但它仍然是一个广受争议的概念。澳大利亚统计局（Australian Bureau of Sta-

---

① KOSTOGRIZ A. Professional standards and ethics in teaching Asia literacy [C] //HALSE C. Asia literate schooling in the Asian century. London and New York: Routledge, 2015: 103.

② LARAGHY M J. A case study of implementing international programs in one state school [D]. Brisbane: Queensland University of Technology, 2016: 43.

③ 沃克. 澳大利亚的亚洲观 [M]. 李建军，等译. 北京：社会科学文献出版社，2017：16.

④ HALSE C. What makes Asia literacy a "wicked" policy problem? [C] //HALSE C. Asia literate schooling in the Asian Century. London and New York: Routledge, 2015: 24.

tistics）认为“亚洲”包括被称为“中东”地区的国家。有些学校把“亚洲”的定义扩展到亚太地区。“亚洲”可以用地理术语来定义，但也可以用文化、宗教、历史和语言界限或共性来描述。在澳大利亚的学校里，对亚洲的研究特别关注亚洲的次区域：

东北亚地区包括中国、日本、朝鲜、韩国。

东南亚地区包括印度尼西亚、缅甸、泰国、马来西亚、文莱、新加坡、越南、老挝、东帝汶、菲律宾和柬埔寨。

南亚地区包括印度、巴基斯坦、尼泊尔、不丹、孟加拉国、斯里兰卡和马尔代夫。

以上主要是从地理学的视角对“亚洲”进行地理区域上的划分。但是，在澳大利亚的政策语境中，“亚洲”是一个复杂而具有动态发展性的概念。“亚洲这个词在澳大利亚的政治话语中被大量使用，但它的含义远不如其他大洲稳定。澳大利亚对亚洲的定义随着财富和权力的变化而变化。”① “从后殖民主义的角度来看，在试图提高对一个已定义的亚洲空间的特定文化素养时，有必要承认，这个术语本身源自一种以欧洲为中心的世界观。”② “撇开亚洲的地理定义不谈，澳大利亚人长期以来一直认为亚洲是对西方社会的一种文化挑战。”③ 某个时期澳大利亚政府或部分民众往往从文化的角度将之看成一个文化同质化的区域概念。“事实上，亚洲这个概念本身可能存在问题，因为它是一种西方概念，错误地将一个人口异常众多、截然不同的国家集团同质化。”④ 亚洲经常被定位为一个同质的大陆，有些学者认为这是一种本质主义或固定的亚洲观，而不是一种更加多样化和动态的观点。法扎尔·里兹维也曾深刻地指出：“亚洲概念本身是一个历史概念，植根于西方对亚洲大陆的观点。历史上，它是一种误导性和本质主义的概念，暗示着一种不存在也从未存在过的‘个体’。西方把亚洲国家视为同质的群体和单一的结构，忽略了特定的文化、历史和经济背景。假设亚洲从根本上是静态的，就会忽视亚洲内部存在的巨大差异，包括地区、阶级、性别、宗教和政

---

① WESLEY M. Australian thinking about Asia［C］//MARSTON D. Strategy and history：essays in honour of professor Robert O'Neill. Canberra：ANU Press，2016：288.

② ANDERS NILSSON B. English teachers and the Asia literacy priority：is it really a priority？［D］. Perth：Murdoch University，2019：3.

③ WESLEY M. Australian thinking about Asia［C］//MARSTON D. Strategy and history：essays in honour of professor Robert O'Neill. Canberra：ANU Press，2016：291.

④ BICE S，MERRIAM A. Defining Asia capabilities for Australia's public service［J］. Australian journal of public administration，2016：2.

治方面的差异。”① 在澳大利亚，“亚洲一直被明确地认为是他者。在澳大利亚政府寻求与亚洲更紧密的接触中通常伴随着一种暗喻，即‘澳大利亚不是，永远都不是一个亚洲国家’”②。这一暗喻强调澳大利亚“坐落在亚洲，但不属于亚洲”的心理认同：一方面在地理上澳大利亚坐落于亚洲地区的边缘，亚洲既是澳大利亚的发展优势，也可能是潜在威胁；另一方面在文化上澳大利亚珍视自己的大英帝国文化遗产，秉持属于西方国家政治体系的身份认同。正是这种主导性的二分法观念阻碍了澳大利亚在区域归属的发展。

2. 关于“亚洲世纪”（Asia Century）的概念

“亚洲世纪”的概念最初由中国和印度的精英在20世纪80年代提出，最近被一系列政策制定者和专家所接受，以理解他们所称的权力从西方向东方的重大转移。③ 根据维基百科网站的资料，“亚洲世纪”指的是这样一种经济发展状态：由于亚洲经济的蓬勃发展和中产阶级的日益富裕，预计亚洲将在21世纪发挥主导作用。亚洲世纪的概念与19世纪被描述为英国的帝国世纪和20世纪被描述为美国的世纪相似。随着中国和印度等亚洲主要经济体经济的快速增长，其在国际政治、经济、文化等的影响力日益增强，亚洲世纪的概念逐渐得到人们的认可。2011年8月，亚洲开发银行（Asia Development Bank，ADB）发布了《亚洲2050：实现亚洲世纪》。该报告提出这样的观点：“假设亚洲经济体能够再保持40年的增长势头，并通过不断创造比较优势来适应持续变化的全球经济和技术环境。在这种情况下，亚洲的GDP（以市场汇率计算）将从2010年的17万亿美元增加到2050年的174万亿美元，相当于全球GDP的一半，相当于其在全球人口中的份额。7个经济体（中国、印度、印度尼西亚、日本、韩国、泰国和马来西亚）将引领亚洲走向繁荣，人均GDP为40 800美元（购买力平价），2050年亚洲的收入将与今天的欧洲相似。”该报告进一步指出：“在迈向‘亚洲世纪’的征程中，该地区必须应对艰巨的政策、体制和治理挑战。鉴于各国的情况千差万别，具体的行动及其时机必须有所不同。尽管如此，仍有可能从三个方面勾画出该区域所必需的重大变化的轮廓：国家战略和政策行动，协调国家和全球议程的集体区域行动，亚洲与国际社会的互动。各国能否实现亚洲世纪的承

① RIZVI F. Beyond the East-West divide：education and the dynamics of Australia-Asia relations［J］. Australian educational researcher，1997，24（1）：21－22.

② HALSE C. Asia literate schooling in the Asian Century［M］. London and New York：Routledge，2015：15.

③ O'NEIL A. Australia's Asia White Paper review and the dilemmas of engagement［J］. Security challenges，2012，8（1）：15.

诺，将取决于它们在这三个领域是否成功。”进入亚洲世纪后，“主要亚洲经济体将获得更大的优势，某些亚洲国家将在全球政治中发挥更突出的作用”①。

正是基于亚洲可能发展的经济体量及其在全球政治中所发挥的突出角色功能，许多国家尤其是西方发达国家纷纷调整其“亚洲战略”，以便在亚洲经济发展中实现利益最大化。然而，“或许更重要的是，对‘亚洲世纪’的概念相当具有误导性，因为它助长了一种观点，即该地区在某种程度上是同质的。……‘亚洲世纪’一词忽略了该地区在某些情况下存在的巨大差异。”②“这种看待亚洲的方式不仅过时，而且有悖常理。它几乎是殖民时代思想的部分复兴，认为亚洲经济体的存在是为了维护西方的经济主导地位，而不顾其对该地区的影响。”③ 以澳大利亚为例，作为一个贸易型国家，它与亚洲的接触首先是基于经济利益考虑的。这点在茱莉雅·吉拉德（Julia Gillard）任政府总理期间发布的《亚洲世纪中的澳大利亚》白皮书中体现得尤为明显。在白皮书的前言中，吉拉德声称：“要想在亚洲世纪取得繁荣，我们的国家必须制订明确的计划，抓住未来的经济机遇，应对未来的战略挑战。扩大和深化我们在该地区的民间联系也将带来巨大的社会和文化利益。我们的国家受益于亚洲对原材料和能源的需求。我们现在必须解决的挑战是，澳大利亚如何才能从亚洲下一步的需求中获益。”可见，这一白皮书的总基调是经济主义和工具主义的，目的在于使澳大利亚成为亚洲世纪的“赢家”。

必须指出的是，这一经济主义和工具主义目前正主导着澳大利亚亚洲素养的话语构建，从某一程度上讲，这一主导性理念阻碍了澳大利亚与亚洲的深入接触，也往往致使亚洲各国怀疑澳大利亚向亚洲“示好”的真正意图。正如澳大利亚学者罗比·罗伯逊（Robbie Robertson）和安妮塔·伦德伯格（Anita Lundberg）指出：“白皮书的经济机会主义（economic opportunism）[赚新兴的亚洲中产阶级的钱（cashing in on an emerging Asian middle class）] 可能会阻碍‘澳大利亚寻求与区域更深接触’的愿景的实现。换句话说，如果澳大利亚真正想要与亚洲接触，那么它需要做一些不同的事情。用澳大利

① ELIAS J, JOHNSON C. On re-engaging Asia [J]. Australian journal of political science, 2010, 45 (1): 1-12.

② O'NEIL A. Australia's Asia White Paper review and the dilemmas of engagement [J]. Security challenges, 2012, 8 (1): 16.

③ NAIRC. Is the 21st century the Asia Century? [EB/OL]. (2019-10-12) [2020-06-08]. https://www.theglobalist.com/is-the-21st-century-the-asia-century/.

亚学者拉梅什·塔库尔（Ramesh Thakur）的话说，就是澳大利亚拥抱亚洲必须是亲情型的（familial），而不是简单的交易型的（transactional），‘澳大利亚的领导者仍没有意识到有助于建立深入而持久的纽带的有效性和权威性标准是文化意义上的建构’。”①。

第二节 亚洲素养的理论基础

澳大利亚亚洲素养是一个复杂的综合性概念，不仅涉及知识和认知层面，还涉及技能、理解和价值观的问题，在实践上，它还存在诸多争议，并由于澳大利亚本国身份认同的困境使得它在实践中存在不确定性和不彻底性。但是这并不能否认它在历史上的定位以及现实中在培养国际素养的公民、增进澳大利亚对亚洲的认知与理解、提升澳大利亚年轻一代在亚洲事务中的处理与应对的能力方面所起的重要作用。澳大利亚学者彼塔·沙尔特认为：亚洲素养与全球化、多元文化主义、课程国际化等教育话语非常契合。从教育国际化角度上看，它还是澳大利亚教育面向亚洲发展的国际化战略举措。它与澳大利亚历史上深入推进的跨文化理解教育、公民价值教育、全球教育等教育实践具有深刻的内在联系。因此，为了更好地把握澳大利亚学校亚洲素养教育的原理与本质，本书必须借用诸多与之相关的理论分析工具，以便建构本书的理论分析框架。鉴于澳大利亚亚洲素养的本质及其在历史演变中所具有的特征，本书认为必须利用跨文化理解教育理论、公民价值教育理论、全球教育理论、国家身份认同理论等理论观点才能够更好地对这一主题进行深入而系统的剖析。应该指出的是，这些理论的探讨主要是在澳大利亚的教育改革背景下进行的，而这些教育理论的实践为亚洲素养政策的实施提供了广泛的背景条件。

一、跨文化理解教育理论视角

经过20世纪60—70年代发生的文化转变，尤其是“白澳政策”的去除，澳大利亚从文化“同化”（cultural assimilation）和“一体化”（cultural

① ROBERTSON R, LUNDBERG A. Asian-Australian nexus: an educational challenge [C] //MANDAL P. Proceedings of the international conference on managing the Asian Century. Singapore, Heidelberg, New York, Dordrecht & London: Springer, 2013: 13-21.

integration）的政策和态度逐步转向多元文化主义。目前澳大利亚是一个拥有多元文化的国家，多元文化政策已成为澳大利亚的重要政策之一，在促进多元文化整合、跨文化理解、公民身份认同以及社会团结方面发挥着重要的作用。因此，在学校中培养学生一种对多元、异质文化的尊重、包容和批判性认同的能力，是学生适应多元文化现实的重要保障。而跨文化理解能力正是在尊重多元文化事实的基础上，能够在不同文化群体间开展对话，对多元文化进行批判性思考，对不同文化采取包容的态度的能力。在这种多元文化的国家中以及澳大利亚面向亚洲多元文化现实的背景下，为了深化与亚洲的关系，培养高层次的亚洲素养，发展学生的跨文化理解能力，就变得相当重要。

英国著名文化学者沃特森认为，多元文化的主要内涵包括：①文化是多样的且文化之间是平等和相互影响的，没有任何一种文化比其他文化更为优秀，也不存在可强加于其他文化之上的超然标准；②历史经验是多元的，历史传统是各民族的不同经历相互渗透的结果；③学校必须帮助学生消除对其他文化的误解和歧视以及对文化冲突的恐惧，学会了解、尊重和欣赏其他文化，反对对非主流文化的排斥；④所有人在社会、经济、文化和政治上机会平等。[①] 在多元文化主义思潮全球蔓延的今天，跨文化理解在现代教育中具有重要的位置。跨文化理解教育寻求构建一个更美好、和平与非暴力的世界。“它的主要目标是通过以地方、国家和特别是国际层面产生的跨文化观点处理社会问题来进行变革教育”，“促进变革性的学习方法，旨在使学生具备积极和有意义地参与全球社会的必要技能”。这些技能如表 1－1 所示。

表 1－1　跨文化理解的技能及其相应的价值②

技能	技能的价值
批判性反思思维	能够解释问题的根本原因，认识和质疑潜在的偏见和假设，提供必要的技能来检验个人和政治对变革的贡献，并支持理性决策
整体的方法	使学生通过更深入、更综合的方法理解并批判性地审视和质疑复杂的相互关系网络，了解到没有问题是孤立发生的，需要考虑人、地点和问题之间存在的交互作用

① 沃特森. 多元文化主义［M］. 叶兴艺，译. 长春：吉林人民出版社，2005：1－2.

② TILBVRY D，HENDERSON K. Education for intercultural understanding in Australian schools：a review of its contribution to education for a sustainable future［J］. Australian journal of environmental education，2003（19）：81－86.

续上表

技能	技能的价值
主动性学习	学生在学习过程中扮演积极的角色，对学习的结果负责
价值观的澄清和教育	价值观的澄清为人们提供了揭示和解构自己和他人的价值观所需的技能和知识。培养批判性思维和文化思维的技能需要理解，不同的人有不同的价值观，这些价值观是基于各种各样的影响，比如宗教、文化、社会经济阶层和性别。这一进程使我们能够确定支持致力于实现平等、公平、和平与可持续性目标的价值
体验式学习	体验式学习是基于对一种经历的有意识思考之上发展知识、技能和态度的过程，它包括直接和积极的个人经验结合进行反思和反馈
探究式学习	一种以学生为导向的高阶思维技能的探究过程，如提问、建议、谈判、研究和解释。探究性学习提高了学生识别相关问题和提出关键问题的能力，使他们能够对问题进行评估、反思和采取行动
对话	一种在众多情景（如人际、跨文化、协商或冲突的情景）中进行建设性对话的能力，与利益相关者进行有意义的接触交流
批判性赋权	学生有信心和意愿参与个人和社会行动，以实现向更美好未来的转变，其目的是构建学生理论联系实践、反思与行动的能力，促使其做出有意义的决策和解决问题
跨文化沟通	一种与不同文化的个体成功互动的技能与能力，它采用合适的口头或非口头的沟通，避免民族中心主义（ethnocentrism）、种族主义和刻板印象

“在澳大利亚，自1901年联邦成立以来，通过后来的政府政策特别是有关教育和移民的政策，国家身份明确地以白人和盎格鲁人（Anglo）为中心。这种将澳大利亚人的身份定位为白人和盎格鲁人的设想是社会和历史建构的，一直受到批评，因为它被当作一种必须维护的自然的优先地位。”此后的几十年间，这一身份认同主导着澳大利亚对亚洲移民的态度及澳大利亚与亚洲各国的关系构建。“自20世纪70年代以来，随着1901年《移民限制法案》的结束，也就是众所周知的‘白澳政策’的终止，澳大利亚采取了一种新的多元文化主义战略。从此，澳大利亚民族身份作为多元文化的重新构想就已经成为国家建设的一种实践。”① 20世纪70年代末期，弗雷泽自由

① WALTON J，PRIEST N，KOWAL E，et al. Whiteness and national identity：teacher discourses in Australian primary schools［J］. Race ethnicity and education，2016：133.

党—国家联盟政府取代惠特拉姆政府后，两件重大的事件深刻地影响了其多元文化政策，这两件事情是：英国进入欧洲共同体和澳大利亚接纳了大量的印度支那难民。这两个事件导致的结果之一是澳大利亚原材料和初级产品失去了有保障的市场，这就要求澳大利亚更加积极地寻求进入东亚市场的机会。随着来自亚洲国家的新澳大利亚人数量达到了历史上前所未有的水平，弗雷泽政府试图将澳大利亚少数民族的愿望从阶级对立的语言及其与劳工的联系中分离出来。弗雷泽政府颁布了一些影响深远、经久不衰的著名的政策措施。弗雷泽的主要干预手段基于一项重大的全国性调查，这一调查最终形成了 1978 年的《加尔巴利报告》，该报告为多年来对多元文化主义的概念理解奠定了基础。该报告认为：澳大利亚正处于一个具有凝聚力、统一和多元文化的国家发展的关键阶段，指出“联邦政府现在有必要改变其向移民提供项目和服务的方向，并采取进一步措施鼓励多元文化主义”。在弗雷泽政府和霍克政府的多元文化政策的深入推动下，澳大利亚 20 世纪 80 年代的多元文化发展进入一个相对稳定的时期。20 世纪 90 年代直至 21 世纪初，一系列的报告，如《新世纪的澳大利亚多元文化主义：走向包容》（1999）、《澳大利亚多元文化新议》（1999）、《多元文化的澳大利亚：多样性的统一》（2003）、《与所有澳大利亚人对话的多元文化政策》（2010）和《多元文化的澳大利亚：团结，强大和成功》（2017）等，为全球化语境下澳大利亚处理多元文化提供了政策指南，强调了澳大利亚致力于发展民族及文化多样性的坚定立场。在教育领域中，学校成为实施跨文化理解教育的集中场所。在主张强化亚洲素养的政策文本中，特别强调跨文化理解能力的培养，并将之作为理解文化差异、深化文化间理解的重要举措。如《墨尔本宣言》认为学校在“促进澳大利亚青年的智力、身体、社交、情感、道德、精神和审美发展和幸福，以及确保国家持续经济繁荣和社会凝聚力方面”充当重要角色。它认为世界发生了重大变化，全球一体化和国际流动性在过去 10 年迅速增加对澳大利亚教育提出了新的要求。因此，澳大利亚正在出现新的和令人兴奋的机会。这就更加需要培养对社会、文化和宗教多样性的欣赏和尊重以及全球公民意识。《澳大利亚课程》认为：学生在学习珍视自己的文化、语言和信仰以及他人的文化、语言和信仰的过程中，发展跨文化理解。他们开始理解个人、群体和国家身份是如何形成的，以及文化的多变和变化的本质。跨文化理解包括学生学习和参与不同文化的方式，承认共性和差异，建立与他人的联系，加强相互尊重，“鼓励学生在自己的世界和他人的世界之间建立联系，建立在共同的兴趣和共同点的基础上，协商或调解差异。它培养学生与他人沟通和同情的能力，并批判性地分析跨文化经验。它为他们提供了机会，让他们以一种新的角度考虑自己的信仰和态度，从而获得对自己和他人的洞察力”。《澳大利亚课程》将跨文化理解能力作为其所规定的七种一般性能力之一，认为跨文化理解能力由三部分组成：①认识文化并培养尊重；②反思跨文化经验并承担责任；③与他人互动，并对他人有同理心。这三个构成要素及其内涵如表1－2所示。

表1－2 《澳大利亚课程》中跨文化理解的内在构成要素及其内在规定性、学生发展价值

构成要素	内在规定性	学生发展价值
认识文化并培养尊重	这个要素包括学生识别、观察、描述和分析他们自己和他人的文化身份的日益复杂的特征。学生从他们已知的世界出发，通过在学习领域提供的机会，探索与特定文化群体相关的新想法和经验。他们将自己的知识和经验与其他人进行比较，学会识别共性，承认生活中的差异，认识到有必要对这些差异进行批判性反思，并寻求理解	促使学生： · 探究文化和文化身份； · 探索和比较文化知识、信仰和实践； · 培养对文化多样性的尊重
反思跨文化经验并承担责任	处理或反思经验意义的能力是跨文化学习的一个基本要素。学生通过反思来更好地理解个人和群体在特定情况下的行为以及这些行为是如何被文化塑造的，鼓励他们反思自己对跨文化接触的反应，并确定可能造成这些反应的文化影响。他们学会了站在不同文化之间，协调文化差异	促使学生： · 反思跨文化经历； · 挑战刻板印记和偏见； · 协调文化差异
与他人互动，并对他人有同理心	这个元素为跨文化学习提供了一个经验维度，可以是面对面的、虚拟的或替代的。它要求学生通过接触不同的文化群体来发展与不同文化相关和在不同文化之间流动的技能，促进学生以新的方式思考熟悉的概念，鼓励灵活性、适应性和尝试新的文化体验的意愿。同理心包括基于别人的立场理解他人的感受、处境和动机	促使学生： · 进行跨文化交流； · 考虑并发展多种视角； · 同情他人

应该指出的是，学校的跨文化理解教育并不是简单地教授有关其他文化的内容知识，而是如何在不同文化之间建立意义丰富的联系以深化学生对其他文化的客观而全面的认知和理解，并发展出能够适应跨文化环境的素养。因此，为了促进学生变革性的学习以及与其他文化进行有意义的接触，学校

与教师需要超越知识建构的方式，发展自身与学生的批判性思维，引导学生与不同文化进行有效的沟通与接触，并对不同文化采取同理心，通过课程资源的开发与规划，引导学生体验不同文化的经历，对多元文化背景下的社会问题进行理解、质疑，并承担相关的责任。

跨文化理解是澳大利亚国家课程重点发展的亚洲素养要素之一。发展跨文化理解能力是培养亚洲素养的根本要求。只有建立在公平、公正、包容的批判性价值之上，在国内维度上，澳大利亚才能凝聚土著和非土著移民的文化多样性的价值，使澳大利亚成为繁荣、团结和文化多样化的民主、公平和公正社会，这也是《墨尔本宣言》追求的终极目标；在国际维度上，在澳大利亚与亚洲互动增强的背景下，澳大利亚才能真正理解亚洲的多元文化现实，才能更好地与亚洲各国交流与合作。作为一个内含着“跨域”的特征的概念，亚洲素养是一种进行跨学科理解与跨疆域行动的能力。亚洲素养被描述为推动澳大利亚与亚洲关系的重新定位的一个课程重点，也被定义为拥有亚洲地区不同的历史、地理、艺术、文化和语言的知识、技能和理解力。有些学者采用术语，诸如“跨文化胜任力（cross-cultural/intercultural competence）”“文化智力（cultural intelligence）”“跨文化能力（cross-cultural capability）”“跨文化敏感性（intercultural sensitivity）”和“文化流动性（cultural fluency）”等能够在不同的文化之间建立联系的能力来反映亚洲素养的实质。因此，可以说亚洲素养本质上就是一种跨文化理解能力。跨文化理解教育理论的视角从文化理解或国际理解教育的层面解释了澳大利亚学校亚洲素养教育的本质目的及教育功能，是澳大利亚学校亚洲素养教育实施的指导性理念。从教育的功能和文化价值的视角看，澳大利亚亚洲素养教育的目的就在于培养能够尊重和认可亚洲的文化历史传统，包容与理解亚洲异质性文化及其对澳大利亚文化的影响，并且能够促进澳大利亚与亚洲文化互动的年轻一代。这也是跨文化理解的目标之一。

二、公民价值教育理论视角

因为价值认知对个人的价值判断与行为起着决定性的作用，因此，公民价值教育是公民教育的核心，是培养公民价值认知观念和公民身份认同的教育，其中公民价值认知观念是主体功能，强调对主体的自我价值、自我品格和特性的发展，是主体对价值的自我建构与完善的基础，解决“我是谁”这一本质性的问题；而公民身份认同是公民作为主体对群体文化的自觉接纳与内化，强调公民符合社会规范的价值建构，解决“我与群体的关系”问题。从公民价值教育这一内涵可见价值教育对学生自我认知与建构跨文化理解能力、增强学生群体规范意识、引导学生反思深层次的社会问题具有重要作用。澳大利亚政府正是通过公民价值教育整合多元文化群体的核心价值，促使公民形成自由、宽容、尊重、责任和包容的价值观，确保社会和谐稳定。澳大利亚教育、就业、培训和青年事务部长理事会（Ministerial Council on Education，Employment，Training and Youth Affairs，MCEETYA）在 2002 年 7 月 19 日的会议上一致支持受澳大利亚政府委托进行国家价值观教育研究，该研究旨在为澳大利亚学校的价值观教育制订一套框架和原则。2003 年，教育、科学与培训部（Department of Education，Science and Training，DEST）开展了一项被称为最大规模的研究工程——“价值教育研究（2002—2003）”（Values Education Study in 2002 – 2003）。该项工程得到了澳大利亚政府、所有州和地方的教育、科学与培训部部长以及教育、就业、培训和青年事务部长理事会的大力支持，工程的主要目的是构建一个全国的价值框架，并达成一种共识，即学校不是社会和教育参与的价值中立的场所，它强调：①教育致力于培养学生特定的技能，更多的是培养品格。②价值教育增强学生的自尊心、乐观主义和对个人成就的承诺，帮助学生运用道德判断并承担社会责任；③家长期待学校帮助学生理解和发展个人与社会责任。在这一研究工程的基础上，澳大利亚于 2005 年建构了澳大利亚学校的全国价值框架。这一框架要求所有学校以一种规划性和系统性的方式开展价值教育，体现在：①明确学校的使命与展现学校精神气质；②在地方、国家和全球背景下发展学生责任感，并培养学生的适应力与社交技巧；③确保价值观融入学校政策与涵盖关键学习领域的教学项目之中；④评估学校价值教育实践的成效。随后，作为对这一价值框架实施效果的评估，澳大利亚相关研究者撰写了三份具有影响力的研究报告，即《澳大利亚学校价值教育国家框架的实施》（2006）、《我们所做的事情的核心：处于学校中心的价值教育》（2008）以及《价值教育的影响》（2010）。这三份报告剖析了澳大利亚学校价值教育的国家框架实施的情况与好的实践方法、原则，并对其所起的作用进行系统的评估。它们的影响力在澳大利亚国家课程中得到了进一步的确认，在澳大利亚国家课程所要实现的七种一般性能力中有四种是价值教育的培养目标，即批判与建构的思维、个人和社会能力、道德理解和跨文化理解。

国际教育成就评价协会（International Association for the Evaluation of Educational Achievement，IEA）在曾经开展的公民教育研究中发现“有效公民教育的障碍”，它们分别是：①在教育目标中相互冲突的优先事项；②不完善的课程结构；③核心社会价值观中的冲突；④在社会中广泛接受多样性的困难；⑤社会和文化多样性的学生群体；⑥教师的经验和专业发展在当前公民意识和公民身份概念方面的限制；⑦在教师和整个社会中广泛存在的无意识的民族中心主义。澳大利亚培养亚洲素养将会面临着文化多样化的亚洲，尤其是随着澳大利亚国内民族中心主义意识的增强，如何有效地促进学生形成正确的、公正的价值判断，进而形成科学理性的亚洲观，将是一大挑战。在国家框架下的澳大利亚学校价值教育就是寻求对澳大利亚年轻一代的公民价值观的重塑，找到最适合作为全球社会成员的方法，以及参与其中的方式。这种公民价值教育的目标与澳大利亚学校亚洲素养教育的本质目标是一致的。亚洲素养是澳大利亚对“亚洲”的价值判断与认知，它建立在澳大利亚公民与社会批判性的反思与跨文化理解的基础上，在其形成的过程中蕴含着澳大利亚公民与亚洲文化的碰撞、接触、理解与认同，它是澳大利亚公民与亚洲各国的个人联系和社会活动的产物。培养具有亚洲素养的公民、学校和社会，是对“亚洲”这个文化“他者”的深层次价值判断与认知，也是对澳大利亚的西方的或欧洲的价值认知逻辑的调适。公民价值教育的重要意义是形成澳大利亚自我身份认同，建构属于“澳大利亚自身”独有的国家观以及世界观（包括澳大利亚的亚洲观）。在澳大利亚国家课程中，将“有关亚洲地区及有关澳大利亚与亚洲的接触”作为一个优先的课程重点，就是要“引导澳大利亚公民意识到亚洲地区在当今世界的重要性，认识到澳大利亚与亚洲的接触有助于增进对社会多样性的理解和欣赏，并为和谐的地方、区域和全球社区作出贡献。这种价值教育对澳大利亚培养亚洲素养、发展与亚洲的关系非常重要，因为它能够深刻而系统地在观念认识上引导澳大利亚年轻一代对传统的、先入为主的亚洲观进行理性的批判和自我反省，形成正确的历史观、文化观和亚洲观，从而有助于克服阻碍澳大利亚与亚洲发展真实和真诚关系的经济理性逻辑障碍。

三、全球教育理论视角

世界各国交互增强的动态发展是全球化的基本特征之一。“全球化”一词被运用于不同的语境下，耶鲁大学校长莱文（Levin）指出它是一个具有多维本质的概念。他认为，全球化表明了世界被视为一个单一的地方，同时，它也引发了一个将因距离隔开的地方联结起来并增强它们关系的过程。全球化驱动了生产要素与人员的全球流动，从而带动各国政策的调整以适应全球化的要求。全球化被视为各国教育政策变革的重要驱动力。为了在全球保持各自的竞争力、面对全球共同的责任以及更好地融入全球化的进程之中，就需要有受过良好教育、能够适应全球化及未来变革的公民，因而，各国纷纷制定全球教育政策以培养全球公民意识。全球教育将促使年轻人把参与到为世界塑造一种更好的、共同的未来作为自己的核心。它强调了人类社会的团结与相互依赖，发展自我意识以及对文化多样性的鉴赏力，主张社会公平和人类权利平等，建构和平并在不同时间和地方为了可持续的未来而行动。① 这是全球教育的根本目的，也是其基本的理念。澳大利亚在1999年的时候就将全球教育作为一项国家教育声明，《关于21世纪学校教育国家目标的阿德莱德宣言》中强调了青年只有在对他们所处的更广泛的全球环境有了良好的了解时，才能了解他们的世界，才能成为积极和知情的公民”②，学校教育应该帮助澳大利亚年轻人成为积极的、具有参与性的、能够理解其所处世界的公民。该宣言认为学校教育必须是维护社会公正的，所以所有学生能够理解并承认文化与语言多样性的价值，拥有有助于促进澳大利亚社会及国际上这种多样性的知识、技能和理解力，并从中受益。2002年，澳大利亚“课程公司”、亚洲教育基金会和澳大利亚国际发展署联合出台了《全球视角：关于澳大利亚学校全球教育的声明》，阐述了全球教育的目标、原则、重点以及全球教育的过程。该声明旨在支持学校整合和提供全球教育，并充实了“全球系列”课程材料。声明着眼于未来，强调团结与相互依存、赋权、社会进步和可持续发展等核心主题。它的目标是在整个学校的经验中纳入一个国际化的维度，并使这种学习贯穿从学前到12年级整个课程。该声明还认为，批判性素养对于学生识别和挑战媒体和文学中的偏见、刻板印象、种族主义、性别歧视等歧视和偏见至关重要。2008年，在这一声明的基础上，澳大利亚将国际教育、公民教育、价值教育、环境教育、语言教育以及推动澳大利亚青年与亚洲接触等结合起来，建构了澳大利亚的全球教育框架——“全球视角：澳大利亚学校全球教育框架”。它认为“全球教育促进了心态的开放，产生了对世界新的思考，并形成了一种为变革采取行动的素质。通过全球教育，学生学会了为他们的行为负责，尊重和重视差异，并且将他们自己视为有助于建设更和平、公正和可持续世界的全球公民”，“全球公民是一个‘负责任的’与他人互动和‘理解’他人的人，同时对自己的立场进行自我批评，他保持着对话式和复杂的理解，而不是一个封闭的、静态的身份概念”。学者布莱根（Brigham）将全球公民身份确定为一种“理解、观察和行动的方法”。他说：“全球公民身份是一种理解世界如何运作，以及我们自己和全世界人民之间的联系的方式。”新的学校全球教育框架创

① Curriculum Corporation. Global perspectives: a framework for global education in Australian schools[EB/OL]. (2019-09-10)[2019-10-18]. https://globalnevzdelavanie.sk/wp-content/uploads/2019/09/global_ perspectives.pdf.

② Asia Education Foundation. National statement for engaging young Australians with Asia in Australian schools[EB/OL]. (2006-10-10)[2019-02-20]. https://files.eric.ed.gov/fulltext/ED534687.pdf.

造了一个立体式的兼顾时间与空间的学习重点，致力于培养学生价值、知识、技能和行动在内的教育体系框架。其五个学习重点是：①相互依赖与全球化，理解人们之间、复杂的社会、经济和政治之间联系，以及变革对他人的影响；②身份认同与文化差异，理解自我和本国的文化，对其他文化保持开放；③社会公平和人类权利，理解不公和歧视的影响，以及理解维护自我权利、尊重他人权利的重要性；④建设和平与解决冲突，理解建立并维持经济和信任关系的重要性，理解阻止冲突或和平解决冲突的方式；⑤可持续的未来，理解我们满足现有需求而不会降低环境质量或减弱未来一代满足他们自己需求的能力的方式。这一全球教育的框架认为，每一个学习重点都有时间与空间的维度，教师在教学过程中应该注意从空间上将本土与全球、社会与自然相结合，从时间上应将过去、现在和未来进行结合，以此系统地强化学生对每一个学习重点的价值认知、技能与行动能力。

亚洲素养就是对亚洲地区国家的历史、地理、语言、艺术和文化的知识、技能与理解。这一定义是澳大利亚从与亚洲关系中构建出来的，代表着澳大利亚对亚洲的自我意识和对亚洲复杂而多样性的文化历史的认知，以及对澳大利亚与亚洲之间文化差异存在的肯定。澳大利亚全球教育的框架特别强调要通过全球教育发展与亚太和印度洋地区各国的关系，这一框架是世界全球化进程对澳大利亚与世界其他国家关系重构的作用结果，其目的是培养学生的自我意识与对文化差异的鉴赏能力，这种能力在发展与亚洲关系中是非常必需的。因为澳大利亚的文化根源是西方，而亚洲文化的根源基本上是儒家文化与伊斯兰文化。这种文化差异性根本上是异质的。如何在全球化互动增强的背景下实现澳大利亚与亚洲的异质文化的共处，并从区域一体化中找准自身的定位及角色，需要学生具有明确的自我意识与对文化差异的鉴赏和理解的能力。由于亚洲素养所具有的跨国特性，它一开始就具有全球的视角。这种全球视角是全球各国互动增强背景下非常重要的国际素养，正如学者科根（Cogan）和库伯（Kubow）所认为的，“发展全球视野的目的是扩大和丰富学生的视角，使他们对世界的看法不是以种族为中心的、一成不变的，或者受狭隘的或扭曲的观点限制。如果我们忽视培养全球视角，学生们可能会通过他们自己的兴趣，用定位和文化的镜头继续以狭隘的方式看待世界。”① 可以说，亚洲素养的形成将有效地促使学生与亚洲、与世界建立紧密的联系，使他们对异质文化具备理性、批判性思维、基于证据的辩论和决

① ZAHABIOVN S, YOUSEFY A, YARMOHAMMADIAN M H, et al. Global citizenship education and its implications for curriculum goals at the age of globalization [J]. International education studies, 2013, 6 (1): 200.

策能力，从而在亚洲世纪中提升自己的全球适应力和跨文化理解能力，自觉地肩负起促进澳大利亚与亚洲关系的共同责任。

四、国家身份认同理论视角

“身份认同是对作为一个个体和作为一个国家有关‘我们是谁’的问题的一种持续性反思。通过社会化和文化适应的过程，身份认同规定和限制了自我与特定群体的从属关系，它是自我与社群的一个充满争议的来源。”① 身份认同被用来描述“我们是谁”“我们从属于何种群体”这样的问题。“自20世纪70年代早期开始，澳大利亚学者就使用‘国家身份认同’一词来讨论一种独特的国家特性。国家身份认同被定义为‘一种将各民族结合在一起，并塑造他们与整个国家关系的力量，这种国家有可能是单一民族的或多个民族的。’”② “澳大利亚民族形成的过程表现为移居澳洲的英国移民由‘澳大利亚英国人’逐渐演变为澳大利亚人。”③ 这种身份的演变是澳大利亚国家独立意识与建构认同的表现。然而，澳大利亚的国家身份认同的源头是西方政治文化的传统。尽管在多元文化渗透中，澳大利亚日益演变出一种更具包容性的多元文化身份认同，但是，这一过程中澳大利亚并没有放弃其从属于西方的核心价值和传统。澳大利亚将自己的身份认同描述为“拥有强力的身份认同、独特的文化与信念，采取多元文化主义政策的向外看的国家”④，这种国家身份认同在塑造与亚洲的关系中扮演重要的角色。因为它一方面维持着与西方传统的联系，尤其是与美国的安全体系保持政策上的一致性；另一方面将自己定位为一个亚太的国家，与亚洲各国保持经济上的联结。这种“左右逢源”的做法是澳大利亚竭力想要的理想性平衡。但是，在政党利益与地缘政治的博弈格局之中，这种理想性的平衡终将会被打破，根本原因还是二元主义的国家身份认同所造成的不确定性和不稳定性。这种二元论“力图区分‘我们’和‘他们’。……它否定了培育出相互作用与杂交文化的历史现实，阻碍了独立的澳大利亚—土著—亚洲历史的形成”⑤。正

---

① AARONS H, PIETSCH J. Social attitudes towards contemporary challenges facing Australia［C］//PIETSCH J, AARONS H. Australia: identity, fear and governance in the 21st century. Canberra: ANU E Press, 2012: 1.

②④ KIZEKOVA A. Australian national identity and the Asian Century［J］. Annual of language politics and politics of identity, 2013, 7 (1): 78 – 79.

③ 王宇博. 澳大利亚民族认同的演进［J］. 史学理论研究，2008 (2): 69.

⑤ 沃克，索伯辛斯卡. 澳大利亚的亚洲观［M］. 李建军，等译. 北京：社会科学文献出版社，2017: 204.

如澳大利亚人权委员会的种族歧视专员蒂姆·索夫马赛（Tim Soutphommasane）认为的那样："在某种程度上，澳大利亚与亚洲的关系将取决于我们如何应对本国的文化多样性。……我们对亚洲采取了工具性思维。如果我们在亚洲素养方面失败了，我们不应该感到惊讶。文化参与不能仅靠经济雄心来维持。如果澳大利亚要拥抱亚洲化，它必须具有彻底的文化本质。……虽然澳大利亚社会的绝大多数人继续接受我们的多元文化特征，但这种共识可能会受到政治竞争的影响。我们如何处理本国的多元文化主义任务，我们如何谈论种族和国家认同，将在很大程度上决定我们在亚洲崛起的一个世纪里能否取得成功。"①

亚洲素养作为澳大利亚构建与亚洲关系的积极规划，在诸多政策声明与战略规划中不断出现，成为澳大利亚"亚洲观"的政策话语。无论是 20 世纪 70 年代的《澳大利亚的亚洲语言和文化教学》研究报告（1971），80 年代的《澳大利亚亚洲研究的国家战略》（1988）、《澳大利亚和东北亚的崛起》（1989），90 年代的《陆克文报告》（1994）、《澳大利亚学校亚洲语言和研究国家战略》（1995），21 世纪的《在澳大利亚学校里促进澳大利亚青年接触亚洲的国家宣言》（2006）、《澳大利亚青年教育目标的墨尔本宣言》（2008）、《澳大利亚学校中亚洲素养的国家宣言（2011—2012）》、《亚洲世纪中的澳大利亚》（2012）以及"澳大利亚国家课程"（2013），等等，都体现了澳大利亚亚洲素养政策话语构建内在逻辑的延续性与发展性。然而，澳大利亚推行亚洲素养计划并非一帆风顺。20 世纪 70 年代由于经济危机造成了澳大利亚财政紧缩，在 70 年代初成立的亚洲研究协调委员会被澳大利亚政府解散；2012 年 6 月澳大利亚受国内经济危机影响，终止了对澳大利亚学校亚洲语言和研究国家战略项目的经费支持；2013 年 9 月托尼·阿博特的保守联合政府上台后立即解除其前任的亚洲议程，《亚洲世纪中的澳大利亚》白皮书被"存档"了，网站也被关闭了。2015 年，作为澳大利亚目前国内最大范围支持澳大利亚与亚洲教育交流与合作、全面提升澳大利亚亚洲素养的机构，亚洲教育基金会"失去了 150 万美元的核心年度资金，过渡资金刚刚用完。这将对大学的亚洲研究计划产生巨大影响。同样，隶属于墨尔本大学（University of Melbourne）的机构亚洲联接中心（Asialink Centre，简称"亚联"）的亚洲艺术项目也失去了来自澳大利亚议会的核心资助，这意味着很多项目将会终止，导致更广泛的社区减少接触亚洲和亚洲文化的机会。当前最明显的挑战之一是澳大利亚国立大学出于经济原因，退出了在亚洲研

① Asia Society Australia. Disruptive Asia：Asia's rise and Australia's future［R］. Sydney：Asia Society Australia，2017：56 – 59.

究领域的领导地位。”① 可见亚洲素养计划的命运与澳大利亚国内外政治现实及其国家身份认同高度混合交集在一起。澳大利亚国家身份认同的困境是理解学校亚洲素养教育的一个不可回避的出发点，只有深入理解这一出发点，才能深刻把握亚洲素养的本质。

尽管上述四种理论视角有各自的理论体系及关注的重点，但是它们有着某些共性，比如都强调对差异文化的理解，以及关注公民身份认同的意识建构的问题。它们与澳大利亚亚洲素养在学生发展价值方面有着根本的一致性，共同构建其分析澳大利亚学校亚洲素养教育体系的理论框架。除了以上理论视角之外，本书还涉及澳大利亚国际教育发展理论，以及亚洲素养的教育学理论等。鉴于它们在整个研究中所起的作用没有上述四种理论那么明显，因此就不再详述了。

---

① Asia Society Australia. Disruptive Asia：Asia's rise and Australia's future［R］. Sydney：Asia Society Australia，2017：51.

第二章　澳大利亚构建亚洲素养的政策背景及其对学校教育改革的影响

有学者指出，“提升澳大利亚与亚洲有意义的接触的能力是围绕亚洲素养而展开的”①。的确，自1901年澳大利亚建国以来，澳大利亚政府一直在苦苦思索如何更好地与亚洲打交道。由于亚洲文化、语言、社会和政府体制的多样性，与亚洲接触的概念变得更加复杂，这向澳大利亚从各种层面，尤其是从教育系统出发制订各种提升亚洲素养的计划或战略提出了迫切的要求。从历史的维度看，澳大利亚政府提升亚洲素养的这些计划或战略又往往受澳大利亚国内政党更迭以及大国博弈环境变化的影响。而这些影响要素从某种程度上有助于澳大利亚反思其国民性——如何在继承西方文明遗产与拥抱亚洲文明之间取得平衡，从而构建一种专属于澳大利亚的国民身份；也有助于塑造国民的亚洲观——更好地看待亚洲的发展、澳大利亚与亚洲的历史与传统的关系，从而更好地适应区域发展。政策的转变、政治的博弈以及国民性的塑造，一方面以系统性的政策要求推动澳大利亚教育系统的变革，要求其在这一过程中发挥更加重要的角色功能，更加凸显经济理性——强调亚洲语言学习的经济价值以及增强国际教育产业化；另一方面鉴于亚洲是一个拥有多元文化的、由众多独立国家组成的广泛区域，澳大利亚又迫切希望通过发挥教育的“软融通”功能，表达一种对多元文化的亚洲的重视——推动对亚洲的研究，制订涉及亚洲的课程和教学方案，推广亚洲语言教学，促进科研人员和学生的双向流动以及订立校际友好协定等。这些举措经过一定历史时期的演变，逐渐成为澳大利亚通过学校系统培育亚洲素养的重要举措。

---

① BICE S, MERRIAM A. Defining Asia capabilities for Australia’s public service［J］. Australian journal of public administration, 2016, 75（3）：4.

为了更好地适应面临的国际环境变化，澳大利亚竭力通过学校教育系统改革以提升亚洲素养，并企图在经济理性与文化价值之间保持平衡。

第一节　澳大利亚的“亚洲政策”：历史维度与现代转向

澳大利亚与亚洲地区的交往源远流长，可以追溯到欧洲人定居之前，来自马卡萨的印尼渔民与澳大利亚北部土著社区的接触，以及殖民时期一些亚洲地区的早期移民。19 世纪中后期因殖民地兴起“淘金热”，澳大利亚当局从东南亚、东亚诸国招募大量的劳工，其中以华裔劳工数量最多。大量来自东南亚与中国的淘金移民和难民涌入澳大利亚，引起了澳大利亚白人的不安和恐惧：他们担心这些来自亚洲的贫困人口会降低他们的生活质量，并带来一系列社会问题，尤为担心亚洲的黄色人种会破坏白色澳大利亚人种的单一性。因此，“白澳政策”应运而生，并由此成为澳大利亚限制非白人移民入境的合法性纲领，成为澳大利亚与亚洲进行有效接触的“绊脚石”。直至 20 世纪 70 年代初，随着澳大利亚受到世界经济危机的影响以及亚洲尤其是日本、韩国等国家和地区的经济腾飞，“白澳政策”才真正退出历史舞台。但是，澳大利亚对亚洲的政策已深深受到“白澳政策”所塑造的国民性的影响。第二次世界大战到 20 世纪 90 年代之间的 40 多年是澳大利亚调整其亚洲政策，逐渐由靠近亚洲转向积极融入亚洲的黄金时期。这一时期的几任总理如奇夫利、惠特拉姆、霍克、基廷和陆克文等工党总理采用了相对不同的与亚洲接触的策略，但总体上承认与亚洲的接触对澳大利亚发展的重要性。21 世纪初开始，在教育与文化领域，澳大利亚的亚洲素养战略发生了重大改变，其中的标志性事件是澳大利亚政府终止对澳大利亚学校亚洲语言和研究国家战略项目的经费资助。但是，在全球经济一体化与区域一体化趋势日益凸显的时代背景下，澳大利亚的亚洲政策也凸显出独特性。纵观澳大利亚的“亚洲政策”的历史演变与现实沿革，有一条脉络是清晰的，那就是澳大利亚“亚洲政策”即使经过几十年的国民性努力探索，但始终在维持西方传统与融入亚洲文化的平衡问题上纠结。正如澳大利亚人权委员会的种族歧视专员蒂姆·索夫马赛所说：“澳大利亚社会对亚洲的想象一直存在明显的局限。与该区域的文化关系从未得到保证，并总是矛盾的。”①

---

① Asia Society Australia. Disruptive Asia：Asia's rise and Australia's future［R］. Sydney：Asia Society Australia，2017：56.

一、殖民地时期到二战后："白澳政策"的形成、发展与终结（19世纪末到20世纪70年代初期）

史学界一般认为澳大利亚历史始于18世纪末，以英国海军上尉詹姆斯·库克（James Cook）船长驾驶其"努力号"帆船于1770年航行至今天的新南威尔士海岸线，建立澳大利亚第一个殖民地为标志。自此，"英国钢铁制成的斧子落在南半球桉树上的声响，打破了原始荒野的沉静"①。来自英国的流浪犯来到澳大利亚广阔的原野，首先在物质上与心理上都形成了对英国的依赖，其对世界尤其是对亚洲的看法是通过英国而形成的，这就造成了其国民性"天然"具有强烈的"英国性"。随着19世纪英国工业革命的成功以及英国在全球的殖民扩张，澳大利亚的英国人产生了一种强大的种族文化优越感。这种基于优生学和社会达尔文主义的种族文化优越感，弘扬"白人至上"的种族偏见观，将来自英国的种族视为世界最高文明的种族，而诬蔑亚洲种族为"劣等种族"，认为高级种族与低级种族间的冲突不可避免。

19世纪中叶到20世纪初，亚洲移民的增多，日本在远东的急剧扩张以及中国和其他亚洲民族国家的觉醒，给澳大利亚原来持有的种族偏见观带来极大的冲击，并随之在澳大利亚社会形成广泛的对"亚洲入侵"的恐慌和想象。

"在澳大利亚作为欧洲移民社会的大部分历史中，亚洲作为另一个殖民社会是澳大利亚定义自我的参照点。它的历史记忆、文化渊源和社会构建的理念都是欧洲的。但澳大利亚在地理上与欧洲脱节。……当对共产主义的恐惧和对亚洲的恐惧实际上合并为一种安全神经症时，澳大利亚白人政策就产生了"②。"白澳政策"的根本取向是确保澳大利亚种族的单一性。1901年1月1日澳大利亚联邦政府的成立使得这一政策系统化和制度化，并在整个联邦范围内得以全面实施。同年的12月23日，《移民限制法案》生效。这是向新成立的联邦议会提交的首批立法之一，是专门为限制非英国人移民澳大利亚而制定的，它代表着"白澳政策"的正式确立。《移民限制法案》遵循种族认同的标准，要求新来者必须具有盎格鲁、凯尔特血统。移民与国家认同的形成在种族方面立即变得一致，而不是在经济和社会发展方面。它规

① 麦金泰尔. 澳大利亚史［M］. 潘兴明，译. 上海：东方出版中心，2009：1.

② THAKVR R. Australia's engagement with Asia：strategic or transactional?［J］. India quarterly：a journal of international affairs，2013，69（4）：336.

定：①凡来澳移民必须参加语言测验，听写任何一种欧洲语言的50个单词，不及格者不得入境。②任何在澳居住期未满5年的移民也必须参加语言测验，不及格者应驱逐出境。该测试的目的是通过欧洲语言听写测试限制非白人移民特别是亚洲移民进入澳大利亚。根据澳大利亚国家博物馆的记载："1909年以前，这项测试进行了1 359次，只有52人获准进入澳大利亚。1909年以后，没有一个移民通过考试。少数移民获得了免试证书，但通常情况下，免试的人会与没有通过考试的朋友和家人分离，并且他的朋友和家人会被驱逐出境。1901年同时出台的两项法案——《太平洋岛民劳工条例》和《邮政电报法》进一步限制了非白人移民进入澳大利亚的机会，规定使用外来劳工为非法，并强制要求在任何运输澳大利亚邮件的船只上雇佣白人工人。'白澳政策'，迅速改变了人口结构，对亚洲人的影响最为明显。1901年，澳大利亚人口中亚洲人仅占总人口的1.25%，但到20世纪40年代末，这一比例已降至0.21%左右。"

《移民限制法案》及相类似的政策是澳大利亚在特定历史条件下的一种亚洲观的集中体现，它们为澳大利亚推行"白澳政策"提供了法律保障。然而，这项政策给澳大利亚发展与亚洲的关系方面设置了严重的障碍，其基本原则在往后的70多年间几乎没有得到根本性的改变。从一个侧面看，对亚洲移民的拒绝反映了澳大利亚对"白人"与西方价值的捍卫。但是，并非所有澳大利亚人都支持与赞成澳大利亚政府这一政策。澳大利亚的一些有识之士对亚洲文明产生了深深的向往，亚洲国家所遭受的殖民侵略也引起了进步人士的同情。1908年，银行家和自由贸易的倡导者卡利·艾利斯（Currie Elles）在阿德莱德大学发表了著名的约瑟夫·费舍尔演讲（Joseph Fisher Lecture）。他的演讲展现了中国、印度和日本的伟大文明，其中最引人注目之处在于，他呼吁澳大利亚大学教授亚洲语言，希望新一代澳大利亚人掌握他们所需要的语言和文化知识，以便充分利用区域贸易、旅游和文化交流的机会。卡利·艾利斯对亚洲素养的呼吁比斯蒂芬·菲茨杰拉德早了80年。第一次世界大战前，澳大利亚著名的文学家罗莎·坎贝尔·普拉德（R. C. Praed）认为缺失思想智慧的澳大利亚很可能滋生出毫无依据的对于东方入侵的恐惧。当时，有些澳大利亚人反对和抨击澳大利亚的种族移民政策，支持通过种族融合产生新一代具有欧亚人种特征的澳大利亚人。尽管普遍认为直到二战时与日本的战争才使得澳大利亚官方有接触亚洲的意识，但是，其实在二战之前，1934年，联邦政府向东方派遣了由司法部长约翰·莱瑟姆（John Latham）率领的第一个友好使团，贸易专员很快被派往巴达维亚、上海和东京等地。1935年澳大利亚出版了一本关于澳大利亚和亚洲地区有关的综合文集《澳大利亚和远东》。这进一步表明，澳大利亚与崛起中的亚洲在智力上进行了更深入的接触。1937 年，《澳大拉西亚公报》成为第一份关注太平洋地区的澳大利亚时事杂志。1939 年，澳大利亚政治家罗伯特·孟席斯（Robert Menzies）试图唤醒澳大利亚人的亚洲意识，告诫澳大利亚人，远东就是澳大利亚的近邻，而在太平洋地区，澳大利亚必须把自己视为一个主要人物，为自己提供信息，并与外国势力保持外交联系。在政府和民间力量的支持下，澳大利亚对待亚洲移民的态度发生了一些改变。1949 年，澳大利亚通过允许与澳大利亚人结婚的日本难民留在澳大利亚的法律。1957 年，在澳大利亚居住了 15 年的非欧洲人被允许入籍，一些杰出且高素质的非欧洲人并允许无限期居留。1958 年通过了移民法案，使入籍变得更容易，并取消了听写测试。这虽不是移民选择中种族歧视的终结，却是一个重要的转折点。20 世纪 60 年代中期，澳大利亚政府放宽了限制性移民政策。同时，澳大利亚于 1966 年 10 月 13 日签署了联合国人权委员会通过的《消除一切形式种族歧视国际公约》，并承诺制定《种族歧视法》以消除种族歧视。进入 20 世纪 70 年代，澳大利亚政府对澳大利亚白人政策的立场发生了变化。1972 年高夫·惠特拉姆（Gough Whitlam）领导的联邦劳工政府当选，随后启动了废除澳大利亚白人政策的进程。1973 年移民政策进一步放宽，允许所有移民在居留三年后获得公民身份，并指示海外军队在选拔新兵时不考虑种族因素。1975 年，澳大利亚议会通过了对“白澳政策”终结具有里程碑意义的《种族歧视法》（Racial Discrimination Act）。《种族歧视法》的目的是确保所有背景的澳大利亚人都得到平等对待，享有同样的机会。该法案规定，基于种族、肤色、血统、民族或族裔出身、移民身份等理由对某人进行不公平待遇或歧视是违法的，并规定种族仇恨是违法的。1978 年进一步通过法律规范要求每三年重新评估移民政策，并承诺不歧视移民。移民政策立场的根本改变，尤其是“白澳政策”的终结，为澳大利亚加强与亚洲的联系拓展了新的局面。新移民政策创造了一个“种族多元化但和谐的社区，一个国际化的澳大利亚”。大规模的亚洲移民一直是塑造澳大利亚现代多元文化主义的一个主要变量。

“白澳政策”虽然终结了，但是其影响是深远的，甚至可以说是全局性的。正如澳大利亚原总理阿尔弗雷德·迪金在 1903 年所指出的：“白澳‘不是表面文章，而是深深扎根于民族生活之中的合理的政策。我们所有的社会、工业和政治组织均受其制约’。”可以说，澳大利亚的基本政策自联邦成立以来就已确立，在往后的时间里，尽管经历政党更迭，但澳大利亚仍然坚守英国遗产。尽管 20 世纪 70 年代以后澳大利亚开始加强与亚洲的联系，但这种联系更多的是经济和政治上，而非文化上的。这种根深蒂固的政策导向深刻地塑造了澳大利亚“思考亚洲”“接触亚洲”的思维逻辑，并成为澳大利亚国民身份认同的一个核心主题。

二、面对日益崛起的亚洲：二战后澳大利亚亚洲政策的调整（二战后直至20世纪90年代中期）

二战后的20年间，澳大利亚与本地区关系的大部分根本性变化都应该放在澳大利亚与英国关系的大背景下看待，特别是在20世纪60年代，英国从苏伊士运河以东撤出转向融入欧洲经济共同体，促使澳大利亚开始思考自身的独立民族性。“战后不久，澳大利亚对亚洲的政策主要是出于政治、国防和安全考虑，特别是非殖民化及其对亚洲安全的影响，以及冷战的区域表现。”① 随着国际形势发生重大变化，尤其是东南亚国家纷纷独立，澳大利亚认为继续推行“白澳政策”不利于发展与亚洲邻国的关系。这一时期主要表现为以欧洲为中心的传统亚洲观的转变：澳大利亚的外交政策尤其是亚洲政策从对英国关系的依赖中解放出来，由原来对亚洲的恐惧、排斥转变为对亚洲重要性的日益重视，并逐渐具有相对的独立性。这种转变是澳大利亚对自身在国际发展格局中的定位的重新认识的结果，其直接的客观推力是二战中英国无力保证澳大利亚在太平洋的安全所带来的冲击力，以及战后西方国家在各殖民地失去控制力和从殖民地中撤退导致的“孤独感”。这迫使澳大利亚转向追随更强大的美国，并探索改善与亚洲国家的关系的方法。

二战后澳大利亚亚洲政策的转型具有深刻而复杂的政治、经济背景。澳大利亚前外长埃文斯曾指出：“澳大利亚外交政策的演变，必须从澳大利亚政治中对亚洲威胁的持续性焦虑这种背景来理解：这一威胁有时是含糊不清和不加分别的，有时是十分具体的，但一直存在。”② 这种焦虑感导致了澳大利亚亚洲政策转型的不确定性和模糊性。这种演变大致可以分为两个时期。

第一个时期是从二战后到20世纪60年代末。在这20多年的时间里，受到冷战思维的影响，澳大利亚与亚洲的关系基本上是对抗的。如在政治层面拒不承认1949年成立的中华人民共和国，并公开支持对“红色中国”的遏制政策；追随美国遏制共产主义的政策，于1951年与新西兰一道和美国签订集体防御条约《澳新美安全条约》，根据该条约于1955年派兵镇压马来

① Commonwealth of Australia. Australia in the Asian Century. White Paper. Canberra: Commonwealth of Australia, 2012: 79.

② 王毅. 1949年以来的澳中关系：60年贸易与政治［M］. 喻常森，等译. 北京：社会科学文献出版社，2014：22.

西亚暴动，并在后来参与美国在朝鲜和越南的战争。这一时期澳大利亚对亚洲政策的最大改变是对传统欧洲中心的亚洲观的调整，转变为追随美国的亚洲战略，与美国的关系成为澳大利亚外交政策的基本出发点。值得指出的是，尽管在政治和军事上澳亚关系陷于紧张局面，但是在经济贸易和开展面向亚洲的援助方面还是打开了一个与亚洲国家民间联系的窗口。在经济贸易方面，“澳大利亚在经济上走向亚洲的最早标志是1957年澳日贸易协定的签订”①，“这项协议让澳大利亚在亚洲占得先机，并开启了澳大利亚两党支持加强与该地区贸易往来的传统”②。在面向亚洲援助方面，以1951年在锡兰（今天的斯里兰卡）城市科伦坡的英联邦外交部长会议上启动的“科伦坡计划”为标志，关注对南亚和东南亚的援助。根据该计划，澳大利亚向该区域各国提供了各种各样的活动支持，例如教育奖学金、技术合作、培训和工作人员援助，尤其是资助数以万计的亚洲学生和学者赴澳大利亚留学和开展研究。这些留学生和学者与澳大利亚本土人民所建立的私人关系加深了双方对有关身份、价值观和文化等的理解。“澳大利亚资助亚洲学生的经验和教训往往得出两个积极的结论：第一，20世纪50年代至70年代在澳大利亚学习的大量亚洲学生回国后，在公共生活中获得了重要地位，其中包括一些政界人士，他们对自己受恩惠于澳大利亚教育工作者的经历仍记忆犹新；第二，建立了更广泛的人与人之间的联系，发展了持久的友谊，增进了澳大利亚人和亚洲国家公民之间的共同利益和意识。换句话说，从20世纪50年代到70年代，澳大利亚人对亚洲有了更多的了解和兴趣，这是由于在这段时间里，有2万名亚洲学生在澳大利亚学习。由此得出的结论是，在澳大利亚留学过的亚洲学生回国时知道，尽管澳大利亚的移民政策在这段时期的大部分时间里是由种族决定的，也就是所谓的‘白澳政策’，但大多数澳大利亚人并不固执，他们是好朋友。”③

第二个时期是20世纪70年代初到90年代中期。二十世纪六七十年代，国际关系发生重大的变革：美国与苏联的冲突由尖锐对峙到逐渐趋于缓和，世界政治力量由两极化向多极化方向发展；亚洲国家经济快速发展，亚洲经济潜力备受关注；美国在越南战争中陷入泥潭并寻求调整其亚洲政策，其代

---

① 张秋生．澳大利亚“面向亚洲”政策的形成［J］．世界历史，2002（5）：43.

② HARCOVRT T. Australia and Asia: the power of proximity[EB/OL]. (2020-05-28)[2020-05-30]. http://oecdobserver.org/news/fullstory.php/aid/4548/Australia_and_Asia:_The_power_of_proximity.html.

③ LOWE D. Australia's colombo plans, old and new: international students as foreign relations [J]. International journal of cultural policy, 2015, 21 (4): 452-453.

表性事件就是中美建交。澳大利亚工党敏锐地捕捉了时局的变化，在其执政之后着力改变澳大利亚对美国一味追随的亚洲政策，经由惠特拉姆工党政府（1972—1975）、弗雷泽自由党政府（1975—1983）、霍克工党政府（1983—1991）、基廷工党政府（1991—1996）几届政府的努力推动与调整，澳大利亚与亚洲关系经过“初步接触”到“全面融入”的过程，最终确立了“全面面向亚洲的政策”。

这一过程大致可以细分为两个阶段。第一个阶段为酝酿和奠基阶段，时间为20世纪70年代初到80年代初。其主要标志是惠特拉姆对亚洲政策做了重大的调整，重要事件就是废除“白澳政策”，与中国、越南、朝鲜建交。在国家战略与外交政策方面的突出表现为由完全依赖美国到在亚太地区谋求独立外交的转变。“60年代末随着美国从印度支那撤军、英国从马来西亚撤出，很明显澳大利亚只有一条通往未来的道路，那就是与亚洲和解。”① 惠特拉姆工党政府和继任的弗雷泽自由党政府都摒弃了过去的正统观念，接受了澳大利亚新的地缘政治环境的终结性。在1972年12月澳大利亚工党赢得大选之后，惠特拉姆随即发表了一份著名的外交政策声明，表达了澳大利亚在国际事务中承担新角色的政策立场。他指出：“政府换届给予了我们一次重新审视澳大利亚整个政策和立场的机会……我们的设想是，澳大利亚在国际事务中拥有更独立的立场；澳大利亚尽量避免卷入海外军事行动；不支持种族主义；不管是在亚太地区，还是全世界范围内，澳大利亚都将发展成为一个独特的、包容的、合作的、受尊重的国家。”② 惠特拉姆认为应该基于澳大利亚的需要而不能过分受制于盟友因素，为澳大利亚的国家战略和外交政策注入“逻辑”和“独立性”。③ “逻辑”指的是应该基于对安全环境的正确判断来制定国家战略；“独立性”则是指基于澳大利亚国家需要，从自己的角度进行决策，认为“澳大利亚的未来取决于一个摆脱西方控制的亚洲，澳大利亚不能再把亚洲邻国当作保卫‘白色澳大利亚’的前线。……必须按照自己的条件与亚洲打交道”④。“惠特拉姆在任期内的所作所为，为接

---

① MEANEY N. The end of “White Australia” and Australia's changing perceptions of Asia, 1945 - 1990 [J]. Australian journal of international affairs, 1995, 49 (2): 181.

② 转引自：王毅. 1949年以来的澳中关系：60年贸易与政治 [M]. 喻常森，等译. 北京：社会科学文献出版社，2014：53.

③ WHITLAM G. The Whitlam government: 1972 - 1975 [M]. Ringwood: Penguin Books Australia, 1985: 154.

④ MEANEY N. The end of “White Australia” and Australia's changing perceptions of Asia, 1945 - 1990 [J]. Australian journal of international affairs, 1995, 49 (2): 182.

下来10年的澳大利亚外交政策奠定了基调。”① 其继任者、自由党的弗雷泽在外交上延续了惠特拉姆的主要方针，认识到澳大利亚靠近亚洲的现实，并重视发展同亚洲国家的关系，在其任内大胆地作出了“澳洲历史上第一次接受大量亚洲移民为永久居民的决定”②。

第二个阶段是实施转向阶段，时间为20世纪80年代初至90年代中期。这一阶段以1989年倡导建立亚太地区经济合作论坛和发展与东盟的关系为主要标志。这一时期随着亚洲经济的迅速崛起，亚洲地缘政治影响力日益增强，澳大利亚政府、精英和民众日益坚信澳大利亚自身的未来与亚洲发展息息相关，这种国家共识推动澳大利亚加快转向亚洲的速度，经过霍克和基廷两任总理的大力推动，形成以亚洲为重点的外交政策导向，在经济、军事、外交、移民和文化等方面与亚洲国家开展深入的交流与合作，“它反映了澳大利亚在亚太事务中正寻求发挥更大的作用和影响，也表明澳大利亚全面进入了‘面向亚洲’的历史进程”③。1983年，当鲍勃·霍克（Bob Hawke）上任后，他很快就决断将在经济和外交政策方面转向亚洲。这是对惠特拉姆所倡导的与亚洲接触的回归。④ 在亚洲研究协会两百周年纪念会议上，霍克郑重其事地说道：“毫不夸张地说，在我们进入第三个世纪之际，这个国家面临的最重要和最具挑战性的挑战之一就是找到我们在亚洲的真正位置，认识到我们的自身利益在于成为我们所在的区域不可分割的一部分。”⑤ 在其任总理期间，澳大利亚的外交政策日益凸显独立性倾向，并随着冷战结束和美国全球战略收缩，在对外战略规划中获得了更大的行动自由权。“澳大利亚这种独立的倾向表现在努力挣脱前英国殖民地身份而向亚洲靠拢。”⑥ 在经济上则表现为努力打开亚洲市场，推动澳大利亚经济融入亚洲，“1989年霍克在汉城倡导成立‘亚太经济合作组织’，并在堪培拉召开了有关的9国

---

① 王毅. 1949年以来的澳中关系：60年贸易与政治［M］. 喻常森，等译. 北京：社会科学文献出版社，2014：55.

② 沈永兴，张秋生，高国荣. 澳大利亚［M］. 北京：社会科学文献出版社，2014：96.

③ 沈永兴，张秋生，高国荣. 澳大利亚［M］. 北京：社会科学文献出版社，2014：97.

④ JOHSON C，AHLUWALIA P，MCCARTHY G. Australia's ambivalent re-imagining of Asia［J］. Australian journal of political science，2010，45（1）：64.

⑤ CAIRNS R. The representation of Asia in victorian senior secondary history curriculum［D］. Melbourne：Deakin University，2017：97.

⑥ 王毅. 1949年以来的澳中关系：60年贸易与政治［M］. 喻常森，等译. 北京：社会科学文献出版社，2014：77.

贸易部长和外交部长第一次会议，这被称为‘太平洋时代的开始’”①。霍克有关融入亚洲的主张大部分被后一任总理基廷所继承与拓展。基廷明确强调：澳大利亚的未来在亚洲，“澳大利亚是——永远都是——我们所在的区域不可分割的一部分”②，“澳大利亚人不可避免地必须接受他们在世界上的地位所带来的影响”③。加强与亚洲的关系符合澳大利亚的利益。他经常谈论一个新的“亚洲愿景”或一个“亚洲的澳大利亚（Asian Australia）的战略”，用“全面参与”一词来描述澳大利亚对亚洲的外交政策方针，并设计一个全面参与的进程：

（1）与东南亚国家建立更加多样化和实质性的联系，使它们在维持与澳大利亚的积极关系方面符合重要的国家利益；

（2）继续支持现有的主要区域组织——东盟（ASEAN），并与本地区国家合作，形成更多的区域组织或安排，如亚太经济合作组织（Asia-Pacific Economic Cooperation，APEC），为本地区的社会和经济发展作出贡献；

（3）积极参与构建基于共同安全利益理念的地区安全共同体；

（4）推动越南、柬埔寨、老挝、缅甸参与地区事务合作框架；

（5）认识到澳大利亚在积极谋求其在该地区的国家利益时，应在一个具有显著多样性的共同社区中作为一个自信和自然的伙伴，而不是作为一个受地理因素限制的文化失调者。

这一全面参与的进程反映了基廷政府寻求通过多边机制和多边进程的合作来融入区域发展之中，并凸显澳大利亚在区域的重要角色。“通过采取积极的接触政策，基廷想让澳大利亚把亚洲当作真正的家。”④“对基廷来说，更全面地与亚洲接触，将标志着他彻底告别了保守的孟席斯时代。……澳大利亚人的身份已经发生了变化，变得更加国际化、多种族化和文化多元化，澳大利亚人应该着重表现出其在亚洲地区的样子，而不是带着帝国的幽灵；

---

① 沈永兴，张秋生，高国荣. 澳大利亚［M］. 北京：社会科学文献出版社，2014：96.

② KEATING P. Commonwealth parliament debates[EB/OL].(1992-04-07)(2018-09-08). http://www.paulkeating.net.au/persistent/catalogue_files/products/19920407australiaandasia.pdf.

③ GORJAO P. Australia's dilemma between geography and history：how consolidated is engagement with Asia?［J］. International relations of the Asia-Pacific volume，2003（3）：186.

④ MANNE R. Loneliness of the vision splendid［N］. Sydney Morning Herald，2002-05-13.

不是作为欧洲的牧师，也不是作为美国的代表。”① 然而，基廷政府的亚洲战略还是面临着国内外的阻力：在国外，由于澳大利亚的社会文化和政治传统源自西方，所以亚洲国家对其融入亚洲的意图有所质疑。例如，“马来西亚总理马哈蒂尔·穆罕默德（Mahathir Mohamad）的一系列举措是亚洲拒绝澳大利亚加入亚洲的最明显表现。1991 年以来，马哈蒂尔一直反对澳大利亚加入东亚经济核心小组，阻止堪培拉参加亚欧会议，否决澳大利亚加入东盟自由贸易区（AFTA），反对将东盟成员扩大到澳大利亚的提议”②。在国内，保守党人士则质疑基廷欲将澳大利亚“亚洲化”，改变澳大利亚的身份认同。“亚洲参与的性质和实质远远超出了经济和贸易的范畴，涉及文化和社会问题，以及作为澳大利亚人意味着什么，即澳大利亚人的身份。在霍华德政府的领导下，基廷的许多政策不仅被收回，而且经常被撤销。”③ 基廷政府的亚洲战略所面临的挑战反映了澳大利亚实现区域一体化的实质目标还有很多事情需要做。

三、亚洲世纪的到来：澳大利亚亚洲政策的深入发展（20 世纪 90 年代中期至今）

从 20 世纪 90 年代中期至今，在美国亚洲战略调整和亚洲国家尤其是中国经济高速发展及国际地位和影响力不断提升的背景下，澳大利亚对亚洲的关系又出现新的变化。这一时期又可分为两个阶段：第一个阶段为保守党霍华德执政时期（1996—2007）。与基廷相比，霍华德一直担心亚洲人会改变澳大利亚欧洲殖民传统的文化基础。此外，对霍华德而言，亚洲是他与基廷不同的一个标志。基廷渴望与亚洲接触，这被视为（至少霍华德是这样认为的）与传统盟友英国和美国拉开距离，以及澳大利亚民族身份的变化。这一阶段霍华德改变了工党霍克政府和基廷政府的多边主义政策，更为注重发展与亚洲国家的双边关系，但尤为重视与美国的关系，强调澳美同盟的重要性。这种既想“全面接触”亚洲，又想提升澳美同盟地位的均衡外交政策，是一种不在地理和历史之间做选择的务实理念，但是反映了澳大利亚对区域

---

① JOHNSON C, AHLUWALIA P, MCCARTHY G. Australia's ambivalent re-imagining of Asia [J]. Australian journal of political science, 2010, 45 (1): 65.

② MAUZY D K. Redefining a nation: Australia's efforts to gain acceptance for its policy of "comprehensive engagement" with Asia [J]. The round table, 1999, 88 (350): 1.

③ QUINN J. Asian studies in Australian education (1970 – 2002): a study of four reports [D]. Melbourne: University of Melbourne, 2005: 42.

参与进程的态度显然是矛盾的，因此外交政策缺乏重点和方向。简而言之，政策往往是临时的、机会主义的、漫无目的的，最终使得霍华德政府在发展与亚洲关系方面陷入进退两难的局面。尤其是 20 世纪 90 年代以后，澳大利亚国内民粹主义和右翼保守力量抬头，“白人至上”的思想重新在政治环境中渗透，这为波琳·汉森（Pauline Hanson）领导的民族主义、孤立主义和反亚洲的右翼政党“一国党”（One Nation Party）的崛起创造了重要的条件。波琳·汉森“一国党”的政治主张是反对多元文化，抵制移民，尤其是伊斯兰教和亚裔移民，企图在澳大利亚泛起“白澳”的“沉渣”。霍华德和波琳·汉森对待亚洲的态度反映了人们对亚洲和亚洲人在澳大利亚的存在，以及假定的亚洲性（Asianness）和澳大利亚性（Australianness）之间不相称的差异感到焦虑。可以说，随着 1996 年霍华德政府的成立，学术界和官员之间关于澳大利亚与该区域政策的密切互动逐渐减弱，有时甚至变成敌对。在其执政的十一年里（1996—2007），澳大利亚政府对区域一体化的承诺明显减弱，焦点转移到加强与英国和美国的关系的牢固和忠诚度上，尤其是对澳美同盟重要性的强调及支持美国在澳大利亚部署军事设施，使得澳大利亚与亚洲关系疏远了。

第二阶段是陆克文、吉拉德工党政府时期（2007—2013）。陆克文批评了霍华德在外交上被动应对、不主动准备预案，所谓“平衡外交”，实际上是过于追随美国。尤其是在后 9·11 阶段，已很难发现澳大利亚寻求同盟框架外的其他道路。作为第一位通晓汉语的西方国家领导人，陆克文致力于让澳大利亚成为最精通亚洲素养的国家。他强调通过教育使儿童具有亚洲素养的重要性。为此，他非常注重学习亚洲语言的战略性意义。与霍华德注重双边主义不同，陆克文更为注重多边主义，在其两个任内（2007 年 12 月至 2010 年 6 月、2013 年 6 月 27 日至 2013 年 9 月 18 日），他积极倡导建立旨在促成区域内所有国家合作的“亚太共同体”（Asia-Pacific Community，APC），主张就经济、政治、未来挑战等方面问题展开全面合作与对话，培养全面而真诚的共同体意识和合作习惯。然而，亚太共同体的倡议在国内外引起了广泛的批评。尽管陆克文竭力想建立“亚太共同体”并使之制度化，但是其努力最终还是失败了。对该倡议的主要批评性分析集中在制度建设或架构，或其与现有区域机构的关系，但忽略了许多往往令人担忧的问题，如文化、规范、身份和国际权力关系。因此，可以说，高度认识到亚洲对澳大利亚发展具有重要性价值的陆克文政府也摆脱不了内源性的文化身份的问题，如何在西方传统与地理归属中寻求平衡是澳大利亚每届政府不可回避的时代课题。

2010 年，茱莉亚·吉拉德（Julia Gillard）取代陆克文成为澳大利亚新一任总理。她一方面深化澳美同盟关系，另一方面重视亚洲的整体作用。其任内最重要的施政政策是2012年10月发布了著名的《亚洲世纪中的澳大利亚》白皮书。这份白皮书对亚洲的重要性以及如何为更广泛的澳大利亚公众带来真正的成果提出了最全面、最清晰的论点。白皮书出台过程中，共收到澳大利亚国内各领域各部门的意见246份，白皮书由100多位专家、政府人员和其他社会人员耗时约一年撰写完成。白皮书制定了到2025年要实现的25个国家目标，目标涉及从改善贸易关系到增加奖学金以及教授汉语、印地语、日语和印度尼西亚语为重点的语言等，企图全面把握亚洲经济发展的机会，使得澳大利亚成为亚洲世纪的“赢家”。值得指出的是，白皮书尽管显示出吉拉德政府延续工党认可亚洲重要性的理念，但是白皮书最引人注目的特点是其强调经济机会在很大程度上优先于区域接触的其他因素，经济一词优先于其他方面的参与。在白皮书中，亚洲仅被视为澳大利亚跻身全球人均收入前10名的一种手段。因此，在这种情况下，白皮书被定位为一张期票，以便在亚洲世纪的某个较晚阶段在澳大利亚国内实现更美好的未来。这是基于一种误解，即内部能力建设将使澳大利亚在亚洲更具竞争力。因此，制定在该地区参与的真正战略的机会似乎已经丧失。它是基于经济逻辑和工具主义逻辑而不是文化逻辑的，澳大利亚领导人还没有意识到，建立深厚而持久纽带的有效和权威的标准是由文化构建的，而不是基于经济逻辑和工具主义逻辑而构建的。这导致了白皮书所设定的目标不仅在亚洲区域遭到质疑，而且在澳大利亚国内也难以获得广泛的支持。事实上，2013年自由党—国家党联盟托尼·阿博特（Tony Abbott）击败陆克文成为新政府总理后，基本放弃了吉拉德在《亚洲世纪中的澳大利亚》白皮书中的核心主张，白皮书的网站也遭到关闭。外交部长朱莉·毕晓普（Julie Bishop）批评其内容“不符合联合政府的经济外交政策，以及通过软实力外交加深与该地区的接触”，她声称，该白皮书没有“战略眼光”，没有解决“关键问题”，也没有提供“新的资金”。① 尽管阿博特坚称新政府继续推进“亚洲优先”政策，但是不可否认“由于阿博特和外长毕晓普自2013年9月18日以来不到3个月的‘出色战略’，澳大利亚与亚洲的关系正处于自由落体状态”②。阿博特及其继任的两届政府均是自由党—国家党联盟政府，他们延续了自由党—国家党联盟的亚洲政策，但是面临的是与2013年以前不大一样的国际及区域政治环境，那就是中国、印度等区域大国的地缘政治影响力日益增强，而美国综合实力的相对下降。这昭示着该地区秩序正朝着一个复杂而有竞争力的体系迈进。从国际上看，一方面恐怖主义在全球的蔓延，欧洲难民潮以及反全球化思

①② Comment by Michael C H Jones[EB/OL].(2012-08-09)(2017-10-10).http://www.accci.com.au/JonesCommentonConsignedtoHistory.pdf.

潮、民粹主义思潮涌动使得不确定和不稳定因素增多；另一方面国际反恐行动的合作和多边交流与合作将全球爱好和平与发展的国家与地区联结成利益互补和责任共享的命运共同体，尤其是中国提出了“一带一路”发展倡议，致力于加强基础设施、政策、金融、贸易、人文五大领域的区域互联互通，增强了沿线国家交流与合作的动力。国内政治生态的不稳定以及国际环境，尤其是地缘政治权力中心的变化，将影响到澳大利亚实施亚洲政策的连续性，尤其是影响到澳大利亚与中国、印度等亚洲大国以及澳大利亚与东南亚一些实力较小的国家的关系。值得指出的是，随着中国在世界和地区的影响力日益扩大，中国的崛起改变了区域权力关系，也改变了澳大利亚在区域的地位与角色。无论从历史维度还是现实维度看，发展与中国的关系应处于澳大利亚亚洲政策的核心。但是，无论是托尼·阿博特政府还是马尔科姆·特恩布尔（Malcolm Turnbull）政府，抑或是刚卸任的斯科特·莫里森（Scott Morrison）总理，对中国崛起的影响力都保持一定的警惕或批评，这可以从澳大利亚在南海争端中的态度以及时隔 14 年在 2017 年发布新的外交白皮书中对中国崛起的焦虑感中感受到。而正是这种对中国崛起的焦虑感，往往成为澳中关系的“绊脚石”。随着中国地缘政治影响力的提升，澳大利亚作为一个中等强国，需要进一步在中国与美国的政治博弈中取得平衡。再者，澳大利亚要深入融入区域发展之中，需要从文化而不是经济入手，基于更具民间性的广泛力量，实现与区域的双向的真诚理解与合作。这应是澳大利亚亚洲政策的未来导向。

第二节　澳大利亚构建亚洲素养的历史进程：政策、战略和重要文件

学者黛博拉·亨德森（Deborah Henderson）指出：“自 1970 年以来，在澳大利亚教授亚洲语言和学习的必要性集中体现在对国家利益至关重要的亚洲知识上，这在澳大利亚的相关文件和政策中明显存在着普遍的关切。在特定时期，这些文件与其他政府关于语言的政策以及关于教育改革、商业、贸易和经济事务的政策和报告交织在一起。”① 随着时间的推移，澳大利亚亚洲观和亚洲政策从政治和经济领域不断延伸至商业领域、教育领域和文化领域。在教育领域中，这种价值观念和政策举措的基本概念术语就是亚洲素

① HENOERSON D. Meeting the national interest through Asia literacy: an overview of the major stages and debates [J]. Asian studies review, 2003, 27 (1): 23 - 53.

养。从历史的维度看，亚洲素养起源于澳大利亚对其生存空间的意识。更确切地说，是移民到澳大利亚本土的欧洲人的一种“他者”意识；是在与亚洲人、亚洲文化、亚洲社会风俗以及想象的“亚洲威胁”等的接触中，这些欧洲人日益形成的一种想象力和行动力。在很长的时间里，亚洲素养就是澳大利亚探索与亚洲相处的一种意识、一种方式和一种能力。虽然有时候受到国际环境变幻、政党主张迥异和历史传统价值观取向不同等因素的影响而导致矛盾性和不彻底性，但是自 20 世纪 70 年代以来，在澳大利亚官方的政策中亚洲素养一直是一个重要的主题，作为亚洲素养重要基础部分的亚洲语言能力更是澳大利亚政府寻求与亚洲接触的更早期的规划项目。1993 年陆克文在《亚洲语言和澳大利亚的经济前景》报告中指出，自 1969 年以来，许多政府和非政府机构的报告都指出了语言能力与经济表现的关系，或亚洲语言技能与澳大利亚出口表现的关系。由亚洲语言的习得，进而通过教育系统设置有关亚洲内容的课程，开展与亚洲国家学校的交流与合作，推动澳大利亚年轻人到亚洲国家旅游、学习和工作等。政策的导向和宏观的面向亚洲的国民教育体系极大地推动澳大利亚国民了解、认识和感知亚洲。

因此，让所有澳大利亚年轻人具备亚洲素养的最有效途径是他们的学校教育。当前，亚洲素养业已成为学校教育制度的一部分，通过跨课程优先项目“有关亚洲地区及有关澳大利亚与亚洲的接触”并在新的《澳大利亚课程》中进行推广，成为澳大利亚培养新一代年轻人获得国际胜任力的一种重要的制度安排，成为一种更加鲜明的且更加基础性的培育澳大利亚亚洲观的重要方式。

从历史维度分析曾经那些重要的报告和文件，可以感知和把握澳大利亚亚洲素养政策的价值导向，可以探寻政策转换语境中亚洲素养重点的转移，可以反映澳大利亚亚洲政策在复杂的国际国内环境中的调整。在这种调整中可以看到澳大利亚通过学校教育改革提升国民亚洲素养的种种努力。这些重要报告和文件是澳大利亚政府和专家对澳大利亚所在的广阔地区环境做出批判性和深思熟虑的反映，对澳大利亚推进亚洲素养政策的影响是巨大的。黛博拉·亨德森指出：“自 1970 年《奥克穆蒂报告》（*Auchmuty Report*）以来，仅在 1970 年至 1993 年期间就确定了至少 42 份澳大利亚与亚洲素养和教育有关的政府和非政府报告和文件。”① 这些报告和文件建立在长期调研基础上，

---

① HENDERSON D. The Rudd Report：an anatomy of an education reform [D]. Griffith：Griffith University，1999：36.

针对当时澳大利亚与亚洲关系发展的现状，为学校推动亚洲素养教育①提出了广泛的建议。值得指出的是，这些报告和文件影响了澳大利亚联邦政府、州政府与领地以及其他相关机构组织的教育政策的选择和制定。通过报告撰写人和参与者进行广泛而有力的游说活动，澳大利亚政府成立了全国性的指导亚洲素养教育的机构和协会，并对其进行投资，可见这些报告和文件所产生的广泛的影响力。这些工作为 21 世纪澳大利亚制定和实施全国性的亚洲素养政策奠定了坚实的基础。根据澳大利亚与亚洲交流的历史，可以将澳大利亚亚洲素养政策的深入推进，划分为三个阶段②。

一、第一阶段：缺失与倡导（1970—1991 年）

20 世纪 70—90 年代初是澳大利亚政府由欧洲中心主义转向关注亚洲和接触亚洲的重要时期。这种转型是对欧洲中心主义传统的一种挑战，在各个领域层面都遭到不少的抵制与压力。然而，基于经济与政治方面的国家利益，澳大利亚政府需要做出变革。在教育领域，变革的推动力之一是澳大利亚每隔约十年发布的具有重要影响力的报告（见表 2－1）。这些报告详细叙述了亚洲和语言研究的当代竞争情况，主要是各大学的竞争情况。每一份报告都提出了明确的政策建议，以加强未来亚洲研究的地位。这些重新修订的通知直接寄给政府、教育当局、大学和各专业的成员，可见其对政府的亚洲观和亚洲政策，尤其是亚洲素养政策的直接影响力。

表 2－1　20 世纪 70—90 年代初对澳大利亚亚洲素养教育政策影响最为直接的六大报告

序号	报告名称	史称	发表时间
1	《亚洲语言和文化的教学》	《奥克穆蒂报告》	1970 年
2	《澳大利亚教育中的亚洲：亚洲研究委员会向澳大利亚亚洲研究协会提交的报告》	《菲茨杰拉德报告》	1980 年

① 应该指出的是，这些报告大部分并没有明确提到亚洲素养的概念，而是围绕学校中如何推进亚洲语言学习，开展有关亚洲内容的学习（study of Asia）以及亚洲研究（Asian studies）所进行的广泛的调研和建议。本书认为这些内容都是提升亚洲素养的非常重要的部分，而且这些报告为后来澳大利亚制定全国性的推动亚洲素养政策奠定了重要基础，所以本书用亚洲素养来指代这些内容。

② 这三个阶段基本上是根据 20 年代 70 年代之后澳大利亚与亚洲关系发展的基本事实而划分的，同时也是借鉴了澳大利亚迪肯大学的克里斯汀·哈尔斯（Christine Halse）教授在其文章《是什么使亚洲素养成为一个“棘手的”政策问题?》（2015）中采用的划分方法。

续上表

序号	报告名称	史称	发表时间
3	《亚洲研究理事会：工作组的报告》	《史高丽报告》	1986 年
4	《澳大利亚高等教育中的亚洲：高等教育中亚洲研究和语言教学调查报告》	《英格尔森报告》	1989 年
5	《澳大利亚和东北亚的崛起》	《加诺特报告》	1989 年
6	《亚洲语言和澳大利亚的经济未来：为澳大利亚政府理事会编写的一份关于澳大利亚学校拟议的国家亚洲语言/研究战略的报告》	《陆克文报告》	1994 年

这些报告反复强调的一个主题是：澳大利亚的未来在亚洲，澳大利亚的公共政策必须对日益紧密的澳大利亚与亚洲关系做出及时的回应。每一份报告都制订一个计划来培养国家在语言和亚洲研究方面的能力，并且重申现在国内耳熟能详的呼吁——一种国家层面的亚洲素养的教育进程。所有这些报告都熟知联邦和州层面的政策与实践，但是它们的影响是独特的和战略性的，因为每一个报告都将此前关于亚洲素养的知识的、哲学的和潜在的运用价值转化为一系列经济、贸易、外交政策、文化和教育的原因，这就是有关亚洲语言、文化和社会的知识能够通过建构有益于澳大利亚的跨文化专业知识和关系带来政治回报的原因。这些文件和政策中最重要的结论是，对亚洲的了解对国家利益至关重要，而关于亚洲的教育（education about Asia）是关键因素。

（一）《亚洲语言和文化的教学》，史称《奥克穆蒂报告》

澳大利亚著名史学家大卫·沃克（David Walker）指出："到 20 世纪 50 年代结束，几乎所有重要的评论家都同意澳大利亚需要变得更有亚洲素养，但是获得这种素养受限于财政支持、学术政治、州际间的竞争以及白澳政策的实施。"① 复杂的政治环境导致澳大利亚将学习亚洲语言等作为第二语言的学生数量很少，而学习欧洲语言占主导地位，尤其是法语。此外，澳大利亚高等院校的亚洲研究一直处于边缘和零散状态，直到 1969 年才有所改观。1969 年戈顿政府（Gorton Government）响应时任教育科学部部长约翰·马尔科姆·弗雷泽（John Malcolm Fraser）的倡议而设立了一个咨询委员会，作为澳大利亚亚洲语言和文化教学教育委员会（Australian Education Council on

① WALKER D. The time has come: histories of Asia literacy [C] // HALSE C. Asia literate schooling in the Asian Century. London and New York: Routledge, 2015: 38 – 39.

the Teaching of Asian Languages and Cultures）的一部分。纽卡斯尔大学的奥克穆蒂教授担任该咨询委员会的主席。他负责就“澳大利亚学校教授亚洲语言和亚洲研究的程度”开展调研，并为当时的政府提供决策建议。在报告中，奥克穆蒂及委员会的成员们对澳大利亚教育中亚洲研究的现状表示遗憾，认为澳大利亚需要重新评价其对亚洲的传统态度的政治、经济、贸易、商业、文化和社会原因，并对当时企业对亚洲语言技能的普遍冷漠态度提出了批评，指出澳大利亚超过一半的人口可以在没有任何系统研究亚洲事务的情况下完成中学学业，并强调澳大利亚需要重新评估其对亚洲的传统态度，这应该在课程中加以处理。报告的结论是，中学中亚洲语言的供应不足，中学的社会科学课程没有充分考虑到亚洲。鉴于澳大利亚与亚洲地区有着密切的经济和政治关系，澳大利亚的亚洲语言和文化教学应清楚地认识到有必要使澳大利亚人了解亚洲和亚洲语言。因此，委员会建议学校和高等教育机构大幅度增加亚洲研究的教学。

1972 年，联邦政府对奥克穆蒂报告作出回应，在联邦教育部设立了国家亚洲研究协调委员会。委员会由惠特拉姆政府拨款 150 万美元用于为学校编写教材和向教师提供到亚洲的旅行补助。此外，亚洲研究协调委员会还为制作教学用品提供资金，包括视听语言资料，特别是为日语和印度尼西亚语研究提供资金。

《奥克穆蒂报告》是澳大利亚政府针对“亚洲的研究”与亚洲语言教学状况所开展的首个重要的实质性调查。虽然有人文主义的渴望，但是《奥克穆蒂报告》的主要刺激因素是经济和地缘政治格局的重大变化。该报告值得注意的原因有很多。第一，它强调教育是回应和促进“澳大利亚与亚洲日益增长关系”的一种手段，主张将“亚洲的研究”与亚洲语言学习纳入学校课程之中。这成为后来澳大利亚政府制定促进“澳大利亚与亚洲关系”相关政策时关注教育和学校角色的源头。第二，它第一次比较明确地在国家层面挑战欧洲中心主义的教育传统，指出在澳大利亚教育系统中，亚洲的研究必须与欧洲语言和文化研究并重。而如果要实现“平等的尊重”，“澳大利亚对亚洲的传统态度的重新评价”必须“从澳大利亚的教室开始”。这“在某种程度上，……反映了澳大利亚对历史上亲英身份以及外交关系焦点的重新定位”。第三，该报告较全面地指出当时澳大利亚学校推进亚洲研究与亚洲语言教育面临的障碍，包括缺乏足够的教学和课程材料，适当合格的语文教师人数不足，教师培训和专业发展课程以及在亚洲国家的经验、机会不足等，指出扩大亚洲语言和文化的教学最好是通过有关各方在几个州和整个联邦的合作努力来实现。这一建议促成了国家亚洲研究协调委员会的成立。第四，很重要的一点是，报告和协调委员会开创了澳大利亚为亚洲素养学校教育政策和计划提供联邦运输费用和资助的先例。

虽然《奥克穆蒂报告》的后续影响是广泛而持续的，比如在其发表之后澳大利亚国内陆续发布众多相关的政策报告，这些报告大多重申了《奥克穆蒂报告》的倡议，倡导在教育的所有层面推动亚洲素养教学，构建联邦资助和系统的国家支持路径，但是，该报告没有讨论为了满足澳大利亚在该地区的利益，应该向学生传授何种类型的亚洲知识，也没有讨论需要对澳大利亚的教育体系做出哪些改变，没有讨论有哪些目标，未能就如何将语言和文化研究结合起来提供任何方向。因该报告建议而成立的亚洲研究协调委员会对亚洲的研究的发展速度和范围的影响有限。委员会没有在州或领地一级改变亚洲的研究教育政策，没有扩大亚洲研究的基础，也没有影响联邦、州和领地政府之间的协调。缺乏一套促进亚洲研究的明确目标是亚洲研究协调委员会影响力有限的主要原因，亚洲研究协调委员会并不负责制定战略或调查促进亚洲的研究的最佳和最适当的方法，它只是管理教学和课程材料、旅行补助金和教师教育的资金。具有讽刺意味的是，亚洲研究协调委员会没有维持到20世纪80年代。1978年6月28日，该委员会被其策划者约翰·马尔科姆·弗雷泽以财政紧缩的经济原因取缔。

（二）《澳大利亚教育中的亚洲：亚洲研究委员会向澳大利亚亚洲研究协会提交的报告》，史称《菲茨杰拉德报告》

20世纪70年代初，包括安东尼·瑞德（Anthony Reid）、阿瑟·巴沙姆（Arthur Basham）在内的澳大利亚“亚洲主义者”曾提出成立一个全国性组织的想法，但直到1976年5月澳大利亚亚洲研究协会才正式成立。20世纪70年代末和80年代初，澳大利亚亚洲研究协会在加强亚洲和亚洲语言研究的运动中走在最前列。1978年，澳大利亚亚洲研究协会全国会议通过了一项决议：设立一个委员会来调查澳大利亚的亚洲研究状况，并对澳大利亚亚洲研究的未来发展提出建议。亚洲研究委员会由斯蒂芬·菲茨杰拉德担任主席，其报告和建议于1980年发表，这就是著名的《菲茨杰拉德报告》。斯蒂芬·菲茨杰拉德是澳大利亚国立大学的历史学家和中国问题专家、惠特拉姆政府的中国问题顾问、澳大利亚首任驻华大使。自20世纪70年代中期以后，他一直是澳大利亚教育中发展亚洲研究的积极倡导者。独特的研究视野和外交经历使其形成关注人类发展的国际人道主义研究视角。他在《菲茨杰拉德报告》中指出：澳大利亚学校的课程需要强调国际理解教育、全球和国家视角的发展以及对其他文明和民族的研究，以更好地理解人类的本性。

《菲茨杰拉德报告》的出台实质上是基于一种对澳大利亚亚洲研究现状产生危机感的反应。1978年，菲茨杰拉德在澳大利亚亚洲研究协会第二次全国会议上发表《亚洲研究危机：澳大利亚亚洲研究协会、政府和民众》（*The*

Asian Studies Crisis：*ASAA*，*Government and People*）的演讲时表达了这种危机感。他对澳大利亚亚洲研究现状的批评既强烈又严厉。他指出，澳大利亚人在亚洲研究的发展上已经进入了一个相当早的高原期，学校里对亚洲的研究一团糟。菲茨杰拉德强调学习外语的重要性，尤其是亚洲语言。这种危机感的逻辑一直延伸到《菲茨杰拉德报告》之中。该报告指出：澳大利亚在20世纪70年代为教授语言和文化而采取的多元文化刺激措施不足以维持该国在20世纪80年代面临的需要，主要体现在“三个关键问题领域：教师培训设施不适合学校扩大亚洲的研究课程；学校对亚洲的研究缺乏统一的课程安排；缺乏专门针对中学生需求的书籍和其他资源”。报告基于澳大利亚与亚洲日益紧密的经济贸易关系的事实，认为对亚洲语言和文化的掌握关系到澳大利亚的国家利益。基于国家利益的功利主义，该报告认为：为了澳大利亚的长期利益，有必要将亚洲的研究纳入主流。为此，该报告分别为高等教育院校和中小学深入推进亚洲文化与语言教育提出了建议。其中最重要的建议是倡导在澳大利亚发展亚洲语言和研究的国家办法，这一国家方法确保了联邦政府及州一级教育部门的合作。报告强调有必要建立一个全国性机构，协调有关亚洲教育的计划和资助。这一设想为联邦政府所接受并在1986年变为现实，即菲茨杰拉德任主席的亚洲研究理事会成立。

《菲茨杰拉德报告》是第一份将学习亚洲语言和文化与澳大利亚国家利益联系起来的非政府报告。与《奥克穆蒂报告》相比，它更清楚地论述了亚洲的研究在服务国家利益方面的实际作用，并更关心以亚洲的研究为专业的学生的职业前景。报告清楚地认识到亚洲对澳大利亚生活的影响，并指出亚洲的研究关系到澳大利亚的国家存亡。这份报告不仅为亚洲的研究的重要性提供了智力和实用的理由，还指出与亚洲文化的接触在澳大利亚人的生活中越来越重要。《菲茨杰拉德报告》与《奥克穆蒂报告》的另一个明显区别是，《菲茨杰拉德报告》认为亚洲研究的重要性尚未得到社会的普遍认同，这是它发展的最大障碍，而《奥克穆蒂报告》只是声称“绝大多数澳大利亚人支持在中学教授亚洲语言和亚洲的研究”。因此，《菲茨杰拉德报告》认识到改变社群对亚洲和对亚洲的研究的看法的重要性，这在后来成为一个重要的问题，即提高公众认识，使澳大利亚成为一个具有亚洲素养的社会。这一问题既是澳大利亚社会整体素质和开放心态的问题，也是关涉澳大利亚国家身份认同的关键问题。

（三）《亚洲研究理事会：工作组的报告》，史称《史高丽报告》

《史高丽报告》是以其召集人史高丽命名的报告。史高丽是澳大利亚前贸易部部长，也是当时堪培拉一位有影响力的人物，曾任东盟—澳大利亚商业理事会的主席。这份报告提交给当时的澳大利亚外交部长、教育部长和贸易部长。《史高丽报告》的形成直接得益于一小群亚洲人的游说，以及菲茨杰拉德、麦凯等人牵头的亚洲研究协会的努力。

《史高丽报告》是对《菲茨杰拉德报告》所提倡议的主张的再强调，并对澳大利亚亚洲的研究和亚洲语言学习做了具有全国性的规划。它明确了亚洲定义的问题，认为亚洲的研究就是对亚洲语言、文化和社会的专业研究，主流学科中纳入实质性的亚洲内容，课程、研讨会和培训项目服务于特定需要。《史高丽报告》之所以重要，是因为它直接促成亚洲研究理事会于1986年成立，而亚洲研究理事会的许多倡议得到了霍克政府的大力支持，这为实现亚洲语言和文化战略所需的政治意愿提供了动力。亚洲研究理事会在已经被取消的亚洲研究协调委员会的基础上继续扩大对亚洲语言和文化的推广和监督职能，该理事会一直持续到1991年6月被解散为止。

亚洲研究理事会由斯蒂芬·菲茨杰拉德担任主席。理事会的工作是就如何在包括高等教育部门在内的各级教育课程中增加亚洲内容的战略向联邦政府提供咨询意见；在澳大利亚工业（商业）和澳大利亚社区（关系）内培养对亚洲的兴趣；提供一项计划，概述实现这一目标的财政承诺和战略。该理事会的成立标志着澳大利亚亚洲的研究在三个方面的发展迈出了重要的一步。首先，理事会详细确定了亚洲的研究中存在的问题领域，并采取了综合措施来解决这些问题。理事会检讨了各级教育院校、教师教育、职业教育机构及大学的问题，并举办了相应的活动，采用了促进亚洲语言研究和有关亚洲内容学习的新方法。此外，理事会还试图为特定的亚洲语言和有关亚洲的学习制定国家战略。其次，理事会制定了促进亚洲研究的国家战略，包括联邦、州和地区政府官员、课程顾问、教师和大学学者参与项目的规划和实施。通过这种方式，理事会促进了该国教育系统和机构之间的协调与合作。最后，理事会将发展亚洲的研究作为国家生存的问题，并将这一思想融入联邦、州和地区的教育政策中。

亚洲研究理事会在短短两年内发布了一份重要的政策文件和一份研究报告，分别是《澳大利亚亚洲的研究的国家战略》（简称《国家战略》）（*National Strategy for the Study of Asia in Australia*）和《澳大利亚高等教育中的亚洲》（*Asia in Australian Higher Education*），史称《英格尔森报告》（*Ingleson Report*）。

《国家战略》成为亚洲研究理事会促进亚洲的研究的哲学蓝图，并概述了亚洲的研究事业的理论基础和框架。它呼吁澳大利亚在公共政策上改变对亚洲的态度，并认为大多数澳大利亚人需要通晓亚洲文化，对亚洲的历史、文化、地理和经济有一定的了解。它指出，尽管澳大利亚白人政策在20世纪70年代初已经停止，亚洲移民也在稳步增加，但澳大利亚背景下的亚洲语言并没有出现在国家语言政策议程上。它明确指出当时导致亚洲的研究和语言学习处于危险状态的问题，这些问题限制了亚洲的研究与语言教学的进展，包括师资培训和供应方案不足、课程和材料开发不足，以及中小学和高等院校之间严重缺乏连续性。为此，《国家战略》制定了一个广泛的战略目标，包括从小学开始到高等教育结束的所有教育，亚洲内容都是所有适当科目的组成部分。此外，还明确将亚洲语言作为一门主流学科；为建设一支高水平、合格的师资队伍和发展高质量的课程和教材制定了目标。

与《奥克穆蒂报告》强调"澳大利亚对亚洲贡献"的论调相反，《国家战略》更加关注亚洲对澳大利亚人生活的影响。《国家战略》指出，亚洲对澳大利亚的贸易、外交关系和未来至关重要，正确研究亚洲及其语言关乎澳大利亚在激烈竞争的世界中生存。教育改革是必要的，澳大利亚人需要具有亚洲的技能。《国家战略》建议对澳大利亚高等教育系统的亚洲的研究教学进行调查，并建议制定在澳大利亚全境扩大亚洲的研究的战略。《国家战略》基于国家利益的功利主义逻辑宣称：教育澳大利亚人具有亚洲素养的必要性运动不仅针对决策者和教育工作者，而且也针对雇主。它认为：除非雇主接受一个充满活力的出口行业需要与亚洲相关的专业知识，否则教育行业的任何努力都将失败。因此，教育改革要基于整个澳大利亚的国家利益与需要，澳大利亚的教育体系应该根据澳大利亚的国民需要进行改革，有关亚洲的教学应该在澳大利亚的背景下进行。也就是说，亚洲的研究的目标是提供技能以满足国家需要和改变社会规范以反映澳大利亚目前生活的现实。

（四）《澳大利亚高等教育中的亚洲：高等教育中亚洲研究和语言教学调查报告》，史称《英格尔森报告》

由亚洲研究理事会赞助、约翰·英格尔森（John Ingleson）主持撰写的《澳大利亚高等教育中的亚洲》对澳大利亚自20世纪70年代以来发生的变化提出了引人注目的主张。该报告全面评估了高等教育阶段的亚洲的研究和语言学习状况，重点是师资培训和供应问题，其目的是明确应该做出怎样的必要改革以满足澳大利亚下个世纪对亚洲的研究的需求。该报告的主旨是：如果澳大利亚想要最大限度地发挥与亚洲互动的潜在经济效益，就必须在澳大利亚高等教育的亚洲的研究/语言教学方面做出更大的努力。报告总结了20世纪80年代末提出的有关亚洲及其语言教学的必要性背后的理论基础，指出"亚洲及其语言的研究很重要，因为我们是澳大利亚人，处在特定的地缘政治环境中，通过贸易、移民、投资和旅游与亚洲联系在一起，这一点与任何其他西方国家都截然不同”①。正因为如此，如果澳大利亚人想要“作为亚洲地区的一部分管理自己的未来”，那么亚洲语言和文化的知识就必须在澳大利亚广泛传播。而这需要澳大利亚从小学到大学的整个教育体系的全面变革。亚洲语言和亚洲文化研究的相互依赖性被设想为澳大利亚亚洲素养的核心长期战略。这份报告花了很大篇幅来考虑在高等教育体系中扩大亚洲语言教学的最佳方式。报告中要求语言教师进行反思，以评估他们在做什么以及他们是如何做的，并建议应在所采用的方法和所使用的材料方面做出重大改进。此外，它将提供短期资助以执行高等教育的亚洲语言政策（每年115 万美元）和亚洲语言奖学金计划（到 1991 年每年 200 万美元）列为首要考虑的优先事项。该报告与上述三份报告不同的地方是，对亚洲研究②更为重视，它强烈主张将更多亚洲内容纳入主流学科，并创建更多将亚洲研究与专业培训课程联系起来的联合项目。它声称亚洲教学是澳大利亚高等教育课程的一部分，亚洲研究与澳大利亚研究是硬币的两个面。英格尔森认为：“在教授亚洲课程时，不可能忽视以学科为基础的研究。课程编写者和教师的任务是首先确保所有社会科学和/或人文学科的课程中都包含一些亚洲内容。”对他而言，亚洲研究最终应该成为学校/高等教育课程的重要组成部分，这不仅是因为澳大利亚与亚洲关系密切，或者因为澳大利亚与亚洲之间的贸易正在增长，还因为它丰富了文化。为了整合这两个方面的工作，《英格尔森报告》提出了一个“高等教育亚洲研究和语言战略”的框架，包括制定一个亚洲语言政策、建立国家应用语言学中心、增加具有亚洲专业知识的教师和提高学习亚洲文化与语言的学生数量。

（五）《澳大利亚和东北亚的崛起》，史称《加诺特报告》

罗斯·加诺特（Ross Garnaut）曾是霍克政府的经济顾问，也曾任驻中国大使。1989 年，他的报告聚焦于东北亚和日本、韩国，以及中国台湾和中国香港等国家或地区经济的持续增长，以及澳大利亚需要如何应对这一现象。严格意义上讲，《加诺特报告》并非像上述四份报告一样主要是教育方面的报告，它首先是一份经济形势报告。它的主要关注点是东北亚作为世界三大经济中心之一的出现对澳大利亚的国家利益至关重要。它认为日本、中国、韩国是推动整个地区经济增长的引擎。对加诺特来说，澳大利亚未来的繁荣和独立取决于抓住这几个经济体快速发展所带来的机遇。《加诺特报告》

---

① INGLESON J. Asia in Australian higher education：report of the inquiry into the teaching of Asian studies and languages in higher education（Ingleson Report）[R]. Canberra：Australian Studies Council，1989：13.

② 这里指的是对亚洲进行科学研究。

肯定了政府的宏观经济改革议程，并认为东亚地区的经济潜力是解决澳大利亚经济困难的一部分。它强调了澳大利亚要嵌入亚洲，就必须调整经济结构，消除贸易限制，通过移民、教育、安全、国防等与亚洲建立更加紧密的关系。这份政策蓝图以国家紧迫的语言表述，特别指出亚洲的市场潜力是（澳大利亚）参与该地区事务的一个关键原因。这反映了澳大利亚工商业对亚洲素养劳动力需求的日益集中的压力。加诺特在报告中呼吁：东北亚地区经济持续、快速、国际化增长的现象迫使世界各国做出反应。整个国际贸易框架已经改变，尚未找到一种新的平衡，澳大利亚必须对国际环境的这些变化做出反应，而且还要对东北亚地区经济增长的更有力和更直接的影响做出反应。《加诺特报告》赋予教育一种决定性角色：澳大利亚能否最大限度地利用其与亚洲关系的长期以来的成功，取决于它对教育规模和质量的投资。只有当对亚洲的研究在学校广泛开展时，大量澳大利亚人才能掌握东北亚地区语言、经济、政治等方面的知识，或对东北亚地区有一定程度的了解，并在其他专业或学科方面取得较高成就。

加诺特在讨论教育问题时首先指出了亚洲研究中存在的不足。他建议在学校和第三部门大力扩展亚洲的研究和亚洲语言课程。这实质上重新强调了亚洲研究理事会 1988 年《国家战略》所概述的各项目标以及《英格尔森报告》中所得出的结论。在亚洲的研究方面，报告建议，所有学生在学校都应该接触到对亚洲的严肃研究，到 2000 年澳大利亚学校的所有学生都应该认真学习亚洲的历史、地理、政治和文化。报告主张：亚洲的研究应成为所有合适的专业的学习的一部分，亚洲的研究应纳入人文、社会科学和其他学科的主流，有必要将亚洲的研究与特定学科或专业的研究结合起来，这些主张与《英格尔森报告》的倡议具有高度的一致性。然而，《加诺特报告》更加注重亚洲语言推广和经济性，将亚洲语言视为一种贸易语言，亚洲语言的教育对澳大利亚而言具有长远的经济利益。

《加诺特报告》产生于亚洲主要经济体经济腾飞以及澳大利亚与亚洲接触步伐加速的时代背景，据称它的发布是居于报纸的头版和黄金时段的新闻，各大全国性报纸都刊登了数页报道。这份报告的第一版在几天内就卖光了。该报告于 1989 年 11 月 20 日提交内阁，两天后政府宣布了初步回应①。因此，该报告迅速地被有影响力的人士一遍遍地阅读。《加诺特报告》之所

① 澳大利亚政府对该报告关于教育问题的建议的反应也迅速而有效。报告出台不久，政府即颁布三项计划：第一项是设立一个韩国研究中心，带头在澳大利亚进行韩国研究，并与韩国的主要大学和研究机构建立联系；第二项是为韩国和中国台湾学生提供研究生研究奖学金；第三项是与韩国和中国台湾地区建立教师交流方案。

以非常重要，是因为它提醒澳大利亚应该认识到，东北亚已经成为一个非常重要的经济区，如果不能首先调整好宏观和微观经济政策，澳大利亚就无法从东北亚的快速经济增长中获益。它对澳大利亚推进亚洲的研究与亚洲语言教育的作用是巨大的。《加诺特报告》所提出的有关将亚洲的研究“主流化”的倡议被提上了国家主要的政治议程，将亚洲语言和文化的研究与澳大利亚国家竞争力、与东北亚潜在经济机会的重要性联系起来，假定教育就是澳大利亚与区域一体化进程的一部分，“为澳大利亚与亚洲区域一体化发展提供了合法性……代表了澳大利亚亚洲概念的重大历史转变”①。《加诺特报告》与《英格尔森报告》都是在1989年编写的。菲茨杰拉德在《陆克文报告》的前言中指出：《英格尔森报告》和《加诺特报告》是一个令人生畏的组合：这是澳大利亚在国家层面上与亚洲进行重大而真实接触的第一波浪潮，这是世界上第一次培育亚洲意识的尝试，一次真正革命性的努力。

然而，《加诺特报告》还是招致不少的批评。例如澳大利亚学者保罗·希利（Paul Healy）认为：“通篇报告从一个完全保守的经济视角撰写，其中私有化、放松监管、市场力量、自由贸易等概念占据了中心地位。”就发展亚洲素养而言，《加诺特报告》日益强调亚洲语言是贸易成功的途径，往往以牺牲亚洲的研究的其他领域为代价。而亚洲的研究所涉及的对人的批判精神和对跨文化理解的培养的文化意义，在《加诺特报告》中并没有得到深入而系统的阐述。

20世纪70年代伊始到80年代结束这20多年所出现的这五份报告，由教育系统阐发进而推及社会，最终受到政府政策的接纳，并不是历史的偶然事件。它反映了两个重要的事实：一是澳大利亚政府认可教育是构建一个具有亚洲素养的社会的关键系统，学校是实施亚洲素养教育的重要场所。二是这些报告在国家层面进行倡议，并借助相关的机制使亚洲素养日益成为主流，代表着澳大利亚普通民众对亚洲新的认识，新的亚洲意识已经形成。自此，澳大利亚的亚洲素养得到政府政策的倡导和支持，也得到了诸多学校的重视。尽管有着不同的价值诉求和着力点，但是这些报告具有如下的共性。第一，它们的出台以及在教育系统中开展深入的亚洲的研究的主张对澳大利亚社会根深蒂固的欧洲中心地位提出了挑战。20世纪70年代以前是澳大利亚“白澳政策”占主导地位的重要时期，澳大利亚教育体系主要是依照欧洲传统尤其是英国的模式建立的，教育的目的、内容都为白澳政府而服务。这

---

① MACKENZIE J. The entrepreneurial bureaucrat：a study of policy entrepreneurship in the formation of a national strategy to create an Asia-literate Australia [D]. Melbourne：Victoria University of Technology，2001：98.

种教育模式显然不符合20世纪70年代前后国际政治、经济发展的背景以及澳大利亚经济转型的要求。鉴于澳大利亚与亚洲关系的日益紧密，变革深受欧洲中心传统影响的教育模式成为必由之路。《奥克穆蒂报告》提出亚洲语言应与欧洲语言在学校中获得“同等尊重”，倡导以非欧洲为中心的亚洲研究，尽管报告中没有进一步讨论亚洲研究如何有助于改变澳大利亚的欧洲中心主义。《菲茨杰拉德报告》也认为要实现对这种现状的变革，意味着要变革关注欧洲优势和欧洲传统的教育哲学。《国家战略》也因试图通过指出并挑战澳大利亚社会根深蒂固的欧洲中心地位，使亚洲的研究理智化（intellectualise）而引人注目。《国家战略》认识到整个亚洲语言和研究运动的核心应该是建立“独特的澳大利亚文化”的愿望。因此，它不仅坚持改革澳大利亚的课程以反映该国的经济和地缘政治现实，还致力于有关重新定位澳大利亚思想的讨论。《英格尔森报告》和《加诺特报告》也延续了这种基本的重新定位澳大利亚文化的论调。从某种意义上说，亚洲的研究的发展促进了澳大利亚教育体系的“澳大利亚化”。自奥克穆蒂委员会的调查以来，亚洲的研究的非欧洲中心性质一直是其发展的一个论据。然而，应该指出的是，尽管这些报告对澳大利亚教育中的欧洲中心主义提出挑战，但是它们并不主张完全否认欧洲中心主义的传统价值。奥克穆蒂指出：“澳大利亚文明中的欧洲根源对澳大利亚大学教育的形式和重点具有极大的影响。这是正确的和合适的。”但为了避免历史狭隘主义，需要学习和研究亚洲。菲茨杰拉德也认为，有关亚洲的研究应该加上对欧洲的研究，并且不可以取代它。第二，这些报告明确并提升了亚洲语言和亚洲的研究在澳大利亚社会尤其是教育系统中的地位，并且也引发了关于亚洲素养内部概念（亚洲语言和亚洲的研究）重要性的国家争论。除了《菲茨杰拉德报告》之外，其余的报告都是受政府委托并且有政府相关人员参与制订的。所有的报告建议均受到政府的重视，并且具有溢出效应：《奥克穆蒂报告》受惠特拉姆政府的委托，并最终建立了亚洲研究协调委员会；霍克政府支持《菲茨杰拉德报告》《史高丽报告》，最终建立亚洲研究理事会；《英格尔森报告》和《加诺特报告》的相关倡议也受到了霍克政府和基廷政府的支持。这些报告都将亚洲的研究和亚洲语言学习的作用提高到前所未有的高度，并冠以“国家利益”名义或关涉“国家存亡”的程度，这在《菲茨杰拉德报告》《英格尔森报告》《加诺特报告》中体现得尤为明显。它们所提出的推动亚洲语言和亚洲研究的倡议往往从实用逻辑上紧扣国家战略利益需求，强调亚洲的研究特别是亚洲语言是服务国家发展的重要资源。这些报告通过这种具有连续性的主张，企图为亚洲语言和亚洲的研究确立政策合理性和合法性，寻求政府的支持。在这些报告的牵头人的大力游说下，亚洲语言作为澳大利亚国家语言政策的优先领域的地位最终被确定下来，亚洲的研究的重要价值也被广泛的国家项目和州教育项目、《澳大利亚课程》政策文件等所明确。第三，这些报告所依据的经济理性和功利主义逻辑也招致不少批评。黛博拉·亨德森指出这些报告反映了“在教育系统中研究亚洲语言和文化的知识和哲学重点逐渐被更广泛的功利主义和经济政策优先事项所掩盖”①。这些报告“明确澳大利亚的政治和经济利益是开展亚洲的研究的主要理由，增强和保护澳大利亚的经济地位是这些报告的基本动机。”②“所有的报告都认为通过澳大利亚教育进行亚洲的研究是国家的利益。……国家的利益是这些报告向政府提出呼吁的基本依据”③，“从1983年开始，历届国家政府都把教育纳入微观经济改革的进程中，关于亚洲语言和文化的政策规定反映出对经济主义的日益关注”④。最终导致经济主义成为亚洲语言和文化话语的框架和约束。“令人担忧的是，亚洲的研究的功利主义与政府在亚洲区域整合澳大利亚经济的政策举措之间的联系，似乎降低了亚洲的研究的知识、哲学和文化基础。”⑤ 由于侧重于亚洲语言和研究的经济和实用价值，遮蔽了对澳大利亚的欧洲中心主义的系统的批判，因此，这也导致了这样“尴尬”的局面：“许多这些报告所提出的受政府支持和采用的倡议最终没能适应政策的变革而失败，这在一定程度上是因为澳大利亚未能改变其受到强大的欧洲传统的影响的文化规范和态度。尤其是它未能承认并采取行动解决教育官员、教师、大学行政人员和学者以欧洲为中心的传统而引起的问题，这导致未能维持已通过和推行的改革。每当教育项目和课程由于政府或大学自身策略方向的改变而受到威胁时，对亚洲的研究，无论是语言还是亚洲相关内容的学习都失败了。”⑥ 在澳大利亚与亚洲经贸关系紧密的时候，尤其是政府认为亚洲是澳大利亚发展的机遇的时候，亚洲的研究与亚洲语言就具有崇高的地位；当澳大利亚与亚

---

① HENDERSON D. Meeting the national interest through Asia literacy: an overview of the major stages and debates [J]. Asian studies review, 2003, 27 (1): 27.

② QUINN J. Asian studies in Australian education (1970 - 2002): a study of four reports [D]. Melbourne: University of Melbourne, 2005: 10.

③ QUINN J. Asian studies in Australian education (1970 - 2002): a study of four reports [D]. Melbourne: University of Melbourne, 2005: 23.

④ HENDERSON D. A strategy cut-short: the NALSAS strategy for Asian languages in Australia [J]. Electronic journal of foreign language teaching, 2007, 4 (1): 6.

⑤ HENDERSON D. Politics and policy-making for Asia literacy: The Rudd Report and a national strategy in Australian education [J]. Asian studies review, 2008, 32 (2): 177.

⑥ QUINN J. Asian studies in Australian education (1970 - 2002): a study of four reports [D]. Melbourne: University of Melbourne, 2005: 9.

洲关系紧张的时候或者当大学因政府削减开支而面临财政困难时候，亚洲的研究和语言的经费往往是最容易受到削减的。澳大利亚亚洲研究协会在1984年的一项研究中发现，亚洲国家和亚洲语言的研究仍然不是大多数大学和学院主流教学的一部分，在经济困难时期，亚洲语言的研究是首批削减的领域之一。而这可以从1978年亚洲研究协调委员会、1991年亚洲研究理事会被解散等事件中得以印证。

20世纪80年代末，随着澳大利亚与亚洲经贸往来日益频繁，亚洲素养的主导性话语在主流政策中出现并被接受为一个经济上的解决方案。这种经济理性逻辑得到进一步加强，这在后来的1994年《陆克文报告》中得到深刻的体现，在2012年《亚洲世纪中的澳大利亚》白皮书中也具有广泛的导向性。

二、第二阶段：辉煌和困境（1992—2005年）

尽管经过多年的游说，但20世纪80年代后期在促进亚洲语言和亚洲的研究中扮演重要角色的亚洲研究理事会还是在1991年6月份解散了①。亚洲研究理事会在提交给联邦就业、教育与培训部部长的最后一份报告中列出了它在五年任期内取得的成就，指出它为增加学校里学习亚洲语言的学生人数做出了重大贡献：小学入学率从1%升至3%，中学入学率从3%升至7%；高等教育中亚洲语言教学的增长尤其引人注目，大约为50%。然而，亚洲语言和亚洲的研究的情况并不乐观。亚洲研究理事会承认仍有许多工作要做。关于亚洲的研究仍然处于不稳定的状态，绝大多数澳大利亚学生仍在完成他们的义务教育，没有在课程中与亚洲有任何实质性的接触。在师资供应和培训、课程和教材不足方面仍然存在一些问题。显然这种情况尚未达到1991年上台的主张澳大利亚全面融入亚洲的保罗·基廷总理的政策要求。因此，在其任期第一年，基廷政府启动了两个对学校亚洲素养政策和实践产生长期影响的计划：第一个计划是1992年建立了亚洲教育基金会，该基金会是联邦政府出资的、政府管辖之外的机构（extra-governmental agency），它致力推动各州将亚洲嵌入政策、课程、学校实践和学校教育系统之中。显然，该基金会作为一个全国性的协调机构，是对已解散的亚洲研究理事会的职能的延

---

① 亚洲研究理事会解散之后，联邦就业、教育与培训部接管了其正在进行的55个项目。委员会还成立了两个继承机构，即1992年成立的亚洲教育基金会和澳大利亚亚洲理事会。这两个机构都负责亚洲的非语言教育，而亚洲语言学习则是根据1991年发布的《澳大利亚的语言和读写政策》得到保证。

续和拓展。第二个计划是促成了联邦和州政府领导人的政府内部论坛（intra-governmental forum of commonwealth and state leaders）的澳大利亚政府委员会同意委任陆克文作《陆克文报告》，并采用了报告的相关建议。

陆克文时任昆士兰州的内阁办公室主任，他在这个职位上为实现亚洲语言和亚洲的研究的学校目标做了很多工作，也是与亚洲接触和亚洲语言教学的主要倡导者。1992 年 12 月，澳大利亚政府委员会在昆士兰州的珀斯（Perth）召开会议，主要是谈论亚洲语言和亚洲文化理解对澳大利亚经济在亚太地区的重要性，并就在澳大利亚学校实施全面的亚洲语言和文化项目的战略框架提出建议。会议一致同意委托陆克文主持一个关键的联邦—州特别工作组，旨在让亚洲语言在澳大利亚学校获得优先地位。澳大利亚政府委员会在会议结束后的会议公告中强调："如果澳大利亚想在亚太地区实现经济利益最大化……就必须重视通过澳大利亚的教育体系全面了解亚洲语言和文化的重要性"；"亚洲语言发展是一个具有国家重要性的问题，需要在国家一级得到紧急和高层次的注意"；"同意设立一个高级别工作组，在 1993 年底以前为委员会编写一份报告，以概述联邦和各州目前在亚洲语言和文化教育方面的工作"；"为在澳大利亚学校实施全面的亚洲语言和文化项目制订一个战略框架"。①

1994 年，陆克文向委员会提交了著名的《陆克文报告》，在这份以他名字命名的报告中，他试图验证亚洲语言对澳大利亚经济发展贡献的正相关关系。他指出这不是第一份关于澳大利亚亚洲语言/文化教育及其与国家经济表现的关系的报告。自 1969 年以来，许多政府和非政府机构的报告都指出了语言能力与经济表现的关系，以及亚洲语言技能与澳大利亚出口表现的关系。报告指出，为了确保澳大利亚在亚洲区域乃至世界的未来经济地位，澳大利亚需要一种"具有亚洲素养"的出口文化：它使澳大利亚人具备所需的语言及文化能力，使他们能以个人、团体及国家的身份，在不同层面上有效地处理与该地区有关的各种事务。报告的目标不是要以某种方式使澳大利亚成为所谓"亚洲的一部分"。相反，它的目标是制定一项战略，通过这项战略，澳大利亚的下一代具备必要的实际语言和文化技能，以便他们更有效地参与未来的区域经济机会，从而促进澳大利亚的经济增长和就业。为此，报告建议联邦政府批准一项校本计划，作为在澳大利亚实现亚洲语言和文化教育的实质性的质和量改进的最佳手段。

---

① RUDD K. Asian languages and Australia's economic future. a report prepared for the Council of Australian Governments on a proposed national Asian languages/studies strategy for Australian schools [R]. Brisbane: Queensland Government Printer, 1994: i.

报告基于过去 25 年向澳大利亚政府提交的诸多报告的调研结果指出，澳大利亚亚洲语言和亚洲的研究的现状是“澳大利亚 12 年级学生学习第二语言的人数大幅下降。在 20 世纪 60 年代末，约 40% 的 12 年级学生学习第二语言。到 1982 年，这个数字已经下降到 16.1%。1992 年，只有 12.5% 的 12 年级学生在学习第二语言，而现在只有不到 4% 的 12 年级学生在学习亚洲语言。第二语言教育往往是零零碎碎的，对学生没有确切的熟练程度标准，对学习的强度、连续性及方法各不相同，教师供应和课程材料也有缺陷”，并指出在缺乏政府战略干预的情况下，这些趋势不大可能得到实质性的遏制或扭转。报告援引 1991 年联邦政府《澳大利亚语言与读写能力政策》(*Australian Language and Literacy Policy*) 的观点：任何旨在加强澳大利亚语言研究的战略都必须在可教授的语言多样性和现有资源的限制之间取得平衡。必须优先注意对澳大利亚具有更广泛国家利益的语言。在分析亚洲国家对澳大利亚经济发展贡献程度以及澳大利亚与之关系的基础上，报告指出澳大利亚未来应该重点关注 4 种语言：日语、汉语、印度尼西亚语和韩语。报告建议完成联邦政府 1991 年《澳大利亚语言与读写能力政策》的目标，即 12 年级学习第二语言的学生占 25%，并建议将目标日期从 2000 年延长到 2006 年。建议在 12 年级的学生中有 15% 的人学习一门重点的亚洲语言，而剩下的 10% 的学生在这个日期之前学习其他语言。截止到 2006 年，60% 的 10 年级的学生学习一门重点的亚洲语言。

报告除了用了大量的篇幅试图论证亚洲语言对于澳大利亚经济发展的战略意义，还承认除了学习重点的亚洲语言之外，对使用这些语言的区域的政治、经济和社会多样性的广泛了解也具有同样重要的贡献。如果对亚洲语言和亚洲的研究没有同等的投入（例如将亚洲社会的研究作为学校常规课程的一部分），实现具有创造力的出口文化是不可能的。语言沟通能力是一回事，通过对相关国家的系统研究获得具有文化敏感性的沟通能力是另一回事。如果澳大利亚企业未来想要最大限度地识别市场，并在这些市场内成功签订商业合同，这两点都至关重要。报告指出当时亚洲的研究存在的不足，为了弥补其时亚洲研究计划的不足，并增加在学校学习第二语言的学生的新百分比，工作组提出了一项校本计划。其基本原理是：第一，学习时间的长短和强度是培养有效的亚洲语言/文化技能的必要条件，这意味着亚洲语言教学需要在学校系统中相对较早地开始，因为儿童阶段的智力更容易接受第二语言学习。第二，如果澳大利亚想通过发展学习语言的文化来加强出口文化的发展，就必须在整个学校系统中全面实施，而不是通过对分散在更广泛的教育和培训部门的现有项目的临时增加来完成。第三，只有扩大以学校为基础的供给才能创造必要的临界数量，以便从中获得澳大利亚未来所需的各种语言/文化技能。这些供给包括一支具备与专业相关的高水平的语言/文化能力的专业骨干教师队伍，具备合理水平的语言/文化技能的服务行业等更广泛的支持人员群体，增加更多高技能的专业支持团体。第四，大学资源应集中于高级培训，未来职业技术与继续教育学院应该把更多的精力放在将已有的语言/文化技能应用到特定的职业成果上。第五，根据需要，依靠企业本身资助亚洲语言/文化培训。第六是重视国际经历。

为了实现这些目标，报告制定了“国家亚洲语言与亚洲的研究战略”(National Asian languages and Asian studies strategy，NALASS)，这个战略由三个项目组成，即澳大利亚学校亚洲语言与亚洲的研究项目（Asian Languages and Asian Studies in Australian Schools Program）、亚洲语言沉浸式项目（Asian Language Immersion Program）和澳大利亚青年在亚洲项目（Young Australians in Asia Program），并建立了一个国家合作机制“亚洲语言及文化督导委员会”（Asian Languages and Cultures Steering Committee）来实施这些项目。该委员会的职责是：根据报告的建议，为澳大利亚学校亚洲语言与亚洲研究项目制订详细的实施计划；确保澳大利亚学校亚洲语言与亚洲研究项目顺利实施；就亚洲语言/文化教育的重要性，制订及确保推行宣传/认知策略；向教育、就业、培训和青年事务部长理事会提供一份年度报告，并在战略实施的第一个三年向澳大利亚政府委员会提供一份年度报告。

《陆克文报告》较全面地阐释了澳大利亚发展亚洲素养的政治与经济价值。报告关于加强亚洲语言教学与国内经济发展内在关系的重要阐述得到了州和联邦各级政府两党的一致同意。此外，报告的建议在后续的亚洲素养战略的形成与发展中起到提纲挈领的作用。然而，《陆克文报告》招致不少批评，其推广过程遇到不少阻力。第一，批评者认为在报告中没有将亚洲文化研究同亚洲语言一样予以重视。相反，其中心假设是亚洲文化研究的政策规定应在整体第二语言规定推动资源分配的背景下制定。简而言之，这意味着亚洲的研究和亚洲语言将在实施过程中形成不良关系。这明显地体现在对亚洲语言和亚洲的研究的经费支持上。根据悉尼大学亚太研究中心学者金·威尔森（Jim Wilson）的观点，这份战略报告的长期施行将导致除语言研究外，用于亚洲的研究的资金少得可怜，约为 3 200 万澳元，特别是与 1995—2000 年总额 1.422 亿澳元相比。在此（2000 年）之后，没有为亚洲的研究提供经费，而语言研究的经费在 2006 年以前每年继续得到 1 亿多澳元的资助。第二，该报告是联邦政府微观经济改革进程一体化的组成部分，因其工具主义而受到批评，矛头指向其为亚洲有关内容的教学提供正当性依据的公开经济理论。批评者认为语言政策设计的基本原则应包括教育、智力和多元文化方面的考虑。那些接受社会文化主义批判的教育者以及那些利用这种批判的后殖民主义观点的教育者声称，这份报告延续了一种新东方主义的观念。那些采用社会文化批判视角批评政府政策的人认为，该报告低估了澳大利亚社会对其参与亚洲事务存在的深层的矛盾心理，许多澳大利亚人对这意味着什么感到困惑。这一论点强调，由于预期澳大利亚人会改变他们对亚洲的看法，他们不清楚这在多大程度上涉及对占主导地位的欧洲语言、价值观和传统的排斥。这些观点指向了主导澳大利亚与亚洲关系的国民身份认同的问题。事实上，虽然同意通过加强亚洲研究深化澳大利亚对亚洲的理解，但陆克文在其报告中并没有深刻剖析这一身份认同对发展澳大利亚与亚洲关系的影响。因此，从某种层面上而言，这一报告只是迎合政府经济改革的需要，为实现亚洲语言教育的经济功能提供政策合理性，这将亚洲研究缩小到经济层面，巩固而非超越传统上主导澳大利亚对亚洲看法的“殖民主义框架”，而正是这种经济理性主导的殖民主义框架，拉远了澳大利亚与亚洲的关系。第三，关于优先发展 4 种重点亚洲语言的问题。虽然陆克文对选择优先发展 4 种重点亚洲语言的原因做了符合现实逻辑的分析，但是，批评者仍然认为《陆克文报告》没有尊重澳大利亚是一个多元文化国家的本质。如洛·比安科（Lo Bianco）认为在澳大利亚发展亚洲素养应该包括澳大利亚的多元文化本质。“他解释说，‘亚洲素养将更加强大，因为它将与包容多元文化的澳大利亚形象和定义相联系，而不是疏远。’比安科警告称，未能发展和追求亚洲素养多元化的概念，将削弱澳大利亚改变亚洲许多人普遍认为的‘我们只不过是大不列颠的流离失所者’这一假设的能力。”① 关于具体应该发展何种语言，“一些族裔和多元文化游说团体的成员担心，如果亚洲语言在教育体系中得到‘同等的尊重’，那么其他社群语言和欧洲语言将面临风险。政府日益认识到语言是一种可以为特定目的服务的国家资源，这种认识加剧了这种焦虑”②。因此，批评者认为应扩大优先选择语言的范围，包括澳大利亚各民族社区使用的语言，而不仅是发展这 4 种重点的亚洲语言。

虽然《陆克文报告》遭到诸多批评，但是它得到政府两党的一致支持。“即使是对《陆克文报告》最尖锐的批评者——澳大利亚语言和文化委员会（Australian Language and Literacy Council）也注意到自《澳大利亚语言与读写能力政策》和《关于英语以外语言的国家声明和概况》发布以来，没有其

① MACKENZIE J. The entrepreneurial bureaucrat：a study of policy entrepreneurship in the formation of a national strategy to create an Asia-literate Australia [D]. Melbourne：Victoria University of Technology，2001：152.

② HENDERSON D. A strategy cut-short：the NALSAS strategy for Asian languages in Australia [J]. Electronic journal of foreign language teaching，2007，4（1）：29.

他单一的报告，像《陆克文报告》一样对联邦、州和领地的语言教育政策都产生了影响。”① 正如黛博拉·亨德森所言：“在某种程度上，这份报告可以被看作是对澳大利亚政府和教育系统长期以来在亚洲语言和研究方面的惰性的一种政治解决方案，最终也是一种切实可行的解决方案。在更广泛的层面上，该报告可被视为霍克/基廷政府时期影响深远的政策动态的一部分，其主题是利用国内经济政策提高澳大利亚的国际竞争力。”②

作为对《陆克文报告》倡议的回应，州和联邦政府于1995年颁布了《澳大利亚学校亚洲语言和研究国家战略》。保罗·基廷（Paul Keating）在任总理期间强力支持这一项目。这一战略开启了资助学校亚洲素养的黄金时代。其规定的目标是增强学生对4种重点的亚洲语言和补充性的文化学习的参与度和熟练程度，致力于支持所有学校系统的亚洲语言学习，以提高澳大利亚在国际交往，特别是与亚洲经济体交往方面的能力和准备。教育、就业、培训和青年事务部长理事会（The Ministerial Council on Education, Employment, Training and Youth Affairs, MCEETYA）于1994年年底成立了特别工作组，以制定、支持和监测该战略的执行情况。该战略分为两期进行，每期四年（1995—1998，1999—2002），澳大利亚政府、州和领地政府承诺向《澳大利亚学校亚洲语言和研究国家战略》提供资源。从1995年至2002年年底，澳大利亚政府提供了2.08亿多美元来支持这一战略。1999年4月，特别工作组提出了一份关于《澳大利亚学校亚洲语言和研究国家战略》第一个四年期（1995—1998年）的报告《变革的伙伴关系》（*Partnership for Change*），发现该战略在较短的时间内获得较大的成就：

（1）《澳大利亚学校亚洲语言和研究国家战略》对几个司法管辖区政策有积极影响。在联邦的领导下，已经合作建立了重要的国家基础设施，教育当局正在这方面进行长期规划。

（2）学习亚洲语言的学生人数有所增加（1994年，公立小学和中学学习4种亚洲语言的人数为323 769人，但在1997年增加至517 730人，仅用三年时间就增加了50%以上）。

（3）提供目标语言的学校数目增加（由1994年的2 573所政府学校增至1997年的3 693所）。

---

① HENDERSON D. A strategy cut-short: the NALSAS strategy for Asian languages in Australia [J]. Electronic journal of foreign language teaching, 2007, 4 (1): 9-11.

② HENDERSON D. Politics and policy-making for Asia literacy: the Rudd Report and a national strategy in Australian education [J]. Asian studies review, 2008, 32 (2): 171-172.

（4）参与“通亚学校计划”（Access Asia School Program）① 的学校数目在 1998 年超过 1 000 所。

（5）1996 年，日语已经成为澳大利亚学校里教授最广泛的第二语言（澳大利亚学习日语的年轻人比世界上除日本以外的任何国家都多）。

（6）澳大利亚在学校汉语教学方面一直处于领先地位。

（7）印度尼西亚语教学在 1998 年之前的几年里增长非常快（除了印度尼西亚，没有哪个国家的学校像澳大利亚这样广泛地教授印度尼西亚语）。

（8）为使教师能够将亚洲研究纳入整个课程，并在亚洲研究中获得专业发展，战略作出了重大努力。

（9）学校教育部门出现了重大的文化转变，认识到亚洲语言和亚洲研究在教育和战略上具有重要意义。

此外，在教师培训和专业发展、方案执行、课程资源以及国际合作伙伴关系等优先领域，一些项目已接近完成或正在招标。

之所以会取得这样的成就，主要是基于如下的重要原因：

（1）澳大利亚政府委员会和教育、就业、培训和青年事务部长理事会的催化作用是该倡议成功的基础。

（2）澳大利亚政府委员会报告所蕴含的最初的愿景对该战略的资金承诺，确保各行政辖区和其他系统可以制定长期规划和战略。

（3）从小学早期到整个教育体系，4 种重点语言的学习已经奠定了基础；此外，能够教授亚洲语言和亚洲研究的教师人数有所增加，而且比以前更熟练。

（4）在全国范围内的一项重要成就是亚洲研究数量的增长，这些研究以一种非常真实的方式出现在规划图上。

（5）该计划需要联邦政府的长期承诺，以确保其成功。

报告最后得出结论：“确保《澳大利亚学校亚洲语言和研究国家战略》方案核心目标的关键是各州、各领地和联邦在资金安排方面作出坚定承诺。它指出，没有这样的承诺，就不能保证在亚洲语言和亚洲研究方面保持持续的高质量项目，或充分发挥这项对澳大利亚未来最重要的倡议的潜力。”②

然而，正如澳大利亚学校亚洲语言和研究国家战略特别工作小组主席、

---

① “通亚学校计划”是 1993 年亚洲教育基金会建立的一个在学校加强亚洲内容教学和学习的项目。项目成立之初只有 80 所学校，到 2003 年已发展到大约 1 800 所学校，得到了来自国家和州及领地各级的澳大利亚学校国家亚洲语言和研究资金的支持。

② HENDERSON D. Politics and policy-making for Asia literacy：the Rudd Report and a national strategy in Australian education［J］. Asian studies review，2008，32（2）：187.

来自格里菲斯大学（Griffith University）的科林·马克林（Colin Mackerras）教授指出的：虽然这一战略已经产生了效果，但它的影响并不大，我们不能放松努力，因为我们仍处于这一长期社会和经济变革进程的早期阶段。为了巩固和拓展《澳大利亚学校亚洲语言和研究国家战略》的影响力，1999 年 4 月，教育、就业、培训和青年事务部长理事会通过修订特别工作小组的职权范围，要求特别工作小组根据《陆克文报告》的相关建议为实施《澳大利亚学校亚洲语言和研究国家战略》的第二阶段（1999—2002）制订详细的策略计划。这一战略计划包括四个方面关注内容①，每个关注内容包括战略目标和实现策略，如表 2－2 所示。

表 2－2　《澳大利亚学校亚洲语言和研究国家战略》第二阶段（1999—2002）制订的策略计划

关注内容	目标	实施策略
课程交付	1. 开发基础广泛的精品课程教材； 2. 通过包括联机在内的一系列交付机制，灵活地获得材料和方案	1. 审查和监督澳大利亚学校亚洲语言和研究产品和服务的使用情况； 2. 开发用于在线交付的澳大利亚学校亚洲语言和研究材料； 3. 在各种媒体上开发课程材料； 4. 推广澳大利亚学校亚洲语言和研究的产品和服务，并鼓励教育部门采用工作组开发的产品
教师质量和提供	支持对教师质量和供给问题的管理	1. 了解有关澳大利亚学校亚洲语言和研究的语言教师以及有能力将亚洲研究纳入教学的教师的供给信息； 2. 在确定的需要的领域进一步调查和发起远程教师培训； 3. 为澳大利亚学校亚洲语言和研究的语言教师提供培训和专业发展项目，重点为学生提供远程教学方法； 4. 开发语言及方法进修课程； 5. 促进战略的语言和亚洲研究的教学

① 四个关注的内容分别是：课程交付（curriculum delivery）、教师质量和提供（teacher quality and supply）、战略联盟（strategic alliances）和结果与责任（outcomes and accountability）。

续上表

关注内容	目标	实施策略
战略联盟	与主要机构建立战略联盟，以支持《澳大利亚学校亚洲语言和研究国家战略》目标的实现	1. 与主要机构结成战略联盟； 2. 开发交流材料以获得更广泛的社区和商业部门的支持
结果与责任	1. 制订、收集和报告《澳大利亚学校亚洲语言和研究国家战略》成果的一致性框架； 2. 研究验证改进学生对澳大利亚学校亚洲语言和研究的语言的理解和掌握技能程度的方法	1. 建立一个收集全国统一的学生参与澳大利亚学校亚洲语言和研究的语言数据的框架； 2. 建立一个收集澳大利亚学校亚洲语言和研究的学生成绩数据的框架； 3. 每年向教育、就业、培训和青年事务部长理事会提交一份报告

2002 年 1 月，联邦教育、科学与培训部委托撰写的《澳大利亚学校战略中国家亚洲语言和研究的评价：提交给教育、科学与培训部的报告》（*Evaluation of the National Asian Languages and Studies in Australian Schools Strategy*：*a Report to the Department of Education*，*Science and Training*）指出了《澳大利亚学校亚洲语言和研究国家战略》第二阶段的实施效果：教授澳大利亚学校亚洲语言和研究国家战略的语言学校数量增加；学习《澳大利亚学校亚洲语言和研究国家战略》目标语言的学生人数大幅增加，教授亚洲语言的教师人数增加，参加“英语之外的第二语言”培训的教师也增加，以提高他们的资质或重新培训以获得教授亚洲语言的资格；开设亚洲研究课程的学校和教师数量的增加；参与亚洲的研究和英语以外的语言学习专业发展活动的教师人数增加。在亚洲和《澳大利亚学校亚洲语言和研究国家战略》的语言研究中，初步制订了学生成绩的国家关键绩效指标。在《澳大利亚学校亚洲语言和研究国家战略》计划的第二阶段，“通亚学校计划”项目注册的学校数量持续增长，超过 1 800 所学校参加此计划。截至 2000 年，大约 4 685 所（占比几乎达到 49%）学校提供《澳大利亚学校亚洲语言和研究国家战略》的语言教学，超过 75 万的澳大利亚学生或者说超过 23% 的澳大利亚学生在

某种程度上学习了一门《澳大利亚学校亚洲语言和研究国家战略》的语言。这些成绩是在1997—1999年亚洲金融危机以及印度尼西亚对东帝汶发起的袭击事件对澳大利亚与印度尼西亚关系造成影响的时代背景下保持的，实在难能可贵，也足见《澳大利亚学校亚洲语言和研究国家战略》获得较大的成就。

然而，在亚洲金融危机导致亚洲经济发展失去“光环”以及印度尼西亚袭击东帝汶事件加剧了澳大利亚与亚洲关系不稳定程度的背景下，有证据表明，目前更广泛的澳大利亚社会认为澳大利亚在亚太地区的参与没有多大意义。在《澳大利亚学校亚洲语言和研究国家战略》第二个四年期资金接近尾声的时候，澳大利亚社会上存在一些质疑的声音：是否还需要像《澳大利亚学校亚洲语言和研究国家战略》这样的项目。这个问题有两个方面：一是关于是否应该继续优先在澳大利亚的学校里学习亚洲相关内容，二是是否需要一个国家战略和国家战略资金来实现这一优先。2001年，在《澳大利亚学校亚洲语言和研究国家战略》第二阶段实施期间，墨尔本大学（University of Melbourne）亚洲联接中心组织的一次圆桌会议指出：与亚洲的积极接触对澳大利亚未来的福祉至关重要，迫切需要建立一种全国共识来支持这一承诺。圆桌会议坚持认为，需要区别对待“与亚洲的接触”（engagement with Asia）和“澳大利亚的亚洲化”（Asianisation of Australia）。圆桌会议的结论是：澳大利亚在世界上的地理位置和战略地位使其人民有义务发展对亚洲及其语言的一些了解，以便与它接触并与它的人民交流。第二个当务之急是在一个对拥有多元文化和多种语言引以为傲的澳大利亚社会中实现民族团结。教授亚洲背景的澳大利亚人的语言和文化，对于培养年轻的澳大利亚人充分参与和谐、宽容和外向的多元文化的生活所必需的技能和态度至关重要。鉴于此，《澳大利亚学校战略中国家亚洲语言和研究的评价：提交给教育、科学与培训部的报告》向政府提出了下一个《澳大利亚学校亚洲语言和研究国家战略》项目周期（2003—2006）的战略规划，建议“就业、教育、培训和青年事务部长理事会（MCEETYA）通过一项国家立场声明，对《澳大利亚学校亚洲语言和研究国家战略》的目标做出坚定承诺；亚洲研究的目标应该是到2004年75%的学校将这一领域纳入学校项目，到2006年90%（目前为50%）的中学将这一领域纳入学校项目，特别是英语、外语和艺术项目；加强对重点语言的学生成果的全国样本周期性评估；加强规划和资金投入，确保《澳大利亚学校亚洲语言和研究国家战略》的自我持续性；应更广泛地注意在教育界和更广泛的社区内传播这一战略；为了鼓励更深入的文化理解，应在课程材料开发和专业发展项目中更明确地把亚洲语言和亚洲研究联系起来”等举措。

然而，让人猝不及防的是，2002 年 5 月 2 日，当时的教育、科学与培训部部长布兰登·纳尔逊（Brendan Nelson）在 2002—2003 年度联邦预算公布的前几天宣布，霍华德政府将于 12 月底终止对《澳大利亚学校亚洲语言和研究国家战略》的 1.2 亿澳元的承诺，但政府会在 2006 年之前继续赞同该计划。对于联邦政府终止对《澳大利亚学校亚洲语言和研究国家战略》的资助，陆克文失望地说道："联邦基金的取消意味着到目前为止投入的 2.4 亿美元将被浪费，'由于纳尔逊部长决定在未来四年里取消这一项目，我们学校在亚洲语言教学方面不断增强的巨大努力将在很大程度上被摧毁。'"霍华德政府对亚洲移民的态度及其强调与欧美传统关系的外交政策进一步削弱了澳大利亚公众对学习亚洲语言价值的态度。联邦经费削减的影响是迅速的。作为《澳大利亚学校亚洲语言和研究国家战略》资助的一部分，"通亚学校项目"在各州和各领地立即减少了 80%，教师专业发展项目的参与率下降了 75%。正如卡特·柯尔比（Kathe Kirby）所指出的，亚洲研究也随着《澳大利亚学校亚洲语言和研究国家战略》的停止而失去了作为一个具有国家重要性的主要领域的地位。霍华德终止对《澳大利亚学校亚洲语言和研究国家战略》资金支持的决定引起了澳大利亚工党的强烈反对，教育当局也表现出愤怒。澳大利亚某国会议员在 2002 年 10 月 23 日的众议院演讲中表示，她担心霍华德政府这种行为限制了学生参与和了解亚洲的能力。学者黛博拉·亨德森也批评道："这表明霍华德政府对地区和全球力量的反应是短视的。"① 的确，2002 年澳大利亚亚洲研究协会发布的一份重要的报告《最大化澳大利亚的亚洲知识：重新定位和更新国家资产》指出："澳大利亚长期存在的亚洲知识库正处于危险之中。"它强调："澳大利亚人仍有许多工作要做，以获得对其近邻的了解，这对文化、经济和战略福祉至关重要。"

霍华德在澳大利亚与亚洲经贸发展呈现大好势头以及澳大利亚亚洲知识库处于危险之中时还执意终止对《澳大利亚学校亚洲语言和研究国家战略》的支持的原因是多方面的。这些原因既与霍华德政府更倾向于务实的双边外交政策有关，也与当时澳大利亚财政紧缩和财政赤字、美国亚洲政策调整以及霍华德坚持"亚洲第一，但亚洲不是唯一"的国家意识形态理念有关。总之，在霍华德执政的十年里，澳大利亚社会提到亚洲素养的声音变弱了、变少了。

---

① DEBORAH H. Politics and policy-making for Asia literacy: the Rudd Report and a national strategy in Australian education [J]. Asian studies review, 2008, 32 (2): 190.

三、第三阶段：突破与巩固（2006 年至今）

在《澳大利亚学校亚洲语言和研究国家战略》结束之后的几年里，没有了联邦的资助，各州必须支持它们对亚洲素养的承诺，在各个教育层次上亚洲语言教学和研究出现一个戏剧性缩减。根据亚洲教育基金会所做的统计：“没有任何教育体系明确要求学校教授有关亚洲地区的知识。数据显示，有50%的学校不具备教授亚洲知识的条件。只有不到25%的学生有机会学习亚洲语言。只有5.8%的12年级学生选择学习一门亚洲语言，这一比例在大学里下降到了3%。大多数教师在他们自己的教育中没有机会了解亚洲。目前还没有计划确保新教师的亚洲素养。没有任何教育系统监测学生对亚洲的了解情况。”① 有学者指出：“亚洲的研究和语言教学的萎缩如此之大，以至于亚洲专家现在担心，澳大利亚与亚洲接触的基础正在动摇，或许已经到了尽头。”② “换句话说，澳大利亚已经面临着全国性的亚洲素养危机。”③ 鉴于澳大利亚亚洲的研究和亚洲语言教学处于这种紧迫的地步，作为澳大利亚四十多年来推动亚洲的研究的重要成就之一，亚洲教育基金会仍然在联邦和州的议程上推动着亚洲素养的落实。在亚洲教育基金会的强有力的推动下，澳大利亚的亚洲素养教育开始从困境中逐渐突破，并逐步从政治共识中恢复其动力，澳大利亚国家亚洲素养的政策框架也逐步形成。

2000 年，亚洲教育基金会请求所有州参与到一个全国性的讨论会中来，这一讨论会促成了《在澳大利亚学校里促进澳大利亚青年接触亚洲的国家声明》（简称《国家声明》）的诞生。《国家声明》由澳大利亚教育、就业、培训和青年事务部长理事会（MCEETYA）于2005年授权通过，因此具有国家政策的意义和地位。这一声明呼吁建立一种系统的、多方面和国家层面的在课程和亚洲语言中研究和学习亚洲的方法。这一份声明具有广泛的民意基础，综合了来自学校教育利益相关者的广泛代表意见，包括家长、商界领袖、教育界人士、课堂实践者、校长、课程领袖、教师教育者和亚洲研究学

---

① Asia Education Foundation. Call to action: Asia literacy for every young Australian [EB/OL]. (2008 - 05 - 20) [2019 - 09 - 20]. https://www.civicsandcitizenship.edu.au/verve/_resources/FINALCalltoActionkk010708_MAS.pdf.

② HENDERSON D. A strategy cut-short: the NALSAS strategy for Asian languages in Australia [J]. Electronic journal of foreign language teaching, 2007, 4 (1): 17.

③ LINDSEY T. Learn the lingo to earn from Asia. [EB/OL] (2009 - 08 - 26) [2018 - 10 - 10]. https://law.unimelb.edu.au/./0010/1547218/Learn_the_lingo_to_earn_from_Asia1.pdf.

者。《国家声明》再次强调了认识感知与理解亚洲，强调与亚洲的广泛接触对“使亚洲与澳大利亚成为好邻居”、“培养负责任的全球公民”、构建“和谐的、具有创造力的、繁荣的澳大利亚”具有重要的作用。《国家声明》指出，澳大利亚人需要具备与亚洲接触有关的新技能、新知识和新理解，以便迎接21世纪生活和工作的挑战和机会，在现行的教育体系中要更加注重在所有的学习领域中，亚洲和澳大利亚的研究将取得与传统上列入课程的其他研究相当的地位。它认为澳大利亚教育体系的目标之一是要培养善于与亚洲接触的年轻人，这些年轻人在其学业结束时，将能够知道、理解和有能力做到“理解亚洲”“形成明智的态度和价值观”“了解当代和传统亚洲”“联结澳大利亚与亚洲”“具备跨文化沟通能力”。在这里，《国家宣言》将亚洲素养概述成了“知道”“理解”和“技能”三个层面，大大地拓展了亚洲素养的概念内涵，使亚洲素养的范围从理念认知拓展到实践层面。这是对20世纪70年代以来所倡导的亚洲语言学习经济理性和工具主义逻辑的一种极大的创新，它明确地阐明亚洲素养不仅仅是对亚洲语言的学习，还涉及广泛的人文范畴和社会实践。

为了实现这一教育目标，《国家声明》认为，通过系统的、全校范围的学习，将亚洲和澳大利亚的研究纳入跨学习领域和各年级的主流课程，是实现亚洲素养目标的最好方法。它明确了学校教育中使澳大利亚学生获得亚洲素养的六个相互关联的“最佳因素”，包括以下6点。①教与学：将有关亚洲和澳大利亚研究纳入全校性的课程规划，并推动广泛的社区参与，促进学生积极接触亚洲。②课程资源：所有学校均可获得优质的亚洲相关课程资源。③教师专业学习：教师正致力于继续发展他们的知识、理解和技能，以支持亚洲和澳大利亚的研究。④让家长和社区参与进来：持续不断的宣传和宣传计划使学校能够吸引家长和更广泛的学校社区关注亚洲和澳大利亚。⑤教师教育：通过包括关于当代和传统亚洲社会、文化和环境的课程内容和发展与亚洲和澳大利亚研究有关的教学方法，教师培训项目培养新教师以支持澳大利亚学校中的亚洲研究。⑥质量保障：教育系统和学校监测和审查学生在与亚洲有关的知识、理解和态度方面取得的进展。这六个要素构成了学校亚洲素养教育体系的基础，是对以往学校亚洲素养教育方式的突破。

《国家声明》得到了联邦和州所有教育、科学与培训部长的一致性支持，并且在《国家声明》发布的一年之后，一直主张发展澳大利亚的亚洲素养的陆克文于2007年12月带领工党赢得大选，亚洲素养的倡议重新回到国家教育议程之中。在其任内的第一年，陆克文政府支持了教育、就业、培训和青年事务部长委员会一系列培育具有亚洲素养的公民的重大计划。第一件重大的事情就是于2008年12月发布《澳大利亚青年教育目标的墨尔本宣言》

(*Melbourne declaration on educational goals for young Australians*, *Melbourne Declaration*)（简称《墨尔本宣言》），明确了全国范围内一致的学校教育目标。《墨尔本宣言》是继《霍巴特教育宣言》①（*Hobart Declaration on Schooling*）、《阿德莱德宣言》②（1999）之后的又一国家层面的政策文件，《墨尔本宣言》标志着国家教育改革议程的开始，并为澳大利亚教育、教学、课程和评估的所有阶段的教育和继续教育设定了目标，澳大利亚第一个国家课程标准《澳大利亚课程》就是基于《墨尔本宣言》所设定的目标而设计的，足见《墨尔本宣言》在澳大利亚教育发展中的纲领性地位。

《墨尔本宣言》对全球一体化推动的世界政治经济格局变化和技术变革所带来的影响进行了分析，提出了两个重要的教育目标，包括目标1——澳大利亚的教育促进公平和创造卓越；目标2——所有的澳大利亚年轻人都变成成功的学习者、自信和有创造力的人、积极和明智的公民。在发展亚洲素养方面，这一宣言明确提出过去十年来，全球一体化和国际流动性迅速增加。因此，对澳大利亚人来说，新的、令人兴奋的机遇正在印度、中国和其他亚洲国家的崛起中出现，它们对世界的影响也越来越大。澳大利亚人需要具有亚洲素养，参与亚洲事务，并与亚洲建立牢固的关系，这对于确保澳大利亚在亚洲世纪的地位至关重要。在目标1中，《墨尔本宣言》强调政府与学校应该教会学生尊重和欣赏多样化的文化，促进学生个性化学习，以充分发挥每个年轻人的多样化能力。在目标2中，《墨尔本宣言》特别注重学校在塑造学生学习思维、学习技能和学习逻辑以及培养积极明智价值观上的重要作用，指出学校应该教会学生能够与不同的文化，尤其是亚洲的文化和国家交流，强调个人参与的能力，要求在一个多民族、相互联系的世界里成为一个有见地的公民，以及实现澳大利亚经济目标的工具性目标。

《墨尔本宣言》指出实现这些教育目标是政府、教育部门和具体学校以及家长和照顾者、青年、其他教育和培训提供者、企业和更广泛的社区的集体责任。为此，《墨尔本宣言》制订了一个涵盖8个相互关联的领域的行动计划，即“发展更强有力的合作伙伴关系”“支持高质量教学和学校领导”“增强学前教育”“加强初中学生发展”“支持高中教育和青年过渡”“推广

---

① 1989年4月14日至16日，澳大利亚州、领地和联邦就业、教育与培训部长在霍巴特举行了第60届澳大利亚教育理事会会议，会议上发布涵盖10个一致性的国家教育目标的《霍巴特教育宣言》。

② 即《关于21世纪国家教育目标的阿德莱德宣言》（*The Adelaide Declaration on National Goals for Schooling in the Twenty-First Century*）。1999年4月，州、领地和联邦就业、教育与培训部长批准了该宣言，该宣言取代了1989年的《霍巴特教育宣言》。

世界一流的课程和评估”“改善土著青年和处境不利的澳大利亚青年的教育成果，特别是那些来自低社会经济背景的青年” “加强问责制和提高透明度”。

总的来说，《墨尔本宣言》在全球经济一体化日益明显的背景下基本上得到了澳大利亚两党的一致支持。它在历史上首次明确地将“亚洲素养”写入国家政策文件。更难得的是，它企图避开之前的报告中的狭隘的工具主义，重新定义了亚洲素养的概念逻辑，拓展了亚洲素养的人文视野，并将之纳入国民教育的轨道，初步构建了澳大利亚亚洲素养教育的框架，为塑造国民价值观和跨文化理解能力提供重要的着力方向。

为了落实《墨尔本宣言》，澳大利亚政府及其他相关机构的行动是迅速而及时的：第一，教育、就业、培训和青年事务部长委员会致力于发展“国家亚洲语言和学校研究计划（National Asian Languages and Studies in Schools Program，NALSSP）”以提升亚洲语言以及亚洲文化与社会的研究。第二，亚洲教育基金会在2011年发布了《澳大利亚学校亚洲素养国家声明（2011—2012）》。第三，制定澳大利亚第一个国家课程标准——《澳大利亚课程》，为亚洲素养纳入国家课程体系奠定了坚实的合法性基础。

“国家亚洲语言和研究的学校计划”是对已经中断的《澳大利亚学校亚洲语言和研究国家战略》的延续，是陆克文第二任期政府亚洲政策的重要组成部分。该计划是联邦政府在2008—2009年和2011—2012年实施的一项举措，承诺澳大利亚政府将在四年内为“国家亚洲语言和研究的学校计划”项目提供6 240万美元的资金，以支持在澳大利亚学校学习中国、印度尼西亚、日本和韩国的语言和文化，目的是为当时的学生提供技能，让他们在日益全球化的经济中、在未来的职业生涯中出类拔萃，投身于建设一个更具生产力和竞争力的国家。这有利于国家的经济、社会和个人，为所有澳大利亚人创造更多的就业机会、更高的工资和总体上更好的机会。“国家亚洲语言和研究的学校计划”制定了一个雄心勃勃的目标：到2020年，至少12%的学生在完成12年级学业时，能够流利地使用目标亚洲语言（汉语、印度尼西亚语、日语和韩语）之一，达到足以在亚洲开展贸易或在亚洲大学学习的水平。为了实现这个目标，“国家亚洲语言和研究的学校计划”明确了三个关键的结果领域：①发展灵活的授课方式和途径，确保中小学具备有利的基础设施和资源，支持亚洲语言和亚洲研究的高质量教学和学习，加强中小学、高等教育机构、企业和亚洲社区之间的战略伙伴关系和网络，为亚洲语言的教与学提供支持，并增加现实世界的经验；②增加教师供给和支持，确保增加和维持高素质的亚洲语言及亚洲研究的教师的供应，让教师掌握有关亚洲的教学技能，是“国家亚洲语言和研究的学校计划”成功的关键因素；③刺激学生的需求，确保学生了解学习亚洲语言和亚洲研究的益处。“国家亚洲语言和研究的学校计划”重新将澳大利亚发展与亚洲的关系带入工具主义理性的轨道，“国家亚洲语言和研究的学校计划”的制定基于这样一个理念，即更深入的文化理解和对目标语言技能的良好掌握将有助于建立一个更有生产力和竞争力的国家。可见，其主要目的还是具有强烈的功利主义性，即培养能够处理亚洲事务的劳动力。开展“国家亚洲语言和研究的学校计划”的四年时间里，澳大利亚学校再次掀起了关于亚洲语言和亚洲研究的类似于20世纪90年代的教学高潮，然而，由于种种原因，实际效果却没有达到预期。2010年亚洲教育基金会的报告《澳大利亚学校汉语、印度尼西亚语、日语和韩语教育现状：四种语言、四个故事》（*The Current State of Chinese, Indonesian, Japanese and Korean Language Education in Australian Schools: Four Languages, Four Stories*）显示了四种亚洲语言教育的五个“一般性问题”，即：缺乏合格的语言教育；学生、学校、家长和社区对语言学习的重视下降；学校用于语言学习的时间不足；缺乏连续有序的学习语言的能力；学生对某些语言的普遍看法持消极态度，包括与以英语为母语的人的竞争难度，以及语言学习对大学入学考试成绩的负面影响。除了这些问题，该报告还指出：小学语言教育的内容和时间往往不足以激励学生继续学习；考虑到学生的背景和之前的学习情况，需要一种更有针对性的方案；教师专业培训的性质和质量需要进行重大改革；提倡学习每一种优先的亚洲语言的理由需要被更清楚地阐明，即一种适用于所有亚洲语言的理由是行不通的。鉴于这些关键的调查结果，该报告的结论是：如果没有针对每种语言的新的和持续的以证据为基础的努力，“国家亚洲语言和研究的学校计划”的目标将难以实现。围绕这些问题，该报告提出三个重要的策略建议：第一，为每一种亚洲语言的学习确立一个新的目标；第二，建立国家机构，落实和监督每种语言的战略计划的执行情况；第三，承认“一刀切”的亚洲语言加速学习方法是站不住脚的。这些建议具有明确的针对性，承认了每种亚洲语言的学习在澳大利亚语境中的独特性。这些建议都很中肯且非常重要，计划的成效关键要看澳大利亚政府的接纳决心和执行意志。但是，遗憾的是2012年该项目被吉拉德政府取消了。至今，澳大利亚再也没有像《澳大利亚学校亚洲语言和研究国家战略》和“国家亚洲语言和研究的学校计划”这样大规模的推动亚洲语言学习的项目。然而，不能否认吉拉德政府以及接下来几届澳大利亚政府对亚洲语言学习和亚洲的研究的重视。事实上，在《国家亚洲语言和研究的学校计划》战略结束之后的一年内，吉拉德政府即发布了具有里程碑意义的

《亚洲世纪中的澳大利亚》白皮书，重申澳大利亚的未来在亚洲，澳大利亚要想成为亚洲世纪中的“赢家”就必须具有亚洲素养的历史性观点。

在落实《墨尔本宣言》有关增强亚洲素养的目标方面，亚洲教育基金会表现出一如既往的积极和果断。早在《墨尔本宣言》发布之前，2008 年 5 月，亚洲教育基金会就发起《行动呼吁：让每一个澳大利亚年轻人都有亚洲素养》（*Call to Action*：*Asia Literacy for Every Young Australian*）的倡议。在该倡议中，时任澳大利亚政府副总理的茱莉亚·吉拉德指出：“澳大利亚未来的教育体系不认真对待亚洲的研究，这是不可想象的。”① 倡议指出：要实现亚洲素养，需要增加能够学习亚洲语言的学生群体，同时将亚洲研究作为所有学生的人文社会科学、英语和艺术的核心内容。② 这一提法与以往各个重要报告的理念是一致的。该倡议就新形势下澳大利亚加强亚洲语言教育和亚洲研究提出了以下 10 项建议：

①澳大利亚政府委员会要在 2008 年 12 月之前采取行动，制订并提供一项国家行动计划，以实施《在澳大利亚学校里促进澳大利亚青年接触亚洲的国家声明》，并通过系统的措施监测亚洲素养的提高。

②制定国家教育目标，阐明让每个澳大利亚年轻人具备亚洲技能和知识的必要性。

③以英语、历史和地理为核心内容，融入亚洲研究的国家课程。

④为“国家亚洲语言和学习的学校计划”划拨资金，以加强亚洲语言教学，并加强人文社会科学、英语和艺术方面的亚洲研究。

⑤倡导数字革命，以连接师生与亚洲的学校，并提供线上亚洲资源。

⑥制订优质的教学计划，以发展教师在亚洲语言教学和有关亚洲的教学的知识和技能。

⑦实施教师教育计划，旨在使新毕业生具备教授亚洲知识和技能的能力，并提供激励措施，吸引具有亚洲素养的毕业生，包括懂亚洲语言的毕业生，从事教学工作。

⑧实施学校的领导计划，扩展“21 世纪领先的学校：与亚洲接触校长

---

①② Asia Education Foundation. Call to action：Asia literacy for every young Australian [EB/OL].（2008 - 05 - 20）[2019 - 09 - 20]. https://www. civicsandcitizenship. edu. au/verve/_ resources/FINALCalltoActionkk010708_ MAS. pdf.

计划”①（the Leading 21st Century Schools：Engage with Asia principals program）。

⑨家庭—学校和社区伙伴关系局（Family – School and Community Partnerships Bureau）促进每个澳大利亚青年对亚洲知识和技能的需求，并促进来自父母的支持，以实现相关目标。

⑩企业支持所有学生亚洲素养的培养。

2010年，亚洲教育基金会又呼吁制定一项“学校亚洲素养国家行动计划”（Call for a National Action Plan for Asia Literacy in Schools）。该计划认为：亚洲素养要求澳大利亚的年轻人在离开学校的时候，能够获得对亚洲不同国家历史、地理、文学、艺术、文化和语言的知识、技能和理解。这是首次对亚洲素养定义和内涵的明确的界定。该计划认为，在一个日益相互依存的世界里，亚洲素养能力促澳大利亚年轻人具备成为积极主动、见多识广的公民的能力，能够建立和谐的地区和全球社区，共同努力解决影响我们所有人的全球性问题，如可持续性、健康、人员流动和安全。重要的是，澳大利亚年轻人掌握了亚洲素养技能，能够利用亚洲经济强国带来的机遇。然而，该计划警告道：“如果不通过国家计划增加对亚洲素养的投资，《墨尔本宣言》和《澳大利亚课程》的目标就不太可能实现。”② 亚洲教育基金会期望“学校亚洲素养国家行动计划”能够起到如下三个方面的作用：“明确亚洲素养指导方针，并正式汇报学生在澳大利亚在各个教育层次与亚洲接触有关的知识、技能和理解方面的进展情况”；“通过专业学习、网络和项目提供知识、工具和资源，使学校能够培养所有学生形成亚洲素养”；“通过职前培训和持续的专业学习，为教师提供与亚洲和澳大利亚与亚洲接触有关的新内容知识”。③

---

① “21世纪领先的学校：与亚洲接触校长计划”是亚洲教育基金会（AEF）于2008年开展的一项国家计划，重点关注校长的角色，以支持改善亚洲和澳大利亚关系的学习成果。该项目认为，校长的支持对发展可持续的、全校性的亚洲及澳大利亚政策和课程研究都至为重要。因此，该项目的重点是强调校长在推动课程国际化和培养澳大利亚学生成为全球公民方面发挥的重要作用。其实施的举措有：为澳大利亚全国范围内的校长提供专业学习，构建澳大利亚学校与亚洲学校校长合作网络，举办全国性的校长论坛展示此计划的成果，突出校长在领导“亚洲及澳大利亚研究”纳入学校课程的作用，等等。该项目由澳大利亚政府教育就业和劳资关系部（DEEWR）资助，并与澳大利亚主要协会以及所有州和地区教育管辖区合作。

②③ Asia Education Foundation. Call for a national action plan for Asia literacy in Schools [EB/OL].(2010 – 02 – 09)(2017 – 08 – 08). https://www. asiaeducation. edu. au/docs/default-source/Research-reports/Call-for-National-Action-Plan-for-Asia-Literacy. pdf.

2011 年，在整合《行动呼吁：让每一个澳大利亚年轻人都有亚洲素养》和“学校亚洲素养国家行动计划”的主张的基础上，亚洲教育基金会发布《澳大利亚学校亚洲素养国家声明（2011—2012）》（*National Statement on Asia Literacy in Australian Schools 2011—2012*）。该声明重申对《墨尔本宣言》的支持，即培养具有亚洲素养的年轻一代的澳大利亚人。它明确了在现有的教学政策和实践中，所有学生实现亚洲素养所需要的广泛知识、技能和理解。这些知识、技能和理解包括三个方面，如表 2 – 3 所示。

表 2 – 3　《澳大利亚学校亚洲素养国家声明（2011—2012）》关于亚洲素养的三个构成要素

要素	内容
亚洲及其多样性	·亚洲各国及其人民有不同的民族背景、传统、文化、信仰体系和宗教。 ·不同环境与人类活动的相互作用塑造了亚洲及其国家、地区，并对全球产生影响
亚洲人民的成就和贡献	·亚洲各国及其人民的成就对世界历史和人类事业作出了贡献，并将继续作出贡献，它们的参与对世界的福祉和进步至关重要。 ·亚洲的艺术和文学对澳大利亚、本地区和全球人民和社会的审美和创造性追求具有重要影响
澳大利亚与亚洲的接触	·澳大利亚要想成为优秀的地区和培育全球公民，需要理解、学习、参与并与亚洲邻国接触。 ·澳大利亚地处亚洲地区，自古至今，双方的历史是相通的。 ·澳大利亚在亚洲地区的重大事件和发展中发挥重要作用。 ·亚裔澳大利亚人影响了澳大利亚的历史，并继续影响着澳大利亚，带来充满活力的文化和社会氛围

亚洲素养这三个层面的构成要素反映了澳大利亚政府正视亚洲与澳大利亚关系的现实以及亚洲在澳大利亚历史与现实中的重要作用。《澳大利亚学校亚洲素养国家声明（2011—2012）》从学校教育的地位和角色出发，明确了 6 个相互联系的培养学生亚洲素养的实施领域。这 6 个领域分别是：①《澳大利亚课程》。《澳大利亚课程》要求有明确的指导方针，以指导对有关亚洲地区及有关澳大利亚与亚洲的接触的广泛主题和问题的教学和学习。②具有亚洲素养的学校领导。当整个学校都参与进来时，亚洲素养教育是最成功的，这往往需要文化上的改变、态度上的转变和随时准备学习文化理解方面的新技能。为了实现高质量的教学计划，实现亚洲素养的培养，学校领导需要获得专业学习、网络和项目，提供知识、工具和资源，使学校能

够最好地培养所有学生形成亚洲素养。③具有亚洲素养的教师。职前教师教育在确保所有学习领域和教育水平的新教师具备参与亚洲素养工作的能力方面具有关键作用，为教师提供与亚洲和澳大利亚有关的新内容知识的持续培训和专业学习，也需要使教师具备实施澳大利亚课程的能力。④以亚洲为焦点的课堂资源。提供高质素的资源，有助于加强教师对亚洲素养课程的承诺和能力。这些课程资源要支持学生、教师和学校与亚洲教育界的联系，支持澳大利亚课程中的“有关亚洲地区及有关澳大利亚与亚洲的接触”的跨课程重点，并开发和维持亚洲语言项目。⑤亚洲语言教育项目。该项目需要创造性的解决方案来解决长期以来阻碍可持续语言教育项目实施的复杂问题。对亚洲的研究激发了人们对亚洲语言的兴趣，反之亦然，两者都向更广泛的社区强调了有效的亚洲语言教育对所有学习者的重大好处。⑥提高学生、家长和社区对亚洲素养的需求。父母是澳大利亚年轻人进行亚洲交流的重要伙伴，他们与孩子讨论学校、科目、课程和职业选择，并支持孩子参与广泛的教育经历。通过家长组织和其他类型的支持组织，孩子的父母在学校领导力和设置学校重点中扮演重要角色。让学生、家长和更广泛的社区意识到亚洲对澳大利亚的影响的重要性，对支持亚洲素养教育至关重要。

在历史上，尽管在相关的政策文件中有提倡发展澳大利亚的亚洲素养的问题，但更多的是从亚洲语言教育、亚洲内容研究和学习等层面进行规定，并没有专门性的政策文件对其进行系统的论述。《澳大利亚学校亚洲素养国家声明（2011—2012）》从学校教育的层面论述亚洲素养教育培养问题的国家层面的政策文件，这对于确立亚洲素养在澳大利亚国家政策话语体系中的地位具有十分重要的作用。一方面，它的出台反映了澳大利亚认识到学校教育是培养亚洲素养的源头，聚焦学校在亚洲素养教育中扮演的重要角色，认为学校是培养年轻一代澳大利亚人亚洲素养的重要场域。虽然在此后的诸多政策文件中，亚洲素养的概念内涵发生表述上的变化（如《澳大利亚课程》将亚洲素养的概念转化为“有关亚洲地区及澳大利亚与亚洲的接触”等内容；近年来，在澳大利亚的相关政策和研究报告中，越发强调“亚洲能力”等），但是，作为深化澳大利亚与亚洲关系的重要领域，亚洲素养已成为澳大利亚一种独特的政策话语和具有普遍性的国民心理。另一方面，它拓展了澳大利亚教育国际化发展的内容，确立了亚洲素养在澳大利亚教育国际化发展中的重要地位。它通过聚焦亚洲内容的课程资源，培养具有国际意识的学校领导和教师队伍，发展亚洲语言教育，提升学生、家长和社区对亚洲素养的需求，使澳大利亚教育国际化更加聚焦亚洲，更加强调与亚洲各国教育的国际交流与合作。这对澳大利亚的教育改革产生了深远的影响，涉及制定专业化的聚焦亚洲内容的教育政策和战略、培养具有亚洲素养的学校领导和教师队伍、发展与亚洲联系的学校项目，以及如何从动机层面刺激学生、家长以及整个社会的亚洲素养需求，等等。这是一个跨学科、跨领域的综合化教育改革行动。

在澳大利亚许多政府官员和学者看来，要实现所有澳大利亚人的亚洲素养的形成，就必须在21世纪国家课程中明确将亚洲研究作为核心学习内容。这是推动亚洲素养的更具有一般性和基础性的工作。将亚洲素养的诉求写进澳大利亚课程体系，为亚洲素养取得合法性基础提供了重要保障。有学者指出："由于澳大利亚在经济、外交、国防和教育等领域与亚洲地区有着多种多样的联系，因此，将澳大利亚与亚洲的接触作为新课程的跨课程重点早就应该出现了。"① "作为一种对什么样的学习应该在学校里发生以及学习应该达到什么目的的政策设想，《澳大利亚课程》涉及对学生、学校、民族国家和全球之间的社会关系的设想和重新调整。"② 它以《墨尔本宣言》为指导，强调知识、技能和对学习领域、一般能力和跨课程重点的理解的重要性，以此作为支持21世纪学习的课程的基础。《澳大利亚课程》采取两种方式发展亚洲素养：课程内的三个跨课程重点之一的"有关亚洲地区及澳大利亚与亚洲的接触"以及列为七个一般学生能力之一的、更具有一般性意义的跨文化理解。澳大利亚课程评估与报告局认为，日益全球化的社会所带来的影响要求公民意识向更国际化的方向转变，而由于教育是发展这种观念的基础，新的国家课程标准将关注如何塑造公民意识，跨课程重点和一般能力是通过学习领域来解决的，并在内容描述中确定它们的开发或应用。这些内容提供的机会增加了学习的深度并丰富了学生学习内容，为学生提供工具与语言，让他们在不同的层次上参与并更好地理解他们的世界。《澳大利亚课程》的组织理念涵盖表2－3的三个内容，即：亚洲及其多样性、亚洲人民的成就和贡献、澳大利亚与亚洲的接触。这些内容的安排是基于《墨尔本宣言》所提出的澳大利亚面临的五大挑战而设置的，包括"全球一体化和国际流动性；鉴于印度、中国和其他亚洲国家的地位日益上升，有必要了解亚洲国家；全球化和技术变革；复杂的环境、社会和经济压力，比如气候变化；信息和通

① TUDBALL L, HENDERSON D. Contested notions of civics and citizenship education as national education in the Australian curriculum [J]. James Nicholas publishers, 2014, 29 (2): 16.

② PEACOCK D. Texturing space-times in the Australian curriculum: cross-curriculum priorties [J]. Curriculum inquiry, 2015, 45 (4): 367.

信技术的快速发展”①，这反映了《澳大利亚课程》寻求与全球化社会发展需求一致的目标，即培养具有参与亚洲事务能力的全球公民，增强澳大利亚与亚洲的经济、政治和文化联系。从这一意义上看，《澳大利亚课程》是对全球化的一种政策回应，也是全球化的一种表达。

《澳大利亚课程》对亚洲素养教育的要求在2012年吉拉德政府发布的《亚洲世纪中的澳大利亚》白皮书中得到重申。白皮书建议在5个关键领域采取行动：①发展富有成效和弹性的澳大利亚经济；②能力建设；③在不断增长的亚洲市场开展业务并与之相连；④在本地区建设可持续安全；⑤发展与亚洲更深更广的关系，促使澳大利亚到2025年成为一个更加繁荣和富有活力的国家，成为该地区的一部分，并向世界开放，在与亚洲的互动中变得更加繁荣、更具弹性和与之分享新的机遇，在亚洲世纪成为赢家。它呼吁各个政策层面和个人发挥自己的作用，使澳大利亚成为一个更具有亚洲素养、更有亚洲能力的国家。白皮书强调了澳大利亚在其广泛的政策目标上与亚洲更深入接触的重要性，其任务是描绘亚洲转型的规模和步伐及其对澳大利亚的影响，增强澳大利亚与亚洲不同国家之间的联系，试图在包括教育和艺术在内的大多数政策领域中界定澳大利亚的政策设置和战略。

白皮书指出教育机构、志愿服务、交流和学习项目仍然是澳大利亚人更多地了解亚洲并与该地区人民建立持久关系的重要途径。白皮书的第六章集中阐述了教育的这种重要作用及其发挥作用的路径和方式。在第六章以能力建设为主题的阐述中，白皮书认为亚洲世纪中澳大利亚需要一套既广泛又专业并不断发展的与亚洲相关的能力，这些与亚洲相关的能力至关重要，它们是推动澳大利亚未来几年经济和就业增长的基本技能。除了实实在在的经济利益之外，这些能力还将增进澳大利亚人对区域的了解，为更深入、更广泛的关系奠定基础，并丰富澳大利亚的社会和文化。与亚洲相关的能力包括适应性、灵活性、弹性、创造性和设计思维，以及与亚洲互动和运作的信心和准备。它将学校教育（涉及澳大利亚所有教育和培训体系，从幼儿园到中小学再到高等教育和职业教育）作为国家能力建设的基础性工程，认为学校教育是发展亚洲能力的核心，“世界级的教育体系是澳大利亚在亚洲世纪取得

① Australian Government Department of Education and Training. Review of the Australian curriculum: final report [R/OL]. (2014-01-10) [2022-05-10]. https://docs.education.gov.au/system/files/doc/other/review_of_the_national_curriculum final_report.pdf.

成功的关键"①。为此，白皮书设定了五大教育目标，推动中小学、高等教育和职业培训体系的改革。

在中小学教育改革方面，白皮书明确了三个方面的教育目标。第一是澳大利亚的学校体系将跻身为世界前五名的学校体系，为所有背景的学生提供优秀的教育成果，并随着时间的推移系统地提高绩效。第二是使每一位澳大利亚学生都在课程中接触大量与亚洲有关的学习内容，以增加他们的文化知识和技能，使他们能够活跃在亚洲地区。第三是所有澳大利亚学生都将有机会在他们的整个求学生涯中持续学习一门亚洲语言课程，并获得鼓励。第一个目标主要是从增加教育投入和增强协同合作方面提升澳大利亚教育质量和扩大教育公平，使澳大利亚教育体系更具竞争力与公平性。具体实施举措是制定并实施"国家学校改进计划"。该计划将确保学校的资金满足学生的需求，并将额外的资金用于提高学生的成绩，以便所有的学校都能获得所需的资金，为学生提供良好的教育。该计划将提高教师质量，增强学校校长的权力，并向家长和社区提供更多信息。"国家学校改进计划"，促进各州、领地及私立学校机构合作，推行《澳大利亚课程》，提升学生技能，迎接亚洲世纪。后两个目标，延续了历史上重要报告的倡议，强调通过课程改革让所有澳大利亚学生都可以在课程中接触大量有关亚洲的研究，以及每个学生至少学习一门亚洲语言课程。

在高等教育改革方面设定一个目标，即澳大利亚将继续保持世界上最好的大学研究和教学水平，为更多的澳大利亚学生提供优秀的成果，吸引世界各地最优秀的学者和学生，加强澳大利亚与该地区的联系。具体的目标是：①到 2020 年，来自较低社会经济背景的人高等学校本科入学率将达到 20%，比 2011 年的 17% 有所上升。②到 2025 年，所有 25 岁至 34 岁的年轻人中，40% 的人将在大学获得资格证书，本科及以上学历的比例高于 2011 年（35%）。③到 2025 年，澳大利亚将有 10 所大学进入世界前 100 名。④更多的澳大利亚大学生将在海外学习，更大比例的学生将在亚洲攻读部分学位。

这些目标突出了高等教育的公平性，致力于提升澳大利亚高等教育的质量和国家竞争力，更加突出高等教育在增强澳大利亚与亚洲联系中的重要作用。尤其是在国际教育成为澳大利亚第三大出口产业的背景下，白皮书明确了推动更多学生到海外学习，尤其是到亚洲学习的目标，这是对以往澳大利亚国际教育只注重吸收海外学生赴澳大利亚留学趋势的扭转，企图构建本国

---

① Australian Government. Australia in the Asian Century [EB/OL]. (2012 - 12 - 10) [2016 - 10 - 10]. https://www.murdoch.edu.au/ALTC - Fellowship/_ document/Resources/australia-in-the-asian-century-white-paper.pdf.

学生和海外学生双向流动的格局。这也是在全球互动增强的背景下澳大利亚国际教育必须作出的战略抉择。这种战略抉择在后来制定和实施的注重推动澳大利亚学生赴亚洲留学的“新科伦坡计划”得到充分体现。而这就是《亚洲世纪中的澳大利亚》白皮书的精神，它预见了澳大利亚和该地区其他国家之间的互惠关系，并证明了学习可以是一个多维和多向的过程。

为了实现上述目标，白皮书制订了如下举措：①推进高等教育改革，继续提高澳大利亚高等教育体系的覆盖面、质量、绩效和灵活性，包括加强澳大利亚的国际教育部门。②与各大学合作，通过与地区机构建立更紧密的联系，大幅增加在亚洲留学的澳大利亚学生人数，并增强对在亚洲留学的学生的资金和信息支持。③支持大学通过增加使用国家宽带网络和数字技术等方式，在大学教育中增加学习亚洲研究和亚洲语言的学生人数。④鼓励每一所澳大利亚大学在亚洲开展业务，并至少与一所亚洲主要大学建立可转移学分的交流安排。⑤通过澳大利亚研究理事会和其他机制支持由澳大利亚公共资助的研究机构进行高质量的研究，并加强澳大利亚机构与本地区机构之间的研究和教学联系。

在职业教育和培训体系发展方面，白皮书提出澳大利亚将建设世界上最好的职业教育和培训体系，支持具备高技能的澳大利亚劳动力不断发展其地区参与能力的目标。具体目标是：①到 2020 年，超过四分之三的澳大利亚劳动年龄人口将拥有初级资格（三级或更高），而 2009 年这一比例还不到一半。②澳大利亚的职业教育和培训机构将在本地区更多国家中大力扩展服务，提升这些国家劳动力的生产能力，支持澳大利亚企业和工人在亚洲市场有更大的存在感。

职业教育和培训体系是澳大利亚教育的重要品牌，具有一定的国际影响力，对亚洲地区面临经济社会转型的国家具有较大的吸引力。这为澳大利亚企业、议会、国家机构、智库等拓展与其他国家深层次的联系和发展伙伴合作关系提供重要的渠道。这一目标致力于提升当下和未来澳大利亚劳动力的亚洲能力，目的在于推动澳大利亚劳动力参与亚洲国家经济社会发展的各个层面，在亚洲经济转型中获得重要的经济利益。为此，白皮书提出了具体的实施举措：①与各州和各领地合作，实施新的《技能改革全国伙伴协议》（*New National Partnership Agreement on Skills Reform*），确保更多澳大利亚人接受符合工业和学生需求的高质量职业教育和培训。②在新成立的澳大利亚劳动力和生产力局、行业技能委员会的指导下，通过改进规划、投资和交付来满足澳大利亚不断变化的技能需求。③通过区域论坛和双边关系，与澳大利亚商业和工业伙伴合作，建立国内伙伴关系，发展互补的技能与资格评估和承认。④加强行业技能委员会、澳大利亚行业和工会与本地区同行之间的联系。这些举措具有很强的针对性，突出了职业教育和培训体系的质量标准、经济适应性以及地区参与性。

《亚洲世纪中的澳大利亚》白皮书的主要撰稿人、澳大利亚财政部前部长肯·亨利（Ken Henry）指出白皮书主要阐述了一个根本的逻辑，即澳大利亚要想在亚洲成功，需要进一步的国家能力投资：发展与亚洲伙伴的合作商业关系；对该区域的可持续安全作出重大贡献；在商业、社会、文化和政治等广泛的人类活动中增进人与人之间深厚而持久的联系。这需要一种广泛的自上而下的国家整合力量，换句话说，需要在基本思想政策和态度上做出改变。白皮书强调一种彻底的国家内部协同合作对于培养澳大利亚亚洲能力的重要性，它指出：要在亚洲世纪取得成功，澳大利亚需要全方位的努力，企业、工会、社区和政府都要在这场变革中成为合作伙伴，这场变革的深远意义不亚于澳大利亚历史上任何一次变革。白皮书还特别提及亚洲素养，认为要使澳大利亚学生在亚洲素养水平和亚洲语言技能方面取得显著进步，就需要政府、学校系统和学校共同承担起领导和承诺的责任。

《亚洲世纪中的澳大利亚》白皮书在全球化日益发展的背景下“显示出澳大利亚政府‘拥抱亚洲’的决心，也表明澳大利亚已正式将‘拥抱亚洲’上升到了国家战略与实践层面”①。尽管这份报告自托尼·阿博特（Tony Abbott）自由党政府当选以来一直被搁置在“政治冷库”中，但是它的一些基本假设继续构成当前政府政策的框架，特别是关于促进澳大利亚学生在亚洲流动的新科伦坡计划。

然而，白皮书最受人诟病的是其经济理性主义逻辑。吉拉德在发表白皮书时指出，对澳大利亚来说，经济机遇是亚洲世纪的开端。白皮书与之前一系列的重要的报告有一个共性，那就是它们在侧重与该区域接触的工具主义理由方面具有某种连续性：强调经济关系；承认澳大利亚的主要贸易伙伴来自亚太地区；事实上，也关注到该地区的消费品、旅游和教育服务的中产阶级市场正在增长。“增长”“消费者”“中产阶级”这几个词贯穿了白皮书。“真正重要的是，为白皮书提供框架思想的是企业理论家，尤其是管理顾问。白皮书特别引用了一些管理咨询公司和企业研究部门的信息，其中包括波士顿咨询公司、德勤经济咨询公司、汇丰银行、麦肯锡咨询公司、澳新银行等。更一般地说，该文件是以他们的风格和他们独特的世界观为框架的。”这就导致白皮书不能超越商品化以及在全球市场上无休止地寻求好处的新自由主义逻辑。这也反映了澳大利亚重视发展与亚洲的关系，其目的是抓住亚洲经济崛起的机会，从亚洲的发展中获益。虽然白皮书强调教育交流与民间

---

① 王敬慧. 亚洲世纪的澳大利亚文化研究［J］. 山东外语教学，2015（2）：68.

的人际关系对澳大利亚培养亚洲素养的重要性，但是忽略对澳大利亚所在的区域的文化差异性以及对亚洲各国的发展需求多样性的关注，因此，白皮书的战略设想在某种程度上只是澳大利亚一厢情愿的构想。

事实上，托尼·阿博特取代吉拉德上台之后，白皮书又遭遇与历史上重要的亚洲战略文本相同的命运——被永久性封存，其网站也被取消。阿博特政府及其继任政府的重点放在两个主要项目上：分别于 2013 年、2015 年启动的新科伦坡计划和澳大利亚早期语言学习（early learning languages Australia，ELLA）试验。针对第一个项目，澳大利亚政府计划在未来 5 年多时间里投入 1 亿澳元，每年为 300 名澳大利亚本科生提供 1 至 2 个学期赴亚洲学习的机会，该项目资金覆盖亚洲 24 个不同国家和地区，目的是推动澳大利亚学生前往这些亚洲国家和地区留学，深化澳大利亚学生对亚洲的理解，促进澳大利亚与这些亚洲国家和地区的学术交流与合作。对于第二个项目，澳大利亚政府投入 1 570 万澳元，确保试点幼儿园中每位澳大利亚学龄前儿童都有机会学习一门外语。目前，近 1 万名儿童已经加入外语学习项目。在 852 所参与该计划的幼儿园和保育中心中，25% 的儿童选择学习汉语，18% 学习日语，13% 学习法语，9% 学习印度尼西亚语，3% 学习阿拉伯语。①

回顾澳大利亚构建亚洲素养的历史进程，每一代政治家和学者都强调亚洲素养的重要性。政府领导人极力推动规模巨大的调研活动并出台重要的研究报告和战略文本，深刻地论证了澳大利亚发展与亚洲地区的联系的重要政治、经济和文化价值。但是，事实上，经过 50 多年不遗余力的努力，澳大利亚对亚洲深层次的研究以及亚洲语言的教育普及性和需求性仍存在诸多不足，这既与澳大利亚遵循亚洲素养的经济理性逻辑有关，也与澳大利亚各执政党施政重点有关。“历史记录表明，在了解亚洲被视为必要的国防安全和经济繁荣的动力时，亚洲素养的事业就会越加光明；但是当亚洲被视为教育上的问题成为主要观点时，变革的理由就明显较弱，而且容易意见分裂，这是因为利益集团都在努力控制教育的议程。”② 而利益集团重要诉求存在差异，并且澳大利亚本身的国民性和国家认同有着深层次的联系，这是理解澳大利亚执行亚洲素养战略不确定性的重要论题。

---

① 唐科莉. 澳大利亚：从幼年开始拥抱科技创新［N］. 中国教育报，2018－06－01（5）.

② WALKER D. The time has come：histories of Asia literacy［C］//HALSE C. Asia literate schooling in the Asian Century. London and New York：Routledge，2015：40.

第三节 澳大利亚构建亚洲素养政策对学校教育改革的影响①

对于亚洲世纪的到来对澳大利亚未来发展的重要意义和挑战的充分认识，推动着澳大利亚的亚洲素养从政策话语转化为教育改革实践。从20世纪80年代末开始，澳大利亚在经济方面加速了国际化发展的改革，亚洲日益成为澳大利亚的主要贸易伙伴和投资来源，更为重要的是澳大利亚政府的施策导向逐渐面向区域一体化进程。澳大利亚教育尤其是高等教育改革配合了这种经济全球化和区域经济一体化进程的需求，为澳大利亚融入区域发展、开展与亚洲国家和地区交流与合作并培养专业化人才，增进了澳大利亚与亚洲的交流、合作与理解。这其中最重要的改革是当时由联邦就业、教育与培训部长约翰·道金斯（John Dawkins）推动的高等教育改革。1988年，约翰·道金斯在他的"澳大利亚日声明"（Australia Day Statement）中强调：我们的未来在亚洲。在竞争日益激烈的世界中，我们必须考虑自身的利益……我们基于自身利益决定了这一政策。对澳大利亚的经济发展而言，道金斯改革具有划时代的里程碑意义。"20世纪80年代初经济的迅速变化、澳大利亚传统工业的衰落和以商品为基础的出口收入的减少，促使政策制定者认为有必要发展澳大利亚的先进制造业和服务业……以提高在全球化经济中的竞争力。"道金斯改革的中心关注点是提高高等教育部门的能力和效率的改革，道金斯需要建立一种教育体系，能够培养出更多的高技能毕业生，为澳大利亚经济在一个竞争激烈、全球化的世界中提供动力，同时在日益紧缩的财政环境中抑制该行业不断上升的成本。这就导致了一种外向性模式（pattern of extraversion），而不是鼓励替代模式（pattern of alternatives）的出现。这一外向性的高等教育政策体制是自20世纪80年代以来澳大利亚政治更广泛转变的一部分，这种转变重塑了市场模式下的公共领域。这一制度最初在澳大利亚被称为经济理性主义，其基本特征是鼓励竞争以及高等教育的商品化。课程体系需要高效、负责，并以明确的结果或可观察到的能力被理解，所有这些都是道金斯推动全国课程改革的因素。在这场改革中，"学校和课程被视为发展国家人力资本的质量和数量的必要组成部分，以最终提高

① 基于本书的研究需要，这一节的学校教育改革主要是从澳大利亚发展亚洲素养的视角进行论述，对其他的教育改革内容会进行略写或省略。

国家经济生产力和公认的国家经济在全球经济中的竞争力……在全球经济背景下，加强学校教育被视为加强经济的核心。从那时起，这种人力资本框架就一直是国家课程和其他国家教育政策的基本原理。”① 换句话说，教育政策被重构为中央经济政策，即人力资本的开发，这导致了教育政策的经济性。道金斯改革与后续的一系列教育改革沿着经济理性主义的逻辑发展，深刻地影响到澳大利亚课程体系、公民教育、国际教育、教师教育和语言教育等的改革。在发展与亚洲关系方面，这些教育改革则突出地表现为：国家课程中对亚洲素养地位和作用的明确，致力于培养具有国际视野的公民，从教育援助亚洲发展到面向亚洲开展以贸易为基础的国际教育，等等。从国际比较的视角看，澳大利亚这种面向亚洲的国际化教育改革的力度、规模和连续性是其他西方国家都无法比拟的。

一、国家课程和以亚洲为重点的跨课程项目

由于澳大利亚的教育管理权限集中在州一级，联邦政府长期以来仅仅是通过财政拨款对各州教育产生影响，导致澳大利亚长期没有统一的国家课程框架。“在澳大利亚的课程史上，各州政府，还有联邦政府，不时地呼吁在学校课程中发展更多全国统一的课程。这样的呼吁并不局限于一个政党，诸如约翰·马尔科姆·弗雷泽（John Malcolm Fraser）、苏珊·瑞安（Susan Ryan）、约翰·道金斯（John Dawkins）、布兰登·纳尔逊（Brendan Nelson）和朱莉·毕晓普（Julie Bishop）都曾发表了公开声明，称有必要在各州和地区的课程设置上采取更加连贯一致的方式。”② 澳大利亚制定国家课程的动力始于20世纪80年代，当时的联邦就业、教育与培训部长约翰·道金斯发起了与各州的第一次行动，开始制定全国课程。虽然这项倡议产生了关于“八个主要学习领域”的协议，但州和联邦的利益纷争阻碍了任何实质性的进展。1989年《关于学校教育的霍巴特宣言》（*Hobart Declaration on Schooling*，简称《霍巴特宣言》）发表。这一宣言是就国家教育目标达成协商一致意见

---

① LINGARD B. The Australian curriculum: a critical interrogation of why, what and where to? The Paper delivered at the Australian Curriculum Studies Association Annual Conference, 2017.

② KENNEDY K. The idea of a national curriculum in Australia: what do Susan Ryan, John Dawkins and Julia Gillard have in common? [J] Curriculum perspectives, 2019 (39): 117.

的第一次实质性的努力。之后，以《霍巴特宣言》为基础的《墨尔本宣言》于2008年发布，为澳大利亚未来10年的教育指明了方向。《墨尔本宣言》的目标是让所有澳大利亚年轻人成为成功的学习者、自信而有创造力的个体、积极而见多识广的公民。基于这两项声明，陆克文工党联邦政府于2008年成立了独立的国家课程委员会（National Curriculum Board），并于次年成立了澳大利亚课程评估和报告局（ACARA）①。澳大利亚课程评估和报告局从2008年开始制作10年级（F－10）《澳大利亚课程》的基础。最初从英语、数学、科学和历史学科开始，不久，其他学习领域如地理、语言和艺术随后进入第二阶段的发展，技术、经济和商业、公民和公民资格以及保健和体育教育在第三阶段完成。至此，这些学习领域构成了全国第一个国家课程标准——《澳大利亚课程》。

国家课程的重点和能力被明确地设定为包括对历史的理解，并围绕对国家有重要意义的当代问题为课程确定未来方向，特别关注到课程实践框架的地缘政治与经济因素。澳大利亚课程评估和报告局主席巴里·麦格（Barry McGaw）教授指出："学校的课程表达了一个国家对下一代的期望。课程必须在培养年轻人对本国历史和文化的理解与让他们为日益全球化和不可预测的未来做好准备，在二者之间取得平衡。"②《澳大利亚课程》深入地贯彻这一理念，它是一个三维的设计体系（如表2－4所示），包括：①关键学习领域，涵盖英语、数学、科学、人文和社会科学（历史/地理）、健康和体育、艺术、语言等科目；②一般能力，包括读写、计算、信息和通信技术（ICT）能力，批判性和创造性思维，个人和社会能力，伦理理解，跨文化理解；③三个跨课程重点，分别是土著和托雷斯海峡岛民历史和文化，有关亚洲地区及有关澳大利亚与亚洲的接触以及可持续性。《澳大利亚课程》旨在强调澳大利亚年轻人需要了解的一些重要问题或跨课程重点，以及个人需要并将在一生中使用的一系列综合能力。值得强调的是，《澳大利亚课程》把学生需要了解的知识（学科）和他们应该成为什么样的人（跨课程的重点和一般能力）结合起来，强调这些层面内容的相互渗透和联系。从本质上讲，《澳大利亚课程》促进了知识、技能和思想的交叉转移，而这些往往被认为是全球化、跨国主义社会生存的核心。

---

① 2009年5月，澳大利亚课程评估和报告局（ACARA）成立，负责制定国家课程、国家评估项目和支持所有澳大利亚学生21世纪学习的国家数据收集和报告项目。该局目前是《澳大利亚课程》合法制订和开发机构。

② TVDBALL L, BRETT P. What matters and what's next for civics and citizenship education in Australia? [J]. Ethos, 2014, 22 (4): 36.

表 2 - 4 《澳大利亚课程》（F - 10）知识结构

学习领域	科目	一般能力	跨课程重点
英语	英语	读写， 计算， 信息和通信技术能力， 批判性和创造性思维， 个人和社会能力， 伦理理解， 跨文化理解	土著和托雷斯海峡岛民历史和文化， 有关亚洲地区及有关澳大利亚与亚洲的接触， 可持续性
数学	数学		
科学	科学		
人文和社会科学	历史，地理，经济和商业，公民和公民身份		
健康和体育	健康和体育		
艺术	戏剧，舞蹈，媒体艺术，音乐，虚拟艺术		
语言	汉语，意大利语，印尼语，法语，阿拉伯语，德语，日语，韩语，现代希腊语，西班牙语，越南语		
技术	设计及技术，数字技术		

《澳大利亚课程》的知识结构反映了在全球化背景下经济新自由主义的教育政策（包括课程）的人力资本框架，与在竞争激烈的全球市场中取得成功的目标联系在一起，是对《墨尔本宣言》教育目标的具体化实施举措，目的是推动学习者与多元化世界进行深入的接触。“理想情况下，为了实现全球化社会的目标，《澳大利亚课程》显示出一种意识，即文化、思维和知识日益去地域化，是其跨国身份的标志。在这种对跨国主义的不同解释中将纳入诸如全球公民等概念作为其中一部分，来自不同地理位置的文化和社区以以前不可能的方式相互联系。……通过国际移民所产生的多民族和文化的交织，澳大利亚学校的学习和教学重点开始从以地方和国家社区为中心向以世界为中心的区域社区过渡。”①

这种过渡深刻地体现在《澳大利亚课程》的跨课程重点“有关亚洲地区及有关澳大利亚与亚洲的接触”项目上，它是亚洲素养与课程体系结合的一种新尝试，反映了澳大利亚在社会、文化、政治和经济领域与亚洲的广泛接触的知识基础。在早期版本的课程中，这一重点是模糊的。2008 年的《国家课程的形式：讨论的建议》（*The Shape of the National Curriculum*：*A*

① CASINADER N. Transnationalism in the Australian curriculum：new horizons or destinations of the past? [J]. Discourse：studies in the cultural politics of education，2016，37(3)：332.

Proposal for Discussion）简要地提到了澳大利亚年轻人的教育目标，重点在亚太地区的文化和国家。2009 年的《形式文件咨询报告》（*Shape Paper Consultation Report*）对《国家课程的形式：讨论的建议》提出了反馈意见，认为在未来的实施中，将考虑金融、消费者、亚洲和统计知识等领域，并提出亚洲语言和文化需要成为所有学习领域内容的重点，以及将亚洲素养作为巩固课程和规范课程开发的原则的建议。直到 2009 年 12 月，它的地位才与其他新增加的内容（一般能力和跨课程重点）一起得到了保证。澳大利亚课程评估和报告局指出，有关亚洲地区及有关澳大利亚与亚洲的接触的重点项目为学生提供了机会，以增强澳大利亚与亚洲的社会、文化、政治和经济联系。"将澳大利亚学生重新定位为亚洲地区的学习者，并拥有更多的文化、语言和经济资本，以利用全球经济当前和未来的机会。"① "在国家课程中嵌入的一种完全的跨国敏感性，将增强澳大利亚年轻人的能力，使他们的地方、国家和全球化的未来最大化。"②

"有关亚洲地区及有关澳大利亚与亚洲的接触" 跨课程重点（简称 "亚洲跨课程重点"）强调：对亚洲的了解有助于澳大利亚学生成为积极的、见多识广的公民，共同建设和谐的地方、地区和全球社区，建设澳大利亚的社会、智力和创新资本。它还有助于人们了解生活在澳大利亚的文化和人民的多样性，促进社会包容和凝聚力，对澳大利亚的繁荣至关重要。通过这一重点项目，将确保学生了解并认识到亚洲地区国家内部和国家之间的多样性。他们将发展对亚洲社会、文化、信仰和环境的知识和理解，以及亚洲、澳大利亚和世界其他地区人民之间的联系。"亚洲跨课程重点" 是澳大利亚新课程的一个重点领域。它不是作为一个独立的学科来教授，而是被注入各个学习领域和学科中。在《澳大利亚课程》的规划体系中，这些目标渗透到各个学习领域的学习之中，体现了国家课程的跨学科特点。具体的实施价值和理念如表 2－5 所示。

① PEACOCK D. Texturing space-times in the Australian curriculum：cross-curriculum priorties［J］. Curriculum inquiry，2015，45（4）：368.

② CASINADER N. Transnationalism in the Australian curriculum：new horizons or destinations of the past?［J］. Discourse：studies in the cultural politics of education，2016，37（3）：328.

表2－5 《澳大利亚课程》中各学习科目有关亚洲的内容实施价值和理念

学习领域	实施价值和理念
英语	在《澳大利亚课程：英语》中，“有关亚洲地区及有关澳大利亚与亚洲的接触”为发展学生的听、说、读、看、写能力提供了丰富的资源和参与的环境。 《澳大利亚课程：英语》使学生能够探究和欣赏来自亚洲国家及人民的各种传统和当代的文本，包括有亚洲血统的澳大利亚人写的文本。 在这个学习领域，学生利用亚洲地区的知识，包括文学，来影响和提高自己的创造性追求，发展反映文化意识和跨文化理解的沟通技巧
数学	在《澳大利亚课程：数学》中，“有关亚洲地区及有关澳大利亚与亚洲的接触”为发展学生的数学知识、技能和理解提供了丰富的资源和参与的背景。 《澳大利亚课程：数学》提供机会让学生了解亚洲对数学的理解和应用，了解来自亚洲的数学家为数学发展作出的贡献。 在这一学习领域，学生通过汲取亚洲地区的知识和例子，在数字、模式、测量、对称和统计等领域发展数学理解，这些数学理解可能包括计算、金钱、艺术、建筑、设计和旅行，涉及数据收集、陈述和分析的调查可用于验证与亚洲区域有关的问题
科学	在《澳大利亚课程：科学》中，“有关亚洲地区及有关澳大利亚与亚洲的接触”为发展学生的科学知识、理解和技能提供了丰富的资源和参与的环境。 《澳大利亚课程：科学》为学生提供机会，让他们认识到亚洲地区的人们已经为科学理解及其应用的发展作出重大贡献，并将继续贡献。它使学生认识到亚洲地区包括各种不同的环境，并认识到人类活动和这些环境之间的相互作用，它们不断地影响着亚洲地区和澳大利亚，并对世界其他地区具有重要意义。 在这个学习领域，学生认识到亚洲地区在科学研究和发展中起着重要的作用。这些领域包括医学、自然资源管理、纳米技术、通信技术和自然灾害预测和管理等

续上表

学习领域	实施价值和理念
人文和社会科学	在《澳大利亚课程：人文和社会科学》中，学生可以研究亚洲地区国家之间和内部存在的文化、价值观、信仰、历史和环境的多样性，以及这种多样性如何影响人们交往的方式、居住的地方以及整个地区的社会、经济、政治和文化体系。 学生可以调查亚洲地区和从亚洲到澳大利亚的内部移民背后的原因，从而了解现代亚裔澳大利亚公民的经历。学生可以学习澳大利亚和亚洲地区的共同历史以及环境、社会和经济的相互依存关系。在一个不断变化的全球化世界里，亚洲地区与澳大利亚之间相互依存的本质也在不断变化。通过探索跨国和跨文化合作如何支持共享和可持续发展，学生可以思考澳大利亚人如何作为知情和积极的公民参与亚洲地区的发展
艺术	在《澳大利亚课程：艺术》中，学生可以研究亚洲地区丰富多样的信仰体系和传统所产生的艺术形式。学生可以考虑这些艺术形式的审美品质，以及它们在当地、区域和全球的影响。 这一学习领域为研究艺术在发展、保持和转变文化信仰和实践方面发挥作用，以及为理解亚洲地区丰富的文化多样性提供了机会。学生可以接触到亚洲地区的各种艺术形式、媒体、仪器和技术。他们可以反思这些艺术作品和艺术家实践的内在价值，以及它们在更广泛的社会、文化、历史和政治语境中的地位和价值
健康和体育	《澳大利亚课程：健康和体育》为学生提供探索亚洲和澳大利亚在健康和体育活动领域的协作机会。 通过发展能反映文化理解、同理心和尊重的沟通和人际关系技巧，学生接触和欣赏亚洲地区的多元文化、传统和信仰体系。通过健康实践，学生验证健康的意义，以及跨越亚洲地区文化的身心精神联系，这些包括身体活动、医学和保健的传统。 在健康和体育方面，学生认识到亚洲地区的传统和当代运动活动对澳大利亚文化的影响，并在亚洲的背景下探索健康和运动

续上表

学科领域	实施价值和理念
语言	《澳大利亚课程：语言》让学生学习亚洲地区的语言。学生学习以跨文化的方式交流和互动，探索亚洲文化内部和跨亚洲文化的概念、经验和观点。 在语言学习领域，学生将了解澳大利亚在亚洲地区的地位，包括语言和文化、人民和社区、历史和经济的相互联系。学生学习澳大利亚在亚洲地区的地理位置，以及自己的国家语言和文化认同如何在本地、区域和国际背景下不断演变

“将有关亚洲地区及有关澳大利亚与亚洲的接触项目纳入《澳大利亚课程》是亚洲素养支持者的一项重大政策成就，也是数十年来政策和言论的一次整合。”①“亚洲跨课程重点”在《澳大利亚课程》中的确立是对澳大利亚在战略上、政治上、文化上以及经济上都越来越多地把目光投向亚洲这一根本事实的反应。它在这些学习领域的渗透和联结反映了《澳大利亚课程》超越了以国家为重点的范围，寻求对亚洲的更一般性的跨文化理解，培养学生积极参与亚洲区域的多样性技能。正如加拿大学者大卫·皮科克（David Peacock）等人所认为的“将跨课程的重点作为未来方向的构建，强调了澳大利亚学生具有亚洲素养和他们成为全球公民的能力之间的相关性，目的是使他们能够在社会、政治和经济领域参与澳大利亚的亚洲伙伴”②。

二、公民教育和全球公民教育

“我属于哪里?”“我如何与自己的社区、民族国家和更广阔的世界建立联系?”这些具有本质意义的问题是公民身份认同的核心主题。它们反映了公民教育是一种以培养公民对自身过去、现在和未来的认知和理解的教育形式。随着时间的推移，公民教育和公民身份以各种方式被重新定义为澳大利亚教育的一个重要方面。在 19 世纪 90 年代和 20 世纪初，它与历史和道德

① CAIRNS R. The representation of Asia in victorian senior secondary history curriculum [D]. Melbourne: Deakin University, 2017: 190.

② GAUCI R, CURWOOD J S. Teaching Asia: English pedagogy and Asia literacy within the Australian curriculum [J]. Australian journal of language and literacy, 2017, 40 (3): 165.

训练联系在一起；到20世纪30年代和40年代，它已经发展成为一个明确的课程领域，作为社会研究的一个组成部分。自20世纪80年代后期以来，澳大利亚在国家和州两级都相当重视公民教育课程和政策的发展。然而，联邦和州两级对公民教育的承诺各不相同，并且，公民教育受制于掌权者的反复无常。此外，官僚决策并不总是认识到积极参与公民教育对年轻人的重要性。1989年、1991年由当时的参议院就业、教育和培训常务委员会（Senate Standing Committee on Employment，Education and Training）分别发布的两份报告——《澳大利亚学校积极公民教育》（*Education for Active Citizenship in Australian Schools*）和《重新审视青年组织和积极公民意识》（*Youth Organisations and Active Citizenship Revisited*）都呼吁将公民学纳入正式学校课程，但当时的政府并没有接纳其建议。学者普林特（Print）认为这些报告和当时正在进行的类似的努力个别来说是有价值的，但是总的来说，它们并没有对澳大利亚各州的学校课程产生重大影响。最值得注意的是，这些公民教育的举措未能在学生、教师、家长或教育官员中引起足够的兴趣。

直到保罗·基廷（Paul Keating）担任总理期间，澳大利亚政府才加速推动公民教育进入国家政策议程的步伐。1994年6月，当时的总理保罗·基廷成立了一个公民专家小组，其目的是建立一个无党派项目，使所有澳大利亚人都能更充分和有效地参与国家的公民生活，从而促进良好的公民素质。为了提高澳大利亚人对自己国家的了解程度，该小组着手提交了一份全国公民情况调查报告，其中提出了调查结果和建议。这份报告就是《基于人民……澳大利亚公民和公民教育》（*Whereas the People...Civics and Citizenship Education in Australia*）。报告指出：人们普遍对澳大利亚政府体制的结构和功能缺乏知识和存在误解。报告证实澳大利亚学校在民主公民教育方面存在长期的不足，报告对澳大利亚政治机构的承诺水平感到担忧。该报告建议开展一项广泛的项目，以培养具有公民知识和技能的澳大利亚年轻人。该报告最大胆的特点是建议由国家制作综合性的、参与性的公民教育课程材料。这些课程材料强调政府/政治/民主的观点，但也包括澳大利亚的遗产、澳大利亚的多元文化人口、公民的积极参与、国际关系以及获得包括社会正义、民主进程和生态可持续性在内的价值观等多方面。在两党和总理的大力支持下，该报告成功获得了认可，并得到了澳大利亚教育界的广泛支持。联邦政府拨出2 500万美元执行报告的建议，以加强其政策，其中大部分资金用于课程资源和教师专业发展。

1996年基廷政府下台后，霍华德领导的自由党—国家党联合保守政府宣布了新的公民教育国家计划——《发现民主》（*Discovering Democracy*）。该计划确认公民教育是澳大利亚学校新政府议程的重要组成部分，建议所有州接受公民教育，并在其课程体系中纳入公民教育。为了协助这一过程，联邦政府（以新公民教育集团的名义）指示课程公司开发并向全澳大利亚的学校分发一套教材。1997—2003 年，这项计划通过向课程资源和教师专业学习注入 3 200多万美元，大力关注所有学校的公民教育。《发现民主》政策主要有四个组成部分：为澳大利亚所有学校开发综合公民教育和公民教育课程材料；教师专业发展对这些课程材料的有效利用；有限地支持高等教育、职业教育和社区教育，以加强公民教育；建立公民教育小组，监督与联邦政府有关的公民教育的所有方面。2005—2007 年对公民教育来说是一个间歇期。霍华德政府转变了保护国民教育的方式，推动国民历史课程成为其保守政治议程的一部分。这体现了作为一名澳大利亚公民的特殊意义，强调英国政治文化的制度和价值观，以及更具传播性的教学方法。2007 年霍华德政府在联邦选举中失败后，新当选的陆克文工党政府继续推动全国课程开发，随后成立了独立的法定机构——澳大利亚课程评估和报告局，负责制定课程，将公民学和公民身份（civics and citizenship）作为一门课程纳入国家课程体系，这是迄今为止对公民教育发展最强有力的关注。

在新的澳大利亚公民课程中，公民学涉及发展知识和理解那些与一个国家的治理体系相关的公民制度和过程，包括它的法律、遗产、传统和国家认同，以及公民社会的组织。公民学可以帮助学生批判性地思考一个民主社会是如何为公众利益服务的，以及如何研究世界上其他的政府制度。公民身份是指个人与国家之间的法律关系，更广泛地说，公民身份是属于当地、国家和全球的社会、宗教、政治或社区团体的条件。公民身份被视为一套做法和原则，旨在通过承担和履行其在社会中的权利和责任，使年轻人和成年人更有能力积极参与民主生活。澳大利亚教育研究委员会高级研究员苏珊娜·梅勒（Suzanne Mellor）等人认为，对公民学与公民身份之间的区别最简洁的描述是公民学是认知的，公民身份本质上是性情的。两者的共同目的在于培养公民参与公民生活的态度、信仰、价值观和技能。澳大利亚课程评估和报告局网站指出："公民学和公民身份课程旨在加强学生对公民身份的理解和欣赏。它探索了学生如何积极地塑造自己的生活，在一个多样化和充满活力的社会中珍视自己的归属感，并在地方、国家、区域和全球范围内作出积极贡献。作为一个深思熟虑、积极主动、见多识广的决策者，学生将为一个不断发展和健康的民主制度作出贡献，促进澳大利亚作为一个民主国家在一个充满活力、多元文化和多信仰的社会中的福祉。"

随着全球流动的日益增强，尤其是澳大利亚与亚洲之间的互动增强，以超越国界的态度和技能积极参与全球化合作进程与进行国际理解也是新时代公民必须掌握的新技能和新能力。澳大利亚的政策语境也关注到公民教育这一价值维度。事实上，自 20 世纪 60 年代和 70 年代的社会运动和进步教育以来，全球公民意识越来越深地融入澳大利亚的教育政策，因此培养全球公民日益成为澳大利亚公民教育政策的主要构成部分。2002 年《全球视野：关于澳大利亚学校全球教育的声明》（*Global Perspectives: a Statement on Global Education for Australian Schools*）明确了培养全球公民意识的重要性。2008 年《墨尔本宣言》在其第二个目标中进一步明确学生应该具有道德和伦理操守；欣赏澳大利亚社会、文化、语言和宗教的多样性，了解澳大利亚的政府制度、历史和文化；与不同文化特别是亚洲文化进行交流；成为负责任的全球和当地公民等技能，以应对全球一体化，增加区域参与和国际流动性的要求。《澳大利亚课程：公民学和公民身份》（*Australian Curriculum: Civics and Citizenship*）强调在多年的学校教育中，学生继续培养对不同观点、正义和公平竞争的更好的认识和欣赏能力。他们应越来越多地参与关于社区和国家问题的讨论，重点放在当代问题上，以便考虑为什么和为谁作出决定。他们应该对全球问题有更广泛的认识，比如人权、澳大利亚与其他国家的关系。“全球公民”一词可以追溯到古希腊的“世界主义”概念，意思是“世界公民”。虽然目前在政策和学术界中并没有关于全球公民的明确而统一的定义，但是这一概念意味着民族国家的公民应具有在全球发展视域内关注自身与世界的联系、明确自身的权利与义务的意识。全球公民的身份认同过程要求公民思考全球化对身份认同的影响，以及个人如何发展忠诚的品格，并在这些全球过程中履行自己的公民责任。因此，全球公民教育突出了教育在一个日益相互联系和相互依存的世界中形成公民资格的重要作用，这个世界受到与全球化有关的多种进程的刺激。这是一个有关知识、技能和价值观的问题，供公民参与并对与地方和全球各级有关的社会发展各方面作出贡献。它直接关系到教育的公民、社会和政治社会化功能，并最终关系到教育在帮助儿童和年轻人应对当今日益相互联系和相互依存的世界的挑战方面的贡献。澳大利亚学者凯瑟琳·哈通（Catherine Hartung）认为：“全球公民教育往往与澳大利亚的其他教育优先事项重叠，如跨文化理解、亚洲素养与亚洲接触、可持续性与环境、语言与价值教育以及国际文凭教育。作为一个教育重点，全球公民教育要求澳大利亚青年按照特定的民主理想，反思并改变他们的文化、政治和社会身份。”① 作为一个全球公民，学生需要表现出的主要价值观和态度是同情心、对社会正义和公平的承诺、对多样性的尊重、对环境和

① HARTUNG C. Global citizenship incorporated: competing responsibilities in the education of global citizens [J]. Discourse: studies in the cultural politics of education, 2015: 5-6.

可持续发展的关注，以及相信人可以改变世界。一个“全球”公民是一个“负责任”的、与他人互动和“理解”他人的人，同时对自己的立场进行自我批评，他保持着对话式和复杂的理解，而不是一个封闭的、静态的身份概念。对于教师来说，关键是帮助年轻人将他们的个人认同感与地方、国家和全球问题联系起来，而这正是全球公民教育的首要目标之一。

在发展与亚洲关系方面，教师和学校面临的挑战是如何在课程中为亚洲争取一席之地，因为亚洲在澳大利亚的历史和现实发展中扮演独特的角色。澳大利亚要加深对多元文化的亚洲的了解，与亚洲共处与合作，就必须培养具有全球意识和视野的公民，这成为全球公民教育存在和发展的条件之一。无论是《墨尔本宣言》还是《澳大利亚课程：公民学和公民身份》，都明确了这种公民教育的价值维度，认识到亚洲地区在当今世界的重要性，致力于让学生了解和接触不同的亚洲文化，认识其共性和差异，并发展与亚洲各个国家和地区人民的多样化联系；强调为学生提供知识和技能，使他们能够系统地参与当今和未来的亚洲事务。公民教育将使学生探索和欣赏亚洲地区不同的公民身份和不同的政治制度，从而能够找到澳大利亚在亚洲区域更好地共存的方法。这种知识和理解不仅对了解亚洲地区至关重要，而且对了解和积极参与澳大利亚社会也很重要，（因为）澳大利亚社会越来越多的人来自亚洲。

三、面向亚洲的国际教育发展

研究发现，至少从 1904 年起澳大利亚就有国际学生了，但是当时澳大利亚的国际教育主要是面向英国的。澳大利亚开启面向亚洲的国际教育进程始于 1951 年制定的《科伦坡南亚和东南亚合作发展计划》。正是通过向科伦坡计划奖学金获得者提供教育援助，许多澳大利亚机构开始了国际化进程。以此为起点，澳大利亚面向亚洲的国际教育发展经历了两个不同的阶段：第一个阶段以教育援助为特征，第二个阶段以教育贸易为特征。

第一个阶段是以科伦坡计划为标志的教育援助。20 世纪 50 年代开始，澳大利亚极力推动面向南亚和东南亚国家的援助计划——“科伦坡计划”，在长期对亚洲有着焦虑和偏见的想象背景中开启了澳大利亚与其所在区域国家的新的互动方式。1950 年 1 月，澳大利亚外交部长珀西·斯彭德（Percy Spender）在科伦坡出席英联邦成员国外交部长会议时提出有必要向亚洲国家提供经济援助，从而实现亚洲政治稳定和经济发展的计划，这一计划得到了澳大利亚政府和加拿大、英国、新西兰以及印度、巴基斯坦等的支持，即后来著名的“科伦坡计划”。作为“科伦坡计划”重要的参与国，澳大利亚采取资金、技术项目、教育培训和军事援助等方式加强与亚洲国家的联系。科伦坡计划几乎涉及澳大利亚外交政策的每一个方面，从战略规划和外交倡议，到经济和文化接触。更广泛地说，它鼓励官员和政客们提供一种澳大利亚的方式来应对冷战和非殖民化的挑战。更为难能可贵的是，这一计划为广大的亚洲学生（主要是南亚和东南亚国家的学生）提供到澳大利亚留学的资助。到1954年年底，有600多名来自东南亚的学生根据科伦坡计划领取补助金在澳大利亚各大学学习，并有79名澳大利亚专家被派往东南亚各国服务。到1968年，澳大利亚派出了15 000多名专家，并接受了来自非洲、亚洲和太平洋地区的9 400名由科伦坡计划资助的学生和受训人员。从20世纪50年代到80年代，澳大利亚成为亚洲各地学生的留学目的地，其中大多数人是靠澳大利亚政府提供的丰厚奖学金上学的。科伦坡计划的实施对澳大利亚与亚洲关系的转型产生了至少三个方面的深远影响。第一，来自亚洲的移民与留学生的大量涌入促进澳大利亚人与亚洲国家民众的私人关系和交流，增进了澳大利亚对亚洲国家人民的理解。同时，澳大利亚各大学的科伦坡计划校友在亚洲各国的政府和工业界担任拥有重要权力和影响力的职位，如总统和总理、高级内阁成员、大学校长，主要航空公司、银行和其他贸易公司的首席执行官，这些校友对本国政策制定和发展具有重要影响力，在某种程度上推动本国与澳大利亚的各种联系。第二，通过有针对性的项目支持亚洲国家社会经济发展，塑造了澳大利亚在亚洲国家甚至是在国际上的良好国家形象。第三，随着这一计划的深入推进，亚洲国家的经济体系得以初步建立，这为亚洲经济发展奠定了重要基础，也为澳大利亚拓展亚洲市场、深化经贸合作提供了重要条件。虽然这一计划起初是为了防止共产主义在亚洲渗透与发展，但是科伦坡计划是一项文化创新，也是一项政治和战略创新。因此，它提供了一个重要的方法来验证澳大利亚人对他们未来在亚洲的希望和设想。“科伦坡计划”冲击了以种族歧视为核心的白澳政策，澳大利亚大学中亚洲学生的存在削弱了当地普遍存在的种族主义者关于基因劣势的主张，他们在澳大利亚大学、学院和寄宿家庭的经历为一项受欢迎的、自下而上的废除白色澳大利亚政策铺平了道路，通过更具有广泛性的民间交流与合作加深了澳大利亚与亚洲国家民众间的理解与信任，逐渐塑造了具有独立性的澳大利亚国民性特征，为接下来制定“融入亚洲政策”奠定了坚实的文化基础。更为重要的是，在澳大利亚的国际学生人数不断增加，澳大利亚在科伦坡计划中帮助邻国和相互理解的活动和信息的数量也在增加，已经在澳大利亚公众对亚洲的态度中形成了一场悄无声息的革命，这导致原本被赋予意识形态价值的政治工具成为促进区域人员流动与区域相互理解的文化活动。2001 年，在科伦坡计划实施 50 周年之际，马来西亚澳大利亚校友会在澳大利亚政府和其他组织的支持下启动了“马来西亚—澳大利亚科伦坡计划纪念”奖学金项目［Malaysia-Australia Colombo Plan Commemoration（MACC）Scholarship Program］。为了鼓励澳大利亚和马来西亚两国学生的双向交流，该项目设立了56 个本科、研究生奖学金。在2004 年提供的62 个名额中，有46 个名额提供给澳大利亚申请人，让他们在 12 所马来西亚院校学习，希望以科伦坡计划的情感和愿望为基础加强两国之间的教育和文化联系。同样，澳大利亚政府和世界银行于 2001 年 8 月启动了虚拟科伦坡计划（Virtual Colombo Plan）。该计划旨在为发展中国家提供远程教育项目和通过互联网访问澳大利亚研究的机会，并延伸至东帝汶、印度尼西亚、菲律宾、中国、蒙古、巴布亚新几内亚、萨摩亚和一些非洲国家。可以预见的是，作为教育和积极的跨文化交流代名词的科伦坡计划的复兴，将淡化该计划复杂的历史背景以及支撑该计划的政治和文化动机。

澳大利亚对亚洲地区的教育援助除了资助亚洲学生赴澳留学外，还采取了其他多元化的举措，比如援助亚洲国家教育基础设施建设（如教室改造、教师和学生宿舍改造、教学设备改进）、培训师资力量、指导亚洲教师改进教育教学方法、派遣专家指导亚洲国家进行教育改革，以及提供相关的奖教金和奖学金等。这些援助方式促进了亚洲受援国教育设施的改善和教学质量的提升，最终促进了这些国家中小学入学率的提升，使更多的受援国儿童有机会学习。进入 21 世纪第一个十年以来，随着国际形势发生急剧变化，国际援助计划运作环境也发生了重大的变化，正如时任澳大利亚外交贸易部（Department of Foreign Affairs and Trade）部长朱莉·毕晓普（Julie Bishop）所说：“流入发展中国家的援助现在与外国直接投资、股本流动和汇款相比显得微不足道，各国越来越有能力把国内资源用于发展。传统的援助方式已经不够好了，我们需要一个新的发展模式。”2014 年 6 月，分管澳大利亚援助项目的澳大利亚外交贸易部同时发布了两份政策文件，即《澳大利亚援助：促进繁荣，减少贫困，加强稳定》（*Australian Aid*：*Promoting Prosperity*，*Reducing Poverty*，*Enhancing Stability*）以及《重视绩效：提高澳大利亚援助的可靠性和有效性》（*Making Performance Count*：*Enhancing the Accountability and Effectiveness of Australian Aid*），强调转变援助方式，提升援助绩效，加强澳大利亚援助的问责性和有效性，更加注重业绩、结果和物有所值，使得援助的效果最大化，而在援助对象国和区域的选择方面，改变以往分散、广泛的做法，而是更集中于印度—太平洋区域，尤其是加强对亚洲区域的援助。

教育是澳大利亚对外援助总体发展政策框架中确定的优先领域之一，《澳大利亚援助：促进繁荣，减少贫困，加强稳定》明确澳大利亚在教育援助方面的投资将主要侧重于支持制度和政策的变革，目的是提高教育质量，使年轻人获得知识和技能，为社会作出有益的贡献。具体的目标和任务是：①建立正确的基础，通过支持幼儿发展，确保儿童健康、安全并准备好学习；②通过教师培训、课程开发和教育基础设施建设，促进全民学习，特别关注女童、弱势儿童和残疾人；③通过增加获得符合当地私营部门需求的有质量保证的技术教育和培训的机会，将技能放在增长的优先位置，使人们能够为就业做好准备并具有适应能力；④通过与私营部门和民间社会合作创新学习方式和改善教育成果，为持续的教育挑战制定创造性的解决方案；⑤继续为来自伙伴国家的学生提供前往澳大利亚深造的机会，通过人与人之间的联系增进跨文化理解，提高他们为本国发展作出贡献的能力。为了落实这些目标，2015 年 9 月，澳大利亚外交贸易部发布了专门性的教育援助战略——《澳大利亚教育援助投资战略（2015—2020 年）》（*Strategy for Australia's Aid Investments in Education 2015 - 2020*）。在该战略的前言部分，朱莉·毕晓普说道："在印度—太平洋地区，太多的儿童仍然错过了上学的机会，错过了发展实用读写和计算技能的机会，错过了继续接受中学以上教育的机会。年轻女孩、残疾儿童或面临地理、种族或社会经济劣势的儿童更不可能从良好的教育中受益。……（而）教育能够提高儿童有效地、有意义地参与社区活动的能力，……教育帮助个人、家庭、社区和国家实现他们的愿望和实现他们的全部潜力。教育也可以成为减少不利影响和加速经济增长的有力工具。……这是一个社会能够做出的最佳投资之一。……澳大利亚教育援助投资新战略阐述了澳大利亚政府将如何与我们的伙伴国家合作，帮助它们提供全面和高质量的教育服务。"① 该战略明确了四个导向：①投资于儿童早期保健和发展，这已被证明具有很高的回报率，特别是对最贫穷和最边缘化的儿童；②投资于各级教育体系的质量，因为只有学生知道并能做的事情对减贫和经济增长才有意义；③优先考虑公平，特别注重性别和残疾包容，因为更公平的教育体系也是最有效的；④通过投资相关和高质量的中等和高等教育，使教育、技能与劳动力市场需求相结合。为此，该战略将在 2015—2020 年实施四个战略重点：①打好基础，参与儿童早期发展；②全民学习，提高学习

① Department of Foreign Affairs and Trade. Strategy for Australia's aid investments in education 2015 - 2020[EB/OL]. (2015 - 01 - 10)[2016 - 10 - 18]. https://www.dfat.gov.au/sites/default/files/strategy-for-australias-aid-investments-in-education-2015—2020.pdf.

成果，提高教育质量；③广泛参与，特别注重女童和残疾儿童；④技能提升，增加获得高质量高等教育和培训的机会。

为了增强战略的预期效果，该战略还就这四个战略重点制定了对应的预期目标和指示性干预措施，如表 2－6 所示。

表 2－6 《澳大利亚教育援助投资战略（2015—2020 年）》四个战略重点的预期结果和实施举措

战略重点	预期结果	实施措施
打好基础	•改善了孕产妇、儿童和家庭健康，包括营养。 •负担得起的、高质量的幼儿教育和护理，包括认知刺激。 •为儿童和家庭提供综合支持服务，包括父母教育。 •有效地从学前环境过渡到以儿童为中心的小学	•通过早期干预项目减少发育不良的影响和降低微量营养素缺乏的患病率。 •提高儿童保育和学前教育服务的可及性或改善服务素质，以改善儿童入学准备和教育表现。 •进行政策对话，促进儿童发展。 •加强协调，从完全不同的服务转变为统一的服务（从家庭或社区层面的行动到全系统的幼儿发展服务）。 •在学前教育和学校系统之间建立牢固的联系，以确保儿童在攀登学习阶梯时不会错过任何一个阶段
全民学习	•改进教学实践，有效发挥校级领导作用。 •制订相关的、可访问的、有教育意义的内容。 •改进数据可用性和监控，用于系统性能评估、诊断和有效的政策响应	•改善教师的职前和在职培训项目，培养教师的教学技能，加强对学科的理解。 •支持校本活动，以改善教学实践。 •引进专业行为和标准，以及以教师绩效为重点的教师管理政策

续上表

战略重点	预期结果	实施措施
全民学习	•全面、有针对性的学习评估系统与系统改进相结合	•鼓励更多的女教师进入教室和担任领导角色，特别是在女童入学率、教师留职率和转岗率较低的地方。 •支持政策、指导方针、培训和监控，以实现有效的校级领导，包括校长和学校委员会。 •支持以学习者为中心的课程改革，并在性别问题上采取积极措施。重点领域包括：课程开发，特别是识字和算术核心课程领域；支持儿童使用教学语言；学习材料；教师指导和教学方法，包括评估学生的进步。 •建立和支持使用教育绩效监测工具，重点关注系统诊断、优先级设置、预算分配和长期规划。这可能包括支持环境适当的教育监测信息系统，在学校一级活动和中央协调职能之间建立双向联系。 •发展和/或支持参与基于学校、国家、区域和/或全球的学习评估活动。 •培养使用评估数据作为系统改革证据基础的能力
广泛参与	•消除入学障碍，包括女童、残疾儿童和其他边缘化群体，使他们可以完成一个完整的基础教育周期。 •适用的学校设施	•资助和完善对学校和/或学生的有条件资助计划、有针对性的津贴、学费减免办法和学校供餐计划。 •支持建设包容性学习设施，特别是在偏远和服务不足的地区。澳大利亚支持的教育基础设施将根据无障碍设计指南进行建设，重点是儿童中心的学习环境建设、残疾包容、儿童安全、自然灾害准备和公共卫生保障。 •将水、环境卫生和个人卫生措施纳入学校设施，包括男女分开的环境卫生设施。 •支持全民积极参与社区活动，包括通信和公共服务方面，查明失学儿童及其原因。 •保障儿童上学和放学途中的安全，例如为交通安全和相关监督部门提供资金。 •制订关于报告和处理暴力以及支持幸存者的校内规程。 •在冲突地区支持提供临时教室、学习材料、综合护理服务和/或通过无线电提供教育。 •支持制订强调人权、公平以及对和平与和解的理解的课程

续上表

战略重点	预期结果	实施措施
技能提升	•形成稳定、规范和适合的高等教育和培训体系。 •建立有效机制，促使雇主参与培训制度的制定。 •明确培训内外的路径，使再教育、技能升级和终身学习成为可能。 •高等教育的可持续融资模式	•支持高等教育监管改革，重点关注质量保证标准、提供者认证、问责制和/或自主结构以及资格认证。 •促进大学、培训机构、政策制定者、监管实体和行业机构之间的合作。 •围绕行业参与进行创新，如建立行业技能委员会、联合培训方法（例如在职培训单位或学徒培训）、行业联合融资机会、参与式课程评估和劳动力市场分析。 •支持灵活的课程安排，适合现有的工人和有照顾责任的人，特别是妇女

为了使援助更具有针对性，该战略建议采用四项原则和方法，使援助效益最大化。这四项原则和方法是：①切合目的——将根据澳大利亚伙伴国家的情况和优先次序进行投资选择，并考虑经济、政治和社会因素及限制，切合目的也意味着使用适当的援助方式；②基于系统的方式——强大的教育系统需要不同的资源、政策和参与者在一段持续的时间内以协调的方式发挥它们的作用；③通过政策对话与沟通——增强对受援国政策的理解和全面把握；④优先使用证据进行决策——支持受援国家改进教育管理信息系统或建立更复杂的学习评估系统，关注数据的实时可用性，以改善项目的绩效管理。

战略重点及其预期目标、实施举措所涉及范围是广泛而深入的，并且直接面对受援国民生领域急需改善的要求。显然，这种援助的价值导向更容易得到受援国家民众的支持，更容易在受援国家中产生对澳大利亚的好感。根据 2015 年澳大利亚贸易委员会针对东盟各国的舆论调研结果显示，东盟各国认为澳大利亚“是一个安全的地方，为游客和居民提供了一个安全的环境；是一个美丽的国家，有着迷人的自然环境；它的人民友好而热情；是一个令人愉快的国家，有许多吸引人的事物，如文化活动、食物、运动和娱乐；它是国际社会负责任的参与者；它支持公益事业，其领导人在国际上受到尊重。……澳大利亚是一个美丽的国家，重视教育，提供有吸引力的生活方式，从旅游和教育的角度来看，这些都是澳大利亚的优势”①。由此可见，澳大利亚以亚洲为重点的教育援助在亚洲区域树立了澳大利亚良好的国家形象和优质的教育品牌，增强了澳大利亚在亚洲各受援国民众中的软实力，得到了社会底层的广泛支持，从而增强了澳大利亚与亚洲国家关系的民意基础，这也是亚洲素养从国家政策话语落实到实践的一种深刻的体现，同时也是澳大利亚贯彻亚洲素养政策得到亚洲国家认同的一种现实体现。

第二个阶段是以接收亚洲留学生为主的教育贸易。教育贸易是澳大利亚经济贸易的重要构成部分，是亚洲素养经济理性主义最鲜明的特征，也是对20世纪50年代以来教育援助的转型。这种转型，起源于20世纪80年代中期。20世纪70年代，人们对“科伦坡计划”在实现澳大利亚外交政策和对外援助目标方面的有效性越来越不满。此外，越来越多的海外学生也引起了澳大利亚民众的担忧。“1979年发生了一项重要的变化，澳大利亚政府开始对私人留学生收取签证费，即后来的‘留学生费’。这大约占全国大学全部费用的10%（从1982年开始，留学生费的水平每年增加，到1988年达到最高水平55%），因此，私人学生得到了澳大利亚政府的资助，而私人留学生的教育是澳大利亚援助计划的一部分。”② 1982年，澳大利亚外交部委托由麦考瑞大学（Macquarie University）的约翰·古德林（John Goldring）领导的“私人海外学生政策审查委员会”和由戈登·杰克逊（Gordon Jackson）领导的“澳大利亚海外援助计划审查委员会”分别展开对海外学生计划的调查。这两个委员会于1984年提交调研报告。前者的观点是，教育应被视为一个出口行业，澳大利亚应该结束对国际教育的援助方式，引进无限制数量的全额支付学费的国际学生；而后者对国际教育采取了更倾重于贸易的方法，坚定地把澳大利亚的国家利益放在援助项目的中心。政府接受了两份报告的综合建议，1985年澳大利亚政府启动了一项针对海外学生的全额付费计划，由传统的教育援助转向教育贸易，从1985年到20世纪90年代初，政策的重点几乎完全放在高等教育服务的商业输出上。澳大利亚也非常成功地把教育发展成为一个重要的出口产业，而大学一直是这个产业发展的中心。据统计，澳大利亚大学接收的国际留学生从1989年的21 000人增加到1999年的

① Department of Foreign Affairs and Trade. Why ASEAN and why now: insights for Australian business[EB/OL]. (2015－10－09)[2017－02－04]. https://www.dfat.gov.au/sites/default/files/why-asean-and-why-now.pdf.

② ADAMS T, BANKS M, OLSEN A. International education in Australia: from aid to trade to internationalization [C] //BHANDARI R. International students and global mobility in higher education. Rajika Bhandari and Peggy Blumenthal, 2011: 108.

83 111 人。1999 年至 2004 年，在澳大利亚境内大学就读的国际学生人数又增长了 95%，每年增长 15%。澳大利亚国际教育协会的数据显示，2008 年持学生签证在澳大利亚注册的全额付费国际学生有 543 898 人。这比 2007 年的入学率增长了 20. 7%。其中，亚洲一直是澳大利亚国际留学生的主要来源区域。根据 2012 年《亚洲世纪中的澳大利亚》白皮书的统计，在过去的十年里，澳大利亚教育机构接收了大约 250 万名国际学生，其中 190 万是来自亚洲的学生。而根据经济合作与发展组织“2019 年教育概览”的数据显示，来自亚洲的学生是澳大利亚最大的国际学生群体。其中大约三分之一（34%）在澳大利亚学习的国际学生来自中国，14% 来自印度。随着来自亚洲各国的留学生数量的急剧增加，具有多元化背景的留学生与澳大利亚本土学生和民众的生活方式和价值认同产生了不少摩擦，留学生的权益得不到保障的事情时有发生，这引起了留学生们的不满。为了确保澳大利亚国际教育的声誉，推动国际教育产业有序发展，澳大利亚通过成立维权机构和立法提高留学生市场的规范化管理水平。1986 年，澳大利亚成立了全国留学生联络委员会（National Liaison Committee for Overseas Students），以维护国际学生的权利。1987 年，澳大利亚政府颁布《澳大利亚高等教育机构向海外学生提供全费课程的道德实践守则》（*Code of Ethical Practice in the Provision of Full-Fee Courses to Overseas Students by Australian Higher Education Institutions*）和《澳大利亚教育服务海外营销行为守则》（*Code of Conduct for the Overseas Marketing of Australian Education Services*），2000 年又颁布了具有重要影响力的《海外学生服务法案》（*Services for Overseas Students Act*），为持学生签证在澳大利亚留学的国际学生提供了消费者保护框架，并为确保向国际学生提供的教育标准提供了质量保证机制。

在提高国内大学教育质量和提升留学生服务支撑水平的基础上，澳大利亚的国际教育已经创造出多样化的、满足国际留学生需求的教育出口模式，包括：①跨境提供教育服务，由位于澳大利亚的本地供应商为海外国际学生/客户提供教育服务，这包括提供远程教育和函授课程，以及教育产品的版税；②国际学生在国内对教育的消费，包括学费和其他商品和服务的支出；③提供海外国际教育，例如澳大利亚大学在海外设立校区；④澳大利亚教育工作者在海外逗留不超过 12 个月的提供教育服务，包括客座讲座和教学质量检查。澳大利亚国际教育对国际学生，尤其是地理靠近澳大利亚的亚洲国家的学生产生了极大的吸引力，已然成为一种出口导向的产业，为澳大利亚各行各业带来重要的财政来源。根据 2008 年澳大利亚储备银行（Reserve Bank of Australia）公布的数据显示，自 1982 年以来，教育服务出口的年平均增长率约为 14%，在总出口价值中所占的份额从不足 1% 增至 2007 年的近6%。如今，它们已取代休闲旅游服务，成为澳大利亚最大的服务出口。事实上，教育现在是澳大利亚第三大出口商品，仅次于煤炭和铁矿石。教育贸易给澳大利亚带来客观的财政收入并创造了大量的就业岗位。根据澳大利亚著名智库机构“德勤经济咨询公司”（Deloitte Access Economics）估计，在2014—2015年，国际教育直接为澳大利亚贡献了169亿美元，相当于澳大利亚GDP的1.0%，支持了约12.8万个全日制工作岗位，相当于澳大利亚就业人口的1.3%。

国际教育所产生的巨大经济和社会效益已经在澳大利亚政府政策中得到肯定，并成为包括大学在内的教育系统战略的重要考虑因素，各州和各大学纷纷制定相应的国际教育发展战略吸引更多的国际留学生。然而，澳大利亚的国际教育发展还是面临着不少挑战，一方面是欧美老牌国家如美国、英国的国际教育竞争力日益提升，抢占国际留学生市场份额；另一方面是澳大利亚国内种族主义、宗教主义势力对亚洲留学生的侵扰和排斥的事件时有发生。如2009年，在悉尼和墨尔本的一些地区发生的针对印度学生的袭击事件，对澳大利亚的国际声誉造成了较大的负面影响。另外，在国际教育大潮中也混入了大量的私立教育机构和各类培训机构，这些机构收取了国际留学生高额的学费，但是其办学质量却不尽如人意，2010年，澳大利亚独立教育评论机构贝尔德评论发布的调查结果指出，澳大利亚约五分之一的私立国际教育学院未能达到相关标准，因而遭到了国际留学生的投诉和国内评论家的批评。

为了改变这种局面，进一步提升澳大利亚国际教育质量的品牌和国际竞争力，澳大利亚国内舆论纷纷要求改变国际教育过分强调经济利益而忽略对国际学生权益保护的运行逻辑。2008年，《澳大利亚高等教育回顾》（也称《布莱德利报告》）呼吁更加注重国际学生在校内外的体验质量，并为打算在澳大利亚就业的学生做更多准备。为此，《布莱德利报告》认为澳大利亚的国际教育有必要进入所谓的“国际化的第三阶段”（third phase of internationalization），其特点是采取更全面的方法，包括：与更多样化的国际学生群体和更大比例的高学位研究生保持可持续的贸易议程；更好地支持学生（国内和国际学生）改善他们的校园体验，确保他们在全球环境中做好工作准备；改善政府间的协调，确保其政策一致，以支持行业发展、监管和技术移民；更多地关注国际研究合作。同年，时任澳大利亚教育就业和劳资关系部长及副总理的朱莉娅·吉拉德在澳大利亚教育国际产业论坛开幕式上发表讲话，谈到了国际教育对澳大利亚教育体系和国家繁荣、对跨文化理解和国际关系的贡献。她说：“教育的意义远不止于经济，它反映了教育本身的内在本质，有助于促进外交和跨文化理解，并培养能够促进全球理解以及经济和文化发展的全球公民。”她认为国际教育是澳大利亚国际外交努力的中心部分，并有助于发展与邻国的良好关系。在这里，吉拉德明确了国际教育的本质内涵，超越了经济理性主义的逻辑，将之放置到澳大利亚发展日益国际化以及与亚洲国家经贸往来日益频繁的时代背景之中加以阐述。澳大利亚国际教育超越经济理性主义的逻辑是其逐渐深入参与全球化竞争进程的结果，也是国际教育进入所谓“国际化第三阶段”重要转型的表现。这种更加强调教育质量、保障国际留学生权益和服务水平、提升国际教育在服务澳大利亚在亚太区域利益的整体战略的价值的转型主张被写进 2012 年发布的《亚洲世纪中的澳大利亚》白皮书的政策举措之中。白皮书指出：在这一亚洲世纪，在澳大利亚的国际学生中有约 80% 是来自亚洲的，国际教育将使澳大利亚继续参与全球知识发展并与这一区域建立具有成效的未来关系。它提出要加强国际教育部门的运行效率，提升国际教育质量；增强澳大利亚和亚洲地区教育机构之间研究和教学联系，拓展澳大利亚在亚洲地区的职业教育与培训；大幅增加在亚洲留学的澳大利亚学生人数，并加大对在亚洲留学的学生的资金支持；支持大学通过使用国家宽带网络和数字技术等方式，在大学教育中增加学习亚洲研究和亚洲语言的学生人数；鼓励每所澳大利亚大学增强与亚洲主流大学的合作关系，并将之视为一种增强澳大利亚与亚洲区域关系的实现国家重要目标的路径。此外，白皮书还强调要增强澳大利亚与亚洲国家之间人与人的双向联系，在文化、政治、安全和经济关系中建立理解、信心和信任。因此承诺在五年内向亚洲国家提供 1.2 万个澳大利亚奖项（亚洲世纪），以鼓励与该地区的人文交流。该奖项将颁发给在该地区学习的澳大利亚人，以及来自该地区国家在澳大利亚进行学习或专业发展的学生。一些奖励将扩大到包括工作实习和支持职业中期休假。作为对白皮书举措的回应和落实，澳大利亚政府通过了《2013 年高等教育支持修正案（亚洲世纪）法案》[*Higher Education Support Amendment*（*Asian Century*）*Bill 2013*]①。根据该法案规定，2014 年起，在亚洲就读的澳大利亚学生可获得的最高贷款将由 1 250 美元增至 7 500 美元，通过这些举措推动澳大利亚学生赴亚洲地区学习、实习和工作。这一精神在 2014 年启动的新科伦坡计划得到贯彻。

新科伦坡计划的第一笔资金始于 2014 年 2 月。当时，24 所澳大利亚大

① 澳大利亚的高等教育贷款计划（HELP）向高等教育学生提供贷款，允许他们推迟支付学习费用，直到他们的应税收入达到还款门槛。这些以收入为条件的贷款从 20 世纪 80 年代末就开始提供了。《2013 年高等教育支持修正案（亚洲世纪）法案》的目的是修订《2003 年高等教育支持法案》，扩大学生申请海外高等教育贷款计划（OS－HELP）的资格，特别是增强澳大利亚人赴亚洲留学的动机。

学将300多名学生送往亚洲进行学习、语言培训、实习和指导。澳大利亚外交部长毕晓普（Julie Bishop）表示，她希望澳大利亚学生在高等教育过程中体验亚洲将成为一种仪式和常态，而不是例外。根据该计划，2014年澳大利亚全国公派留学人数为1 300人。2014年的试点项目目的地包括印度尼西亚、日本、新加坡和中国香港。2015年新科伦坡计划涉及的伙伴国家范围更广，包括太平洋、巴布亚新几内亚、库克群岛、密克罗尼西亚联邦、斐济、基里巴斯、马绍尔群岛、瑙鲁、纽埃、帕劳、萨摩亚、所罗门群岛、汤加、图瓦卢和瓦努阿图。根据澳大利亚外交贸易部对新科伦坡计划的介绍，该计划面向全澳大利亚的所有澳大利亚本科生开放，每年支持大约1万名代表澳大利亚社会多样性的学生赴印度—太平洋地区生活、学习和工作，旨在通过支持澳大利亚本科生在该地区学习和实习提升澳大利亚关于印度—太平洋地区的知识。它鼓励澳大利亚和本地区其他国家之间的学生双向流动，补充了该地区每年来澳大利亚学习的数千名学生。新科伦坡计划的目的是转型、深化澳大利亚在该地区的关系，无论是在个人层面，还是通过扩大大学、商业和其他联系。澳大利亚政府希望在印度—太平洋地区的学习和工作经历成为澳大利亚年轻本科生的一种常态。澳大利亚政府寄希望于该计划能够扭转旨在招募亚洲学生赴澳大利亚留学的国际教育模式，将之作为新的国际教育形式，打造区域学生双向流动的国际教育模式，通过年轻人之间深度的互动，加深澳大利亚与多元化的亚洲之间的理解和信任，是增强澳大利亚影响力和在澳大利亚与亚洲之间建立文化理解的高效的软实力手段。正如学者大卫·劳（David Lowe）所指出的："新的科伦坡计划是一个高调的、高风险的倡议，政府寄希望于加强澳大利亚和印度—太平洋地区人民之间的联系，为两地区关系提供稳定的基础，并在政策目标方面提供超越官方领域的合作。将更多澳大利亚年轻人送往海外学习的计划是在政府优先考虑经济外交的背景下展开的，其目的是促进澳大利亚、其所在地区和世界的更大繁荣；以深化澳大利亚与印度—太平洋地区的交往，推动以规则为基础的国际合作方式，突出澳大利亚对发展的承诺以及澳大利亚作为一个民主、开放和多样化国家的国际声誉为目标。"

从教育援助到教育贸易，再到强调更加综合性、务实性的符合澳大利亚国家利益的国际教育模式，这些政策是澳大利亚基于全球化互动规则和确保自身国际竞争力、影响力的一种转型决策。为了进一步全方位提升国际教育的整体价值，2016年4月，澳大利亚政府发布首个国际教育领域的国家战略——《国际教育国家战略2025》（*National Strategy for International Education 2025*）。这一战略从宏观层面系统规划澳大利亚未来十年的国际教育发展方向，目的在于确保澳大利亚保持海外学生教育服务提供者的领导地位。

该战略再次肯定了亚太地区国际留学生市场对澳大利亚产业发展的意义，也重申了跨越经济理性主义逻辑的国际教育的本质，认为虽然国际教育给澳大利亚带来了巨大的商机和收入，但是国际教育为澳大利亚带来的不仅仅是经济利益。它提供机会去建立强有力的双边和多边的关系，增强了文化意识和社会参与。此外，接受过澳大利亚教育的校友，他们在个人、组织和政府层面与澳大利亚形成了持续的联系，增强了澳大利亚与校友所在国家及地区的外交关系。所有这些将培育澳大利亚与区域邻居及其他国家形成更好的关系。为了实现这种整体的目的，该战略构建了 3 个发展支柱、9 个目标和 19 个实施行动的战略框架（如表 2－7 所示）。

表 2－7　澳大利亚《国际教育国家战略 2025》框架

支柱	目标	行动
增强基础	建构一个世界一流的教育、培训和研究系统	在教育、培训和研究方面扮演全球领导者的角色
		制定全国一致的方法支持澳大利亚国际教育行业
	提供最好的学生经验	1. 支持学生； 2. 给予学生选择； 3. 培养学生全球参与的能力
	提供有效的质量保障和监管	1. 维持强有力的质量保证系统； 2. 确保强有力的学生保护机制
建立变革型的伙伴关系	增强国内的合作关系	1. 拓展更广泛的社会参与； 2. 鼓励与商业、产业更好地联系
	增强国外的合作关系	1. 通过政府间接触建立自信； 2. 通过机构间的合作增强协作
	增强流动性	1. 通过实用性的签证设置和工作安排支持国际流动； 2. 扩大学生、教育和培训方面的专家与研究者的流动性； 3. 支持毕业生通过资格认证
	建构与校友的持续的联系	吸引校友（engaging alumni）

续上表

支柱	目标	行动
全球竞争	追求卓越	促进澳大利亚成为一个高质量的国际教育提供者
	拥抱发展国际教育的机会	建构创新性的教育和培训服务以满足学生和雇主的需求
		增加澳大利亚地区（regional Australia）① 的机会
		鉴别与应对新的机会

从该战略框架可以看出，澳大利亚首个国际教育战略凸显出以下三个特点。①强调多元利益主体合作，推动国际教育的利益方积极参与国际教育战略的实施与评估过程。这些利益主体一方面包括澳大利亚国内的政府、教育机构、协会、产业和地方社区，形成国内机制协同创新；另一方面包括国际合作伙伴，建立全球性的国际教育合作网络。②强调国内政策协同配合，《国家创新与科学议程》（*National Innovation and Science Agenda*）强调国际教育部门与澳大利亚工商业之间的关系，促进教育和培训的工商业投资最大化和进一步密切产业—研究的联系，为商业化和技术转让的合作关系提供各种支持。《澳大利亚全球校友参与战略（2016—2020）》（*Australia Global Alumni Engagement Strategy 2016—2020*）强调增强澳大利亚与校友的感情，促使校友网络和校友参与的形成，建构国家间持续的文化和经济关系。《澳大利亚国际教育 2025 路线图》（*Australian International Education 2025 Roadmap*）对 2025 年国际教育发展态势进行分析，围绕“竞争规模”“基于技术创新的学习方式”“保持市场竞争优势”“吸引全球资本”“维持澳大利亚的竞争优势”等方面规划了未来的发展路线。③强调质量导向，增强澳大利亚国际教育全球竞争力。提升国际教育质量是澳大利亚国际教育战略的核心，包括提高国际留学生服务水平、增强国际留学生的学习体验。该战略明确指出要提

① 澳大利亚地区（regional Australia）是澳大利亚政府提出的一个旨在促进该国一些区域，尤其外来移民区域发展的概念。那些在这些区域工作的人在申请居留签证时可以获得加分。当拥有暑期工作签证的人在这一区域工作时，他们的签证可以获得更新。根据澳大利亚移民和边境保护部门的规定，除了墨尔本、悉尼、布里斯班、伍伦贡、纽卡斯尔和黄金海岸（Gold Coast）之外，澳大利亚的其他地方都是“澳大利亚农村和地区（rural and regional Australia）”。

供一个拥有健全的质量保障和严格的监管环境的教育系统，并聚焦于持续的改进。

澳大利亚持续推进国际教育改革的雄心为澳大利亚产业发展带来了实实在在的好处，更为重要的是通过国际教育的转型，扩展了教育的文化交流功能，使之成为密切澳大利亚与亚洲关系的一种重要途径，发挥着重要的公共外交功能。根据澳大利亚德勤经济咨询公司 2015 年的研究报告《国际教育对澳大利亚的价值》（*The Value of International Education to Australia*），国际教育至少给澳大利亚带来五个方面的价值：①国际教育出口的价值。目前国际教育成为澳大利亚第三大出口商品。2014 年，澳大利亚统计局对国际教育出口的评估为 188 亿美元。②国际教育对澳大利亚经济的贡献。2014—2015 年度，国际教育为澳大利亚提供超过 130 700 个就业岗位，占澳大利亚总就业人数的 1.3%。2014 年，国际教育预计为澳大利亚 GDP 贡献 171 亿美元。③国际教育对地区一级的贡献。国际学生也为许多地区的社区作出了重要的直接贡献，至少有 5% 的国际学生在地区生活和学习。在大都市地区学习的国际学生也对区域经济作出了重大的间接贡献。德勤经济咨询公司估计，在墨尔本，国际学生每在商品和服务上花费 1 美元，维多利亚州就会产生 0.30 美元的间接总增加值，这是对农产品和其他相关产品需求的结果。墨尔本国际学生的总开支间接增值 8.88 亿美元，并支持维多利亚州 5 478 个自由贸易就业岗位。④国际教育在提高澳大利亚劳动力技能和生产力方面的作用。澳大利亚目前储备的国际学生将在他们毕业后为澳大利亚的劳动力贡献 13 万技术移民。这意味着澳大利亚目前受过高等教育的劳动力比例增加了 3%。⑤国际教育的更广泛的社会和文化利益，包括增强创业精神、增加知识交流和提高国际合作带来的经济效益，从贸易和投资联系以及软外交中获得的经济利益，提高文化素养、加强文化联系和增强文化资本所产生的社会效益。

国际教育所推动的政府、机构和个人间的国际互动是澳大利亚亚洲素养的重要实践活动。借助国际教育所形成的澳大利亚与亚洲之间的关系网络，构成了澳大利亚与亚洲间的政策沟通和人际交往的机制。留学生在澳大利亚与亚洲之间的双向流动，培养了留学生的国际态度和跨文化意识，更为重要的是加深了澳大利亚与亚洲双方的理解和信任，这是亚洲素养政策得以顺利施行的民意基础。

第三章　澳大利亚学校亚洲素养教育目标和教育内容

亚洲素养是澳大利亚亚洲政策在学校教育中的概念化，具有亚洲素养是联邦政府教育改革的关键部分。无论是20世纪70年代的《奥克穆蒂报告》还是21世纪的《亚洲世纪中的澳大利亚》白皮书，都强调了在学校系统中培养亚洲素养的重要性，其中，教育体系对澳大利亚与亚洲国家的接触具有重要意义。因为，教育体系是澳大利亚人了解亚洲并与亚洲地区人民建立持久关系的重要途径。随着澳大利亚与亚洲关系的深入发展，亚洲素养教育体系的角色更加重要且更加多元，它不仅有教育的功能，而且拓展出重要的政治、经济和文化价值，这是澳大利亚调整传统亚洲政策、深度融入全球发展，尤其是融入亚洲区域发展的必然趋势。

第一节　澳大利亚学校亚洲素养教育的多维目标

澳大利亚迪肯大学克里斯汀·哈尔斯教授指出，从亚洲素养的历史轨迹看，其主要内涵还是没有变化的：①亚洲素养意味着与亚洲地区进行接触所需的对其文化、历史、地理、艺术和文化的知识、技能和理解；②亚洲素养将为促进澳大利亚经济和就业发展提供基本技能和能力，并且它对澳大利亚的繁荣至关重要；③学校是使所有澳大利亚年轻人具有亚洲素养和实现长期、持续的更新换代变革的最有效的渠道。克里斯汀·哈尔斯教授的观点表明，学校是实施亚洲素养教育的最有效的途径，亚洲素养教育的目的是增加年轻人对亚洲多元文化和现状的知识、技能和理解，从而发展跨文化理解的能力，以便澳大利亚年轻人更好地与多元化的亚洲打交道，这是澳大利亚学校教育在国际化维度拓展的本质目的。此外，亚洲素养教育蕴含着澳大利亚实用的工具理性逻辑，它的本质是维护澳大利亚的国家利益，即维护澳大利亚在亚洲区域中开展政治、经济和文化互动的利益，拓展影响力和竞争力，亚洲素养具有重要的战略逻辑。

一、教育目标

作为澳大利亚亚洲政策在学校教育中的概念化，亚洲素养首先凸显出教育的本质功能，这种功能在《墨尔本宣言》中被诠释为共同培养和谐的地方、区域和全球社区的积极而见识多广的公民；发展社会、智力和创造性的资本并培育年轻人使其拥有与亚洲人们交流与接触的技能，以便他们能有效地在该地区生活、工作和学习。《亚洲世纪中的澳大利亚》认为，澳大利亚需要在理解亚洲以及获得与亚洲相关的能力方面迈出一步。该文件将亚洲语言和研究的教学和学习定位为国家目标，指出：每一位澳大利亚学生都将在课程中接触大量亚洲相关的学习内容，以增加他们的文化知识和技能，使他们能够活跃在该地区。所有澳大利亚学生都将有机会在他们的整个求学生涯中持续学习一门亚洲语言课程，并获得鼓励。这就是亚洲素养教育的本质目标，即基于亚洲语言学习和亚洲研究基础之上的跨文化能力的培养，学校有责任确保学生接受教育，使他们在一个多元和相互联系的世界中具备跨文化能力。它是全球互联时代一种重要的综合能力，它的价值在《澳大利亚课程》中得到明确与阐述。“跨文化理解”被列为《澳大利亚课程》的七种一般性能力之一。在《澳大利亚课程》中，学生在学习重视自己和他人的文化、语言和信仰的过程中发展跨文化理解。他们开始理解个人、群体和国家身份是如何形成的，以及文化的变化和变化的本质。跨文化理解包括学生学习和接触不同的文化，认识到它们的共性和差异，与他人建立联系，培养相互尊重。这些内容又被分为九个子要素，子元素为每个构成元素的含义提供了更详细的解释（如表 3－1 所示）。

表 3－1　《澳大利亚课程》中跨文化理解的构成元素及其子元素

构成元素	子元素
认可文化和培养尊重	· 探讨文化和认同文化 · 探索和比较文化知识、信仰和实践 · 培养对文化多样性的尊重

续上表

构成元素	子元素
与他人互动并培养对他人的同理心	· 跨文化交流 · 考虑和发展多个视角 · 对他人有同理心
反思跨文化经验并承担责任	· 反思跨文化经验 · 挑战成见和偏见 · 协调文化差异

随着全球化进程的加速，由于地理上的接近和现代的移民和贸易模式，澳大利亚已经面临着日益增强的压力去增加其对亚洲的知识与理解，并明确地将自己定位于亚洲的环境中。这种紧迫感促使澳大利亚与亚洲区域间的人文和制度因素日益渗透和融合。澳大利亚与亚洲的接触处于这种渗透和融合的背景之下，这需要改变学生看待亚洲文化多样性以及与之互动的方式，而这正是跨文化理解在教育中的重要作用，也是亚洲素养教育的重要价值导向。因此，从某种意义上讲，亚洲素养教育是跨文化教育的多种形式之一，其目的是通过跨文化理解教育培养澳大利亚年轻人对亚洲的综合而全面的认知、理解和欣赏，使其避免对亚洲文化和制度存在刻板印象和偏见，以便帮助这些年轻人在不同的文化环境中有效地生活、工作和学习。

二、政治、经济与文化目标

自英国在澳大利亚建立殖民地以来，亚洲素养一直被视为澳大利亚了解紧邻区域的重要话语。加强对亚洲素养教育的投资一直是澳大利亚经济现代化治国方略项目的关键组成部分。其中，强调亚洲语言学习和亚洲研究成为澳大利亚参与亚洲事务的重要举措，并被赋予了重要的政治、经济和文化价值。这表现在过去40多年里，澳大利亚政府几乎是不间断地出台一系列面向亚洲的、呼吁澳大利亚在该地区进行战略定位的政策。在澳大利亚，政治家、官僚和其他人倾向于将亚洲素养定义为具有实际应用的能力，包括获取足够的文化与语言技能，能够与亚洲进行有效沟通；增强澳大利亚在亚太地区中更广阔的社会、政治和经济进程与抱负的目的。这种工具主义的目的观在政策语境中被概念化为国家利益或国家利己主义。在这种国家利益的框架下，亚洲素养被视为是一种具有战略意义的政治政策，能够带来产业复兴和多元社会共识的凝聚，是发展与亚洲各国关系的重要文化途径。

从政治利益方面讲，亚洲素养是澳大利亚制定亚洲政策、确保澳大利亚在亚洲区域地位的重要保障，发挥着重要的安全、外交角色功能。亚洲素养一词虽然首次提出是20世纪80年代，澳大利亚学术界提出该词后引发政治领域的广泛讨论，但是，它作为澳大利亚认识和接触亚洲的一种实践活动却起源于澳大利亚殖民地期间。白澳政策所引发的澳大利亚白人社会对亚洲淘金工人的排斥和对亚洲侵入的恐惧想象是其最初的形式。20世纪50年代，在意识形态的竞争下，借助科伦坡计划对南亚和东南亚国家进行拉拢而形成的对亚洲共产主义运动的围堵是其早期形式的极端化发展。80年代到90年代，随着国际关系格局的变化，尤其是澳大利亚与亚洲在政治、经济和文化各个层面的联系日益紧密，澳大利亚政府做出了融入亚洲的战略调整，虽然在这期间由于政党博弈和更替而改变亚洲政策的重点，但是承认亚洲的战略意义、加强与亚洲的政治和经济的联系是澳大利亚亚洲政策一脉相承的政策习惯势力。进入21世纪，随着澳大利亚与亚洲政治、经济往来变得日益紧密，当大量亚洲移民涌入澳大利亚创造出多元文化的图景，大量的澳大利亚人在亚洲国家及地区工作、生活和学习，澳大利亚人对亚洲的历史和文化等诸多方面的知识范围发生了极大的变化，这种自下而上的民间联系为新的亚洲观形成奠定了基础，同时也促成了以政治和经济为战略目的的亚洲素养教育政策的调整。此时的亚洲素养教育政策与早期政策所挪用的国家利己主义话语相比，更具有人文主义色彩，如《墨尔本宣言》、《澳大利亚课程》和《2011—2012年澳大利亚学校亚洲素养国家声明》，甚至是以强调经济利益为导向的《亚洲世纪中的澳大利亚》都强调了这种人文主义色彩，更为注重亚洲素养在深化多元文化共存和互鉴方面的意义。当然，亚洲素养教育政策服务于澳大利亚的国家政治利益的初衷没有改变，这一时期的亚洲素养教育的目的也很明确，那就是增强澳大利亚在亚洲区域以及全球的软实力，提升澳大利亚的国际声誉，从而促进国家繁荣、社会经济和安全的发展。

从经济目标上看，在澳大利亚积极接触亚洲的国家想象中，亚洲经常被看作是实现经济利益的体现，它可以提供一个不断增长的中产阶级作为澳大利亚持续繁荣的基础。亚洲素养的历史发展表明，亚洲素养的持久和主导的话语表达是一种经济解决方案。亚洲素养的经济逻辑自这个词创造之初也就显现出来。菲茨杰拉德在其报告中明确承认了亚洲对澳大利亚生活的影响，并指出亚洲研究关系到澳大利亚的国家存亡。报告认为，亚洲“对澳大利亚的经济、战略和政治意义”应该反映在澳大利亚教育体系的优先事项上。这是亚洲素养教育的基本动机。《加诺特报告》明确指出了澳大利亚必须参与亚洲事务的原因：澳大利亚必须对东北亚经济增长更有力和更直接的影响做出反应。这表现在加强对教育的投资上，该报告还为亚洲素养设定了目标，建议到2000年澳大利亚学校的所有学生都应该认真学习亚洲的历史、地理、政治和文化。陆克文则将亚洲语言教育视为实现经济和战略目标的手段。《陆克文报告》将学校的亚洲语言学习与国民经济表现联系起来，并促成投入了大量资源（1995年至2006年期间约为1.422亿澳元）来实现其目标。《亚洲世纪中的澳大利亚》白皮书更是将亚洲素养作为实现经济利益、使澳大利亚成为亚洲世纪“赢家”的保障。白皮书指出，“亚洲的崛起已经改变了澳大利亚的经济、社会和战略环境。……澳大利亚的持续繁荣被认为与亚洲经济的崛起有关：到2025年，全球一半的经济产出将来自亚洲。……‘亚洲世纪’为各行各业（包括中小型企业），尤其是澳大利亚的年轻人提供了大量的机会和职业选择。……为了抓住这些机会，澳大利亚必须与亚洲建立更深层次的联系，以扩大思想交流，获取新的知识和能力。亚洲是新思想、艺术和文化、技术和前沿科学的重要源泉。澳大利亚将从亚洲的发展中获益匪浅。澳大利亚越来越多地根据亚洲地区的优秀标准来衡量其业绩。”①教育就业和劳资关系部（Department of Education，Employment and Workplace Relations）在推进“国家亚洲语言和学校研究项目”过程中，强调亚洲语言和研究将为今天的学生在一个日益全球化的经济中提供在明日职业发展超越对手的技能。一种更强的文化理解力和用他们自己的语言与我们区域的邻居进行接触的能力将有助于建构一种更富生产力和更有竞争力的国家。这对我们的经济、社区和个人都有价值，为所有澳大利亚人创造更多的工作、更高的收入和更多机会。纵观历史上形成的这些政策和举措，可以概括出亚洲素养教育两个经济学意义上的目的：第一是通过亚洲素养教育，培养能够在亚洲世纪中抓住亚洲国家的经济机遇的产业劳动力，这些劳动力通晓亚洲的方方面面，具有参与亚洲事务的技能。第二是依靠亚洲素养教育所提供的知识与技能基础拓展澳大利亚面向亚洲的教育国际化路径，使招募亚洲留学生的国际教育成为澳大利亚主要支柱产业之一。这两个主要的经济目的契合了澳大利亚产业发展的需求，在澳大利亚产业界和教育界受到了极大的支持，但是也遭到了不少批评。这些批评主要是来自政治领域和文化领域的。他们认为亚洲素养教育政策过于追求工具主义的实用性而忽略亚洲对澳大利亚亚洲政策的感受，认为目前对亚洲素养的解释已经缩小到一种狭隘的经济机会主义，这只会破坏澳大利亚的亚洲归属感，批评学校亚洲素养将工具性目的置于人文主义和跨文化目的之上来学习亚洲相关内容。“学术界越来越多地认

---

① Australian Government. Australia in the Asian Century[EB/OL].(2012-12-10)[2016-10-10]. https://www.murdoch.edu.au/ALTC-Fellowship/_document/Resources/australia-in-the-asian-century-white-paper.pdf.

为，亚洲素养在亚洲世纪的成功取决于超越工具主义的努力……取而代之的是一种道德话语，它以自己的方式来看待亚洲素养，而不是简单地将其视为实现经济和战略目标的手段。”①

从文化目标上看，亚洲素养教育强调跨文化理解的作用。从作用方向上看，亚洲素养教育的文化目标涵盖了两个方面：第一，在全球化互动增强的背景下，随着澳大利亚与亚洲政治、经济和社会的转型以及两者的关系变化，亚洲素养通过对话和理解的方式，帮助学生更有信心、更自在地建立相互信任的关系，并有效地合作应对共同的全球挑战，而不是基于经济和战略的目标延续对亚洲的经济文化霸权。从亚洲素养教育实践上看，各种跨境的教育合作交流以及校际的学习项目推动了澳大利亚与亚洲学生的双向互动交流，从而增进了相互间的认知和理解。第二，澳大利亚主要是一个移民国家，接近50%的澳大利亚人口出生于海外或至少父母有一方出生于海外。在这些人口中，33%出生于亚洲，且大多数出生于中国或印度。这些动因造成了一种在学校课程政策中对亚洲素养的国家关注。发展亚洲素养，致力于培养跨文化理解和文化包容、尊重意识，有助于增强国民对亚洲及亚洲人民的理解，才能推动国民对亚洲移民的接纳，最终促进澳大利亚国内社会以及区域凝聚力的形成和提升。

第二节　澳大利亚学校亚洲素养教育内容

经过四十多年的政策话语和学术话语的构建，澳大利亚的亚洲素养政策从注重对亚洲相关内容的认知，发展到向构建有关亚洲的多元能力体系转变。可以说，随着时代的发展，尤其是在全球化各国互动增强的背景下，亚洲素养的教育内容以及教育目的和价值在不断地拓展，这是澳大利亚亚洲素养政策对现实需求的一种回应。应该指出的是，亚洲素养教育的实践内容是随着时代变化而变化的。每一代澳大利亚人都有自身对亚洲素养的定义——亚洲素养意味着什么？澳大利亚人需要了解亚洲哪些方面？大卫·沃克指出：“对于这些简单的问题，没有简单的答案，尤其因为亚洲是一个由时间和环境塑造的难以捉摸的概念，而不是一个固定的地理实体，它的边界可以被了解和商定。此外，一代人可能决定的有关亚洲的重要信息，而下一代人很可能会认为这些信息已经过时。”尽管上文政策话语和学术话语对亚洲素

① SALTER P, MAXWELL J. The inherent vulnerability of the Australian curriculum's cross-curriculum priorities [J]. Critical studies in education, 2016, 57 (3): 304.

养在认识逻辑上有区别，但是两种话语体系为我们提供了理解澳大利亚亚洲素养的视角：这两种话语体系都认可亚洲素养在发展澳大利亚与亚洲关系方面的重要价值，都强调对亚洲语言的掌握和与亚洲相关内容的知识、理解和技能是亚洲素养的重要构成部分。例如，亚洲教育基金会把语言学习与理解语言、文化如何影响学习者，以及将其与语言学习者的生活结合起来。同样，澳大利亚亚洲研究协会的一份报告认为：亚洲素养包括语言和文化，它指出要实现对一个社会的真正理解，需要对其历史、文化和语言有深入的了解。根据亚洲教育基金会的有关亚洲素养的概念框架，《亚洲世纪中的澳大利亚》白皮书、“国家学校改进计划”以及“新科伦坡计划”等国家层面的政策导向，可以认为澳大利亚的亚洲素养包括“亚洲语言的素养”“有关亚洲知识的素养”“研究亚洲的素养”“亚洲胜任力的素养”等四个方面，这四个方面构成了亚洲素养教育的内容。

一、亚洲语言的素养

伍伦贡大学学者李琳恩（Lynne Li）和西悉尼大学学者迈克尔·辛格（Michael Singh）等人指出：“当我们进入亚洲世纪，一种与多种语言的深层次接触以及独特的亚洲语言能力将会是关键的，……有效的‘亚洲语言’教学现在对澳大利亚人的文化、经济和智力生活很重要，是这个国家的国际利益。”① 亚洲语言教育一直是澳大利亚亚洲素养政策的核心，每一个与亚洲有关的政策或研究报告文本都几乎强调掌握亚洲语言对澳大利亚具有独特的价值。亚洲语言学习也已经在澳大利亚的政策体系中获得合法性的地位，《亚洲世纪中的澳大利亚》白皮书指出：如果不提高除英语以外的其他语言的熟练程度，培养澳大利亚人与亚洲建立更深入联系的能力将受到阻碍，仅仅依靠亚裔澳大利亚人的语言能力来处理澳大利亚所有的关系和交往是不够的。精通一门以上的语言是 21 世纪的一项基本技能。白皮书还要求所有澳大利亚学生在他们的整个求学生涯中持续学习一门亚洲语言课程。所有学生都将学习至少一门重点的亚洲语言：汉语、印地语、印度尼西亚语和日语。“国家学校改进计划”也强调要为学生学习亚洲语言提供机会。

语言的掌握是跨文化理解的必要条件，澳大利亚课程评估和报告局《澳大利亚课程：语言》为所有语言的课程发展提供了方向，“它的基本原则是，

---

① LI L, SINGH M, SHANTHI R. Australian languages education in the Asian century: deepening of linguistic and intellectual engagements with Asia [J]. Local global, 2012 (9): 7.

对所有学生来说，学习两种或两种以上的语言交流是一种丰富的、具有挑战性的体验，可以参与到我们这个相互联系的世界的语言和文化多样性中来。……学习一门亚洲语言是接触和了解亚洲地区不同国家及人民的直接途径。学习沟通和跨文化敏感性的互动是这种参与的基础。当学习亚洲语言时，学生可以从亚洲文化内部和跨亚洲文化探索概念、经验和观点。"① 从历史维度上看，澳大利亚的亚洲语言的学习范围随着澳大利亚与亚洲的关系以及亚洲特定国家的经济发展程度的变化而发生变化，比如20世纪80年代末到90年代初，《国家语言政策》（1987）认为澳大利亚学校教授的主要亚洲语言应该是日语、汉语和印度尼西亚语；而在《加诺特报告》和《陆克文报告》中强调澳大利亚的亚洲语言教育要重点关注"汉语、日语、印度尼西亚语和韩语"；到了2012年的《亚洲世纪中的澳大利亚》白皮书，这一关注的重点转向将"汉语、印地语、印度尼西亚语和日语"列为优先语言。

目前，在联邦一级从吉拉德政府到阿博特政府都支持加强对亚洲语言的教育，而由于澳大利亚联邦政府体制将教育政策的责任归于各州和各地区，因此，亚洲语言教育在澳大利亚各州和各地区课程中的地位各不相同（见表3-2）。如在新南威尔士州、维多利亚州、昆士兰州和首都地区，所有公立学校所规定的亚洲语言教育都是强制的，只是学习年限不同而已；在西澳大利亚州、南澳大利亚、塔斯马尼亚州和北领地，亚洲语言教育作为选修课但是有规定每周至少学习的时间，如南澳大利亚规定第二语言教育从一到七年级，每周至少有90分钟的教学时间，到中学阶段每周的教学时间为200~225分钟。应该强调的是，除了维多利亚州提供汉语和印度尼西亚语等两种亚洲重点语言之外，其他州和地区都提供三种亚洲重点语言——汉语、印度尼西亚语和日语的教学。

表3-2　州/地区所提供的亚洲语言教学及亚洲语言的地位

州/地区	地位	提供的亚洲语言教学
新南威尔士州	必修	阿拉伯语、亚述语、孟加拉语、汉语、达里语、波斯语、希伯来语、印地语、印度尼西亚语、日语、高棉语、韩语、老挝语、旁遮普语、泰米尔语、土耳其语、乌尔都语和越南语

① Australian Curriculum, Assessment and Reporting Authority. The shape of theAustralian curriculum: languages[EB/OL]. (2013-01-09)[2017-09-08]. https://docs.acara.edu.au/resources/Languages_-_Shape_of_the_Australian_Curriculum_new.pdf.

续上表

州/地区	地位	提供的亚洲语言教学
维多利亚州	必修	阿拉伯语、汉语、印度尼西亚语、克伦语、高棉语、韩语、泰国语、土耳其语和越南语
首都地区	必修	汉语、印度尼西亚语、日语和韩语
昆士兰州	必修	汉语、印度尼西亚语和日语
南澳大利亚州	选修	汉语、印度尼西亚语、日语、韩语和越南语
西澳大利亚州	选修	汉语、印度尼西亚语和日语
塔斯马尼亚州	选修	汉语、印度尼西亚语和日语
北领地	选修	汉语、印度尼西亚语和日语

在澳大利亚国内，亚洲语言的提倡者包括澳大利亚现代语言教师联合会（Australian Federation of Modern Language Teachers）、澳大利亚应用语言学协会（Applied Linguistics Association of Australia）和澳大利亚语言和文化委员会（Australian Language and Literacy Council）等机构。而学校是亚洲语言教育的主要提供者。目前，《澳大利亚课程》已经规定了学校在实施亚洲语言教育方面的主要职责，在学校中，亚洲语言教育已经成为一个重要的学习领域。学校通过设置相关的亚洲语言科目以及组织学生赴亚洲交流等方式来进行语言的专业化学习。

二、有关亚洲知识的素养

有关亚洲知识的素养，是通过设置亚洲有关内容的学习来培养的。自 20 世纪 70 年代以来，澳大利亚政府通过一系列的战略和政策声明将亚洲相关内容的学习从处于学校教育的边缘转变为在主流的国民教育体系中确立合法性的地位。这一国家政策的努力不仅建立在澳大利亚对自身地理位置的认识基础之上，而且更为重要的是，建立在对亚洲进行认知和理解具有多样化的战略和文化功能的基础上。随着澳大利亚国内政治经济环境的变化以及澳大利亚与亚洲关系的发展，澳大利亚发展有关亚洲知识的素养的刺激要素也发生着变化：20 世纪 70 年代末到 90 年代初期，发展亚洲知识的素养主要是围绕从亚洲地区的经济发展中获得利益、确保国家利益的逻辑展开的。如《加诺特报告》认为：澳大利亚能否最大限度地利用其与亚洲关系的长期以来的成功，取决于它对教育规模和质量的投资。该报告强调应该强调学习亚洲相关内容的一系列原因：政治、战略、地理、经济，更重要的是文化、心理和智力。所有这些原因都属于广泛定义的“国家利益”范畴。《英格尔报告》也指出：“学习亚洲相关知识及其语言很重要，因为我们是澳大利亚人，处在特定的地缘政治环境中，通过贸易、移民、投资和旅游与亚洲联系在一起，这一点与任何其他西方国家都截然不同。”而20世纪90年代中期以后，随着1992年亚洲教育基金会的建立及其1995年的《亚洲相关内容的学习：一项澳大利亚学校的声明》（*Studies of Asia*：*a Statement for Australian Schools*）（以下简称《学校声明》）的出台，澳大利亚亚洲素养政策开始从关注经济增长因素扩大到关注纳入人道主义的重要性。《学校声明》认识到澳大利亚与亚洲国家及其人民关系的重要性，要求澳大利亚的教育系统和学校对课程做出实质性的回应。这种回应就是增强澳大利亚的有关亚洲知识的素养。《学校声明》认为：“学生应该在所有课程领域都有与亚洲相关的学习经验。这意味着，在适当的时候，学生应该学习：①理解和欣赏亚洲环境、文化和社会的多样性；②培养对亚洲人的态度和行为、事件、问题和生活方式，以及适当和有效地与他人沟通的能力；③了解亚洲国家的经济、战略和文化重要性，以及它们与世界其他国家特别是澳大利亚的关系；④加强对澳大利亚及其亚洲邻国一致同意的联合国各项宣言所体现的价值的了解；⑤加深对亚洲社会价值观多样性的理解和超越文化成见的认识；⑥坚持致力于所有人民和国家之间的友谊、和平、社会正义和相互尊重的原则。”这几个目标概括了亚洲知识的素养的内在构成要素，也突出了在学校课程体系中纳入亚洲相关内容的原理。这些目标在后续的一系列亚洲素养政策得到贯彻和凝练，并最终在《澳大利亚课程》中成为“有关亚洲地区及有关澳大利亚与亚洲的接触”这一跨课程重点领域的三个基本的内容，即对“亚洲及其多样性”“亚洲人民的成就和贡献”“亚洲与澳大利亚的接触”的知识、技能和理解。值得强调的是，亚洲跨课程重点并不是一个学科或科目，而是一个学习领域，并分散在英语、历史、数学、人文和社会科学、语言等学科的教学内容之中，以这些学科的视角来诠释“亚洲及其多样性”“亚洲人民的成就和贡献”“亚洲与澳大利亚的接触”，从而增强学生对亚洲的知识、技能和理解的掌握。

在澳大利亚国内，亚洲知识素养的倡导者包括一些团体，诸如亚洲研究委员会（Asian Studies Council）、亚洲研究教师协会（Asian Studies Teachers Association）以及亚洲教育基金会等组织。澳大利亚各州或各地区均制定了有关亚洲内容的战略，并在学校系统中就落实和深化亚洲跨课程重点的内容进行课程设置，开展与亚洲学校的跨国交流与合作。

三、亚洲研究的素养①

澳大利亚在亚洲地区的政治和经济利益为其开展亚洲研究提供了主要依据。澳大利亚将亚洲研究解释为促进澳大利亚对亚洲的了解，从而有利于发展与亚洲地区各国更密切的关系。从某种程度上讲，亚洲研究为澳大利亚制定和实施亚洲政策提供了重要的咨询建议。澳大利亚政府非常重视亚洲研究，因而自20世纪初开始就加强对亚洲研究项目的资助。在对亚洲的各种方面进行全面的专业化的研究中，专业组织和机构发挥着核心的作用，其中两种重要的组织和机构对进行可持续的亚洲研究而言作用最大，即大学和开展亚洲研究的专业机构。

大学是培养亚洲研究人才和开展亚洲研究的重要基地。早在20世纪初，澳大利亚的大学就成立了专门研究亚洲的东方学内设机构，如悉尼大学1917年成立东方研究系（Department of Oriental Studies）等。然而，这个时期的大学亚洲研究充斥着强调亚洲和西方的文化差异的东方学的方法论。正如澳大利亚国立大学教授安东尼·米尔纳（Anthony Milner）所认为的那样，"20世纪初（和19世纪）的著作倾向于将'亚洲人'与'廉价劳动力''威胁''侵略'等联系起来。"② 这种研究思维一直持续到20世纪50—60年代初。"1952年，在总理孟席斯的支持下，澳大利亚国立大学成立了一所东方语言学院，1955年和1962年又分别建立了'东方研究'学校和'东方研究'学院，这些学校和学院的培训和研究重点是该区域的语言（包括古典语言）、历史和文化。"③ 20世纪60年代中期开始，随着科伦坡计划的深入发展，澳大利亚社会日益展现出对亚洲的积极态度，澳大利亚大学中也开始出现了有别于"东方研究"的研究范式。"1966年，西澳大学成立了一个亚洲研究中心，重点放在现代亚洲。大约在同一时间，澳大利亚国立大学的东方文明学院（Department of Oriental Civilisations）[即原东方研究学院（Faculty of Oriental Studies）] 更名为亚洲文明系（Department of Asian Civilisations），并于1970年将学院的名称改为亚洲研究学院。格里菲斯大学于1971年成立了现

---

① 严格意义上讲，亚洲研究的素养并不是一种普遍意义上的亚洲素养，因为它是一种专业性的科学素养，代表着对亚洲进行专业研究的深度。但本书认为，对亚洲进行专业性的科学研究是持续增强对亚洲的认知、理解和技能的基础，它为亚洲素养的动态发展提供持续的动力。因此，本书将之作为亚洲素养的一部分。

②③ MILNER A. Approaching Asia, and Asian studies, in Australia [J]. Asian studies review, 1999, 23 (2): 194.

代亚洲研究学院。蒙纳士大学开始致力于东南亚研究并将之建立成一个享誉国际的‘中心’。”①

20世纪70年代开始到90年代是澳大利亚大学亚洲研究保持迅速发展势头的黄金三十年，这个时期是澳大利亚逐渐实施融入亚洲政策的重要时期。大学中出现了一大批亚洲研究的新机构，如从1991年到1996年在莫道克大学、塔斯马尼亚大学、新英格兰大学、巴拉瑞特大学、乐卓博大学和斯威本科技大学成立了诸多亚洲研究中心或研究所，这些机构对亚洲的关注更倾向于如何有效地配合国家的亚洲接触政策，重点关注政治和经济层面。这些新的机构突破了以往单一的研究功能，而展现了作为大学机构所具有的一部分教学、科研和社会服务的基本功能。例如，1974年成立的阿德莱德大学亚洲研究中心，其主要的目标是“促进大学本科生和研究生有关亚洲研究的协调发展；开发跨学科的亚洲研究课程；承担由中心任命的职员提供的课程责任；与南澳其他高等教育院校就与南澳亚洲研究有关的事宜保持沟通，并促进它们在这些事宜上的合作；与大学有关亚洲研究的学系和研究所如澳大利亚亚洲研究协会保持全国性和世界性的联系；促进公众对亚洲的了解”②。到20世纪90年代中期，“澳大利亚几乎每一所大学都设有某种形式的亚洲研究中心或学院（据统计有50所），相当数量的学科部门或专门指定的亚洲研究系、学院开设了与亚洲有关的课程。联邦政府为下列研究中心提供了资助，即格里菲斯大学和昆士兰大学联合开办的亚洲语言和研究中心，莫道克大学亚洲研究中心，国家韩国、泰国和南亚研究中心（National Centres for Korean, Thai and South Asian Studies）和印度洋和平研究中心（Indian Ocean Centre for Peace Studies）。”③

目前，澳大利亚的大学在保持原有的以区域为研究对象的亚洲研究中心或研究院所之外，还出现了以特定国家为研究对象的单元结构，例如悉尼大学的中国研究中心、墨尔本大学的现代中国研究中心等，这些研究单元结构主要是利用跨学科的知识较为全面而深入地关注研究对象的当代问题，并为澳大利亚发展与之关系提供决策咨询。

除了大学的亚洲研究机构之外，若干专门组织也是开展亚洲研究的核心

---

① MILNER A. Approaching Asia, and Asian studies, in Australia [J]. Asian studies review, 1999, 23 (2): 195.

② University of Adelaide. Asian studies in Adelaide. Asian Studies Association of Australia [EB/OL]. (2017-01-01)[2019-01-08]. http://dx.doi.org/10.1080/03147538408712293.

③ BEVERLEY H. Asian studies in Australia: trends and prospects [J]. Asian studies review, 1995, 18 (3): 72-73.

力量，如成立于1975年的澳大利亚亚洲研究协会、1992年成立的亚洲教育基金会等。这些机构所开展的亚洲研究活动将在下文进行阐述。

四、亚洲胜任力的素养

如果说亚洲语言、亚洲知识和亚洲研究主要关于亚洲的知识和理解的话，那么亚洲胜任力反映的是一种与亚洲国家及其人民进行有效接触，从而确保组织和个人能够在亚洲的环境中保持适应力和竞争力的一种综合能力。随着亚洲新兴国家的地缘政治影响力的提升以及国际经济竞争日益激烈的影响，在澳大利亚的政策语境中，对亚洲的认知和理解从对亚洲素养的关注转向对“亚洲能力”的关注。“这种概念上的转变强调了对成功参与亚洲事务所必需的技能和能力的更细致入微的思考。”①《亚洲世纪中的澳大利亚》白皮书指出，亚洲能力是指拥有在咨询、决策和文化以及在日益复杂的环境中做出明智决定的代表性技能，澳大利亚公共服务委员会（Australian Public Service Commission，APS）在其2012—2013年度报告中指出：“虽然对亚洲能力没有明确、一致和实用的定义，但人们普遍认为，亚洲能力意味着能够理解亚洲文化和环境，并能够根据这种理解采取行动或运用这种理解来取得业务成果。”② 从概念内涵上看，亚洲能力是对亚洲素养的一种拓展和延伸，但其关注点不同：亚洲素养主要是通过学校教育，将亚洲的语言、历史和文化基础知识普及到整个澳大利亚；对亚洲能力的关注，虽然也重视有关亚洲的知识和认知基础，但它更倾向于对亚洲文化差异性的管理，甚至是管控的能力，以便澳大利亚能够基于这种能力在亚洲世纪中利用各种机遇，实现各种目标。“换句话说，亚洲素养工作的主要目标是教育，而亚洲能力强调的是确保良好参与的最有效方式：前者培养学者，后者培养实践者。”③ 这种关注点的转移，反映了这一时期澳大利亚亚洲政策的经济理性主义逻辑仍然占据优势。

2011年，亚联和澳大利亚工业集团（Australian Industry Group）对380家澳大利亚企业进行调查，考察它们在亚洲获得成功的最主要因素，以及相关能力与企业成功之间的相关性。最后，该调查的特别工作小组列出了11种能力，其中6种是个人能力，另外5种是组织能力。特别工作小组认为这

①② BICE S，MERRIAM A. Defining Asia capabilities for Australia's public service [J]. Australian journal of public administration，2016：3.

③ BICE S，MERRIAM A. Defining Asia capabilities for Australia's public service [J]. Australian journal of public administration，2016：4.

11种能力对确保澳大利亚的企业和个人在亚洲世纪中获得成功至关重要。(见表3－3)。

表3－3　亚联提出的11种关键的亚洲能力①

组织的亚洲能力	个人的亚洲能力
领导致力于以亚洲为重点的战略	熟悉亚洲市场/环境
定制化的亚洲人才管理	积累丰富的亚洲运营经验
基于客户视角的定制产品/价值主张	建立长期信任的亚洲关系
具有适应当地需求倾向的定制化的组织设计	适应亚洲文化环境
分享亚洲经验的支持过程	与亚洲政府打交道
	语言应用的能力

特别工作小组认为，澳大利亚要充分认识到亚洲的机遇，关键的个人和组织能力的广泛发展是一个核心需求。为了发展亚洲能力，2012年亚联制定了《提高澳大利亚劳动力亚洲能力的国家战略》(*Developing an Asiacapable Workforce: a National Strategy*)。该战略的重点包括四个方面：广泛倡导发展具有亚洲能力的劳动力；以澳大利亚企业为主导，加快制定以亚洲为重点的战略；在整个澳大利亚劳动力中投资发展具有亚洲能力的人才；加强教育与亚洲世纪需求的协调。为此，该战略认为，只有在澳大利亚商业、教育和培训部门以及政府的努力和支持下，这些战略重点才能得以实现。企业和教育的作用是领导变革，而政府的作用是通过现有机构支持变革议程，并在政策演变中发挥领导作用。总之，合作和协调的努力对成功至关重要。该战略围绕上述四个重点方面分别制定了政府、企业和教育的相关主体实施举措。其中，每一个重点战略内容对应的教育实施计划见表3－4。

表3－4　《提高澳大利亚劳动力亚洲能力的国家战略》的教育举措

重点战略内容	对应的教育实施计划
广泛倡导发展具有亚洲能力的劳动力	支持学生、家长和社区重视亚洲知识和亚洲语言的项目

① Asialink. Developing an Asia capable workforce: a national strategy [EB/OL]. (2012－09－08)[2018－09－08]. https://asialinkbusiness.com.au/uploads/documents/AsialinkBusiness_ Developing-Asia-Capable-Workforce.pdf.

续上表

重点战略内容	对应的教育实施计划
以澳大利亚企业为主导，加快制定以亚洲为重点的战略	无
在整个澳大利亚劳动力中投资发展具有亚洲能力的人才	通过大学、职业技术教育机构和其他培训机构提供课程和项目，以发展亚洲能力； 修改澳大利亚研究委员会的国家研究重点，以促进对亚洲的研究，强调建立互利关系，而不是单独考虑澳大利亚的利益
加强教育与亚洲世纪需求的协调	审查大学、职业技术教育机构和学校的课程，将与亚洲相关的内容纳入各个学科； 发展澳大利亚教育工作者的亚洲能力； 设计和实施由澳大利亚大学协会领导的高等教育领域的亚洲能力课程和项目； 扩大亚洲的学生流动项目，使 10% 的大学生在毕业时在亚洲学习； 加强和连接亚洲大学校际校友网络； 支持亚洲国家的职业学院院长赴澳大利亚接受培训

《亚洲世纪中的澳大利亚》白皮书指出，发展与亚洲相关的能力对澳大利亚的组织和个人在亚洲世纪中获取成功至关重要。而澳大利亚的教育和培训体系，从幼儿时期到学校再到高等教育机构，将是澳大利亚人发展这些技能的核心。这些与亚洲相关的能力至关重要，它们是推动澳大利亚未来几年经济和就业增长的基本技能和能力。除了这些实实在在的经济利益之外，这些能力还将增进澳大利亚人对亚洲地区的了解，并丰富澳大利亚的社会和文化，为更深入、更广泛的关系奠定基础。

第四章　澳大利亚学校亚洲素养教育的实施主体和实施路径

在实施亚洲素养教育过程中，澳大利亚联邦和州政府扮演着重要的宏观调控的角色，学校处于亚洲素养教育的核心，是亚洲素养教育的组织者、实施者和促进者，而专业组织是亚洲素养教育的重要而持久的支持者。这些利益相关者共同构成澳大利亚学校亚洲素养教育体系实施的主体。《亚洲世纪中的澳大利亚》白皮书指出：教育机构、志愿服务、交流和学习项目仍然是澳大利亚人更多地了解亚洲并与该地区人民建立持久关系的重要途径。换言之，学校是实施亚洲素养教育的集中场所。学校教育在教学、科研、社会服务、文化创新和国际交流方面有着重要的职能。学校教育通过教学法的创新，课程资源的完善，跨文化研究项目的参与，学校、社区与家长的合作，战略规划的创新，以及国际交流与合作等使学校变得更具亚洲素养，这些实践构成了一个系统化的培养具有亚洲素养公民的教育实践框架。随着亚洲素养在澳大利亚国家课程体系中的确立，学校教育面临着根本的文化变革。这种变革不仅是学校领导能力、课程体系、教师队伍建设、教学方法的变革，而且是一种根本的价值观的变革——在一个以盎格鲁文化为主流的国家和学校中实施一种对异质文化的“宽容”“亲近”和“认同”的教育，从而创造学生和家长对亚洲素养的实质性需求。这得益于一种全校性的对亚洲素养的承诺的实现：从国家政策到学校亚洲素养教育实践有效衔接；强有力的学校领导集体对实施亚洲素养教育的坚定信念和创造性方式；以教师为主体的亚洲素养教育师资队伍培养机制形成；具有校本特色的以亚洲为重点的课程资源构建和教学方式创新；创新性的家校合作方式建立。这些共同推动家长和社区积极参与学校亚洲素养的教育实践，创造了家长、学生和社区对亚洲素养的持续需求。

第一节 澳大利亚学校亚洲素养教育的实施主体

《亚洲世纪中的澳大利亚》白皮书指出：要在亚洲世纪取得成功，澳大利亚需要全方位的努力，企业、工会、社区和政府都要在这场变革中成为合作伙伴。只有政府、企业和整个社会齐心协力，抓住机遇，有效应对挑战，澳大利亚才能繁荣昌盛。虽然推进亚洲素养教育受到政党更替的影响，有时候会出现中断或一些其他阻碍，但是亚洲素养教育出现的40多年①来，教育模式仍然保持相对的连续性和发展性，这得益于澳大利亚联邦政府与各州政府的利益共享责任机制的形成。虽然澳大利亚实施联邦制，各州拥有相对独立的权力，但是教育和培训是澳大利亚联邦政府与具体州和地区政府的共同责任，这一机制有助于联邦政府的宏观决策迅速高效地传导到州和领地政府的决策部署之中。在推动亚洲素养教育中，政府扮演着重要的政策支持作用，而各级各类学校是亚洲素养教育基本的实施单位，发挥着基础性的角色。各种专业组织，如亚联、亚洲教育基金会、澳大利亚亚洲研究协会等是重要的参与机构，在推动澳大利亚与亚洲的教育交流与合作方面发挥着重要的桥梁作用。亚洲素养教育体系业已形成政府—学校—专业组织协同机制，政府、学校和专业组织都是实施亚洲素养教育的主体。

一、联邦政府及国家层面的机构的角色

根据澳大利亚联邦宪法（2016）第51条，各州拥有立法权。然而，根据澳大利亚联邦宪法第96条，联邦能够通过财政拨款和其他安排对各州和各领地施加影响。这种影响的重要性在于，各州往往依赖于联邦对教育创新的资助。2014年1月1日澳大利亚政府委员会发布生效的《国家教育改革协议》（*National Education Reform Agreement*）以《澳大利亚青年教育目标墨尔本宣言》为基础，重申了国家合作以促进所有澳大利亚学生接受高质量教育的重要性。该协议明确了联邦和州、地区政府在教育改革和落实国家教育目标上的共同责任和各自责任。联邦和各州及地区的共同责任包括：①制定、推进和审查协议商定的国家教育目标、成果和改革方向；②根据本协议规定的安排资助学校教育，以确保每个学生和每所学校都能根据需要获得资助；

① 如果以20世纪70年代初《奥克穆蒂报告》发表时间作为澳大利亚有系统地阐述和实施亚洲素养教育为标志的话。

③建立并同意反映当地改革重点的双边协定，包括“国家学校改进计划”（*National Plan for School Improvement*，*NPSI*）的实施计划；④提供公共领导，鼓励社会各界认识和接受国家商定成果的重要性；⑤共同努力制定、出版和传播有关学校最有效措施的证据，以支持实现商定的国家目标和成果；⑥监控教师供应；⑦共同努力提高数据的质量和及时性，以支持实现目标和成果等共同责任。协议规定了各州及地区的教育责任，包括：①确保所有学龄儿童都有机会进入一所提供高质量教育的、安全的、政府支持的学校，包括为学生提供特殊教育的学校，州和地区政府有责任通过制定政策、提供服务、监督及检查具体学校的表现以及规范学校，确保达到义务教育年龄的儿童上学，以便努力实现国家目标和取得符合当地情况和优先事项的成果；②实施国家学校改进计划，并在双边协议中达成一致；③提高透明度和确立问责制，特别是对政府系统，包括收集数据和报告商定的绩效措施，以监测和评估学校的改进方式；④确保学校向家长或其他监护人、当地社区提供清晰的绩效报告；⑤管理公立学校教育系统；⑥管理公立学校教师的就业情况；⑦管理所有学校的规管架构，包括注册及认可、教育质素保证、监督及检查学校的表现；⑧向相关国家教育机构提供政府系统所需的财政和学生数据，并确保其质量符合常务委员会的相关要求；⑨与所在州或地区的非政府学校部门合作，支持它们参与本协议的相关方面；⑩分享最佳实践和学校改进策略，以支持学校系统和具体学校的持续改进。协议还规定了联邦政府的责任，包括：①根据该协议商定的教育资源标准确定的需要，向各州和各地区分配资金，以支持改进服务的提供和改革，以取得国家商定的成果和实现国家目标；②实施国家商定的改革，特别是通过国家高等教育政策提高教学质量；③为学校教育制定国家政策优先事项，并与各州和各地区协商，向符合国家商定的政策优先事项的行动投资；④领导澳大利亚在教育事务上的国际参与，包括承担经济合作与发展组织的国际评估项目等责任。

在国家层面上，致力于改善学校教育的重要组织机构和协议包括：澳大利亚政府委员会（Council of Australian Governments），教育与培训部（Department of Education and Traning），澳大利亚教学与学校领导协会（Australian Institute for Teaching and School Leadership），根据《国家教育改革协议》制定的“国家学校改进计划”。这些组织机构和协议是执行澳大利亚国家层面的教育政策的实体，也是执行亚洲素养教育的国家组织机构和协议。下面主要围绕亚洲素养教育探讨这些组织机构和协议在亚洲素养教育实施中扮演的角色。

（一）澳大利亚政府委员会

澳大利亚政府委员会成立于 1992 年，2020 年被基于国家内阁的新结构所取代。其成员是来自州和地区政府的代表，这些代表通过协商形式为国家制定关键的政策方向。教育委员会是澳大利亚政府委员会的 12 个委员会之一。澳大利亚政府委员会教育委员会提供了一个论坛，通过该论坛，可以在国家一级协调关于学校教育、幼儿教育和高等教育的战略政策，并通过该论坛共享信息和合作使用资源，以解决具有国家意义的问题。1992 年 12 月，澳大利亚政府委员会举行了一次会议，讨论精通亚洲语言和了解亚洲社会对澳大利亚在亚太地区的经济利益的重要性。该会议发表公报称：会议同意作出协调一致的努力，加强澳大利亚的出口文化的发展，并在国家贸易战略的框架下，特别是在澳大利亚与东亚、北亚和东南亚的经济关系方面，争取对具体出口战略的尽可能广泛的支持。委员会委托一个工作组为澳大利亚学校编写一份关于国家亚洲语言和文化战略的报告，其目的是提高澳大利亚在亚太区域的经济利益。这份报告就是后来的《陆克文报告》。报告认为：亚洲研究如果不被边缘化，就必须将其纳入课程的主流。黛博拉·亨德森认为："澳大利亚政府委员会决定于 1992 年 12 月成立一个高级工作组，为在澳大利亚学校实施全面的亚洲语言和文化项目制定一个战略框架，这成为在学校中推动亚洲语言和亚洲学习的一个转折点。"① 1994 年，澳大利亚政府启动了《澳大利亚学校亚洲语言和研究国家战略》，该项目就是为了响应澳大利亚政府委员会的《陆克文报告》而开发的。从 1995 年该计划开始实施到 2002 年结束，联邦政府总共提供了 2.08 亿美元来支持该计划。澳大利亚政府委员会支持澳大利亚学校实施全面的亚洲语言学习和文化研究，后续的《亚洲世纪中的澳大利亚》(2012)、"国家学校改进计划"(2014) 仍是澳大利亚政府委员会凝聚全国智慧，构建国家伙伴关系，共同推进亚洲素养战略实施的政策框架。

(二) 教育与培训部

教育与培训部是负责澳大利亚国家教育政策和项目的主要政府机构，其职责包括幼儿教育、高等教育、高等教育教学与研究、职业教育与培训 (VET) 和国际教育。教育与培训部通过制定和实施教育政策和项目来实现澳大利亚政府的优先事项和目标。这些目标是通过与国家、领地和区域网络以及与非政府利益相关者的参与来实现的。其中，国际教育是目前教育部的主要业务之一。国际教育项目包括：①资格认证、海外学生教育服务 (Education Services for Overseas Students, ESOS) 框架、学费保障服务。②数据和

① HENDERSON D. Meeting the national interest through Asia literacy: an overview of the major stages and debates [J]. Asian studies review, 2003, 27 (1): 23-53.

研究，提供有关澳大利亚及全球国际教育的诸多方面的数据、研究和分析。③落实 2030 年可持续发展议程的相关任务，与澳大利亚外交贸易部合作，积极参与整个政府行动，重点是可持续发展目标，即提供高质量教育。④实施奋进领导力计划①（Endeavour Leadership Program），支持澳大利亚和重要合作伙伴国家进行短期和长期学习、研究和专业发展机会的双向流动。该计划的重要价值在于建立持久的国际网络，加强澳大利亚和重点国家之间的教育和研究交流，促进澳大利亚的商业成功和经济繁荣。⑤国际顾问、协定和多边框架，国际顾问网络协助澳大利亚政府与伙伴国就有关教育的问题进行接触。澳大利亚的教育多边参与框架是东亚峰会（EAS）和亚太经济合作组织（APEC）。澳大利亚在多边论坛上的主要教育议程是鼓励提高教育系统的开放性和透明度，例如改善整个地区的资格认可和学分转让安排，为学生、学者和教育机构创造了区域流动机会。⑥实施《国家国际教育战略 2025》，该战略制定了一个十年计划，通过建立变革性的伙伴关系，扩大学生、教育和培训专业人员和研究人员的流动性，将澳大利亚发展成为教育、培训和研究领域的全球领导者。

在发展亚洲素养方面，教育与培训部通过实施国际教育战略，提升澳大利亚国际教育品牌和竞争力，使澳大利亚成为亚洲留学生首选的留学目的地，使国际教育成为澳大利亚的第三大出口产品，从而促使面向亚洲的政策优先成为持续的政策选项，这是亚洲素养教育获得持久动力的基础。教育与培训部还通过政府奖学金推动学生的双向国际流动促进人与人的深入联系，增强跨文化理解能力，从而促进区域多元文化的包容和理解；通过东亚峰会和亚太经济合作组织多边参与框架，构建常态化的区域教育国际合作和交流机制。

（三）澳大利亚教学与学校领导协会

澳大利亚教学与学校领导协会（AITSL）成立于 2010 年 1 月 1 日，其目的是为联邦、州和地区政府提供国家领导，在澳大利亚政府提供的资金支持下，促成教学和学校领导方面的卓越表现。澳大利亚教学与学校领导协会与教育界的合作致力于定义和保持卓越的教学和学校领导标准，领导和影响卓越的教学和学校领导，支持并认可卓越的教学和学校领导能力。澳大利亚教学与学校领导协会于 2011 年开发了《澳大利亚教师专业标准》（*Australian*

---

① 澳大利亚政府宣布，作为 2018—2019 年度预算的一部分，设立了奋进领导力计划（ELP）。这一决定将以往的“奋进”奖学金（Endeavour Scholarships and Fellowships）以及“奋进”流动性资助金（Endeavour Mobility Grants）合并为一个精简的奋进领导力计划。

Professional Standards for Teachers）和《澳大利亚校长专业标准》（*Australian Professional Standard for Principals*），为澳大利亚教师和校长职业发展提供专业标准框架，明确了教师和校长职业生涯所需的知识、实践和专业参与，显示出两种功能性的目的：首先，它们创造了一种共享的、公共的实践语言，描述了如何在实践中使用教学的专业知识。其次，它们是评估和判断专业活动的工具。《澳大利亚教师专业标准》包括3个专业领域以及每个领域的7个标准：①专业知识（professional knowledge）——了解学生和知道他们如何学习，了解内容以及知道如何教授内容；②专业实践（professional practice）——计划并实施有效的教学，创造和维护支持性和安全的学习环境，对学生的学习进行评估、反馈和汇报；③专业参与（professional engagement）——参与专业学习，与同事、学生监护人和社区进行专业交流。《澳大利亚校长专业标准》反映校长的领导才能、教育及管理要求和做法。该专业标准基于3个领导要求：愿景和价值观、知识和理解、个人素质以及社交和人际关系技能。在实践中，这些要求是通过领导教学、发展自我和他人，领导改进、创新和变革，领导学校管理、参与和与社区合作来实现的。澳大利亚教学与学校领导协会认为，校长的专业标准将有助于吸引、发展和支持有抱负和实践的校长，并强调该标准规定了校长应知道、了解和采取什么行动，以取得工作上的成功，并确保他们的领导能产生积极的影响。

教师和校长专业标准为建设一支具有亚洲素养的教学队伍、提高亚洲素养教育领导力提供了实践框架，将亚洲素养专业实践的要素（如课程、评估、教学、教师专业学习和资源开发）与澳大利亚的专业标准相结合，是培养亚洲素养教师队伍的必要条件。这让教师教育界更清楚地认识到，要培养出具有亚洲能力的教师和学校领导人，可能需要付出什么。为了使教师和校长的专业标准更好地契合亚洲素养劳动力的培养要求，澳大利亚教育与学校领导协会开展了由教育就业和劳资关系部（Department of Education, Employment and Workplace Relations）资助并由亚洲教育基金会管理的“亚洲素养计划”（Asia Literacy Project）。这项研究计划由迪肯大学的研究人员在2012年2月至12月进行，由克里斯汀·哈尔斯教授领导。该计划最终形成了研究报告《亚洲素养和澳大利亚的教师队伍》（*Asia Literacy and the Australian Teaching Workforce*）。这一研究报告根据澳大利亚教学与学校领导协会制定的教师和校长专业标准，对近2 000名教师和学校领导进行了亚洲素养调查，这是迄今为止针对亚洲素养主题进行的规模最大的研究。报告评估了学校教师和校长关于亚洲的意识和专业知识，归纳出具有亚洲素养的教师和校长的发展特征，并最终提出基于政策需求的迫切性、教师亚洲素养的现状以及根据《澳大利亚课程》的要求进一步采取行动提升澳大利亚亚洲素养的建议举措。

该报告的内容包括：①澳大利亚的教师专业标准和校长专业标准是亚洲素养的关键资源，分析的研究数据表明，这些标准在所有领域都支持有关亚洲的教学和学习。建议支持所有教师和校长发展良好的教师和校长工作知识，以协助他们发展亚洲素养的职业道路。②明确澳大利亚教学人员的亚洲素养发展水平。建议建立一个健全的工具来衡量和反馈教师和校长的亚洲素养发展状况。③建议将亚洲相关内容知识和技能纳入职前教师教育，为所有职前教师实施澳大利亚课程中的亚洲优先战略奠定坚实基础。④相关的专业学习，无论是职前教师教育、研究生教育还是其他专业学习，都是衡量亚洲素养的重要指标。数据显示，参与有关的高等教育（例如亚洲研究教育硕士教育）或其他专业学习与亚洲素养水平之间有很强的关系。建议制定和实施一项国家战略计划，以确保校长和教师在职业生涯的各个阶段都有机会学习与亚洲有关的专业知识，包括高等教育。⑤特别重要的一点是，教师和校长在亚洲拥有直接的个人或专业经验至关重要。它们有助于建立人与人的联系，发展机构间的联系，并提供经验知识，以支持明智的判断和领导有关亚洲的教学和学习。报告认为，应该为教师和校长提供通过交流、旅行和学习项目直接体验亚洲的机会。⑥数据表明，有效的亚洲教学始终包括使用信息通信技术将澳大利亚学生与亚洲学校的学生联系起来。该报告说明了教师如何利用信息通信技术与亚洲合作学校进行沟通，在学生和教师之间建立人与人之间的关系，并在有关亚洲的教学和学习中进行合作。报告建议，教师队伍的专业学习应包括培训如何最有效地利用信息和通信技术来学习和联系亚洲。⑦澳大利亚课程中的亚洲优先与跨文化理解能力之间存在重要的关系。参与研究的绝大多数教师认为，了解亚洲的主要好处是增进对跨文化的理解，以创建一个更宽容、更成功的澳大利亚。它认为，应向所有教师和校长提供专业的跨文化理解学习，特别是通过澳大利亚课程中的亚洲优先项目来实施跨文化理解的一般能力。⑧研究指出，教师和校长认同学习和教授亚洲有关内容的社会和文化价值，但囿于他们对亚洲对澳大利亚未来就业机会和经济发展的重要性的理解不充分，他们对亚洲相关学习的益处认识不足。报告建议进行进一步的研究，以了解这种差异的原因，并使教育工作者对在学校教授和学习亚洲知识的基本原理和益处的理解与公共政策的理解保持一致。

《亚洲素养和澳大利亚的教师队伍》研究报告参照《澳大利亚教师专业标准》和《澳大利亚校长专业标准》的相关规定，对具有亚洲素养的教师和校长的发展特征进行全面的实证探讨，构建了全校性的亚洲素养劳动力培养的实践框架。该报告具有两个方面的重要价值：第一是突出了教师和校长在实施亚洲素养教育中的重要作用，认为他们是学校亚洲素养教育的核心力量和关键要素。这是对《墨尔本宣言》《亚洲世纪中的澳大利亚》白皮书等政策文件有关亚洲素养教育的教师教学和学校领导力要求的回应。第二是在全国范围内根据《澳大利亚教师专业标准》和《澳大利亚校长专业标准》的相关内容，归纳出了具有亚洲素养的教师和校长的发展特征以及其支持要素，对具体学校开展亚洲素养教育，尤其是培养具有亚洲素养的教师队伍，提高亚洲素养教育的学校领导力等方面具有重要的决策参考价值。

（四）国家学校改进计划

根据上述观点，澳大利亚教育是联邦与各州和各地区的共同责任。《国家教育改革协议》明确指出，澳大利亚联邦政府、州政府和领地政府都同意共同努力以实现澳大利亚学校教育为所有人提供高质量公平教育的目标。为了实现这一总体目标，《国家教育改革协议》制定了“国家学校改进计划”，设定了“高质量教学”“高质量学习”“增强学校领导力”“满足学生需求”和“强化透明度与绩效”五个方面的改革方向。亚洲素养教育是“国家学校改进计划”的核心部分。“国家学校改进计划”将亚洲素养教育的改革重点放在课程改革的领域之中，强调要提供亚洲相关内容的学习，并使学生获得一种优先的亚洲语言的持续学习机会。该计划也体现了一种支持学习亚洲相关内容和发展亚洲语言的全国性努力，如制定从 2014 年开始的行动计划，致力于为学生提供持续学习亚洲语言的机会，并确保所有学生都能接触到符合《澳大利亚课程》跨课程优先原则的有关亚洲内容的学习，包括加强学校间联系的战略：①澳大利亚课程评估和报告局将为 10 年级的印地语课程打下基础，并为汉语（普通话）、日语、韩语、印度尼西亚语和印地语开发高中课程。②澳大利亚教育服务中心确定资源缺口，以支持亚洲语言和亚洲跨课程的教学，并获取资源来填补这些缺口。③澳大利亚教学与学校领导协会将建立一个亚洲素养的旗舰项目，该项目将确定专业学习需求，以改进这一领域的教学和领导能力；建立培训模块和资源，培养在职和职前亚洲语言教师的新技能；为在职和职前教师培训制作亚洲素养培训模块。

“国家学校改进计划”有关亚洲素养教育的改革方向是对《亚洲世纪中的澳大利亚》白皮书有关教育目标的落实和强调。吉拉德政府当时宣布将投资 1 520 万美元用于开发新课程和教学资源，并为职前教师提供更好的培训，还将优先为学习亚洲语言的学生提供语言奖学金，以鼓励更多学生学习亚洲语言，并帮助教师获得他们在亚洲文化素养方面所需的经验和技能。为了落实“国家学校改进计划”有关亚洲素养教育的要求，澳大利亚政府制定了如下的 6 条举措：①为 11 年级和 12 年级开设汉语（普通话）、印度尼西亚语、日语和韩语的额外语言课程，并为所有年级开设新的印地语课程。②为亚洲语言教师提供培训课程，向他们介绍更有效的亚洲语言教学方法，并提高他们对现有数字资源的认识，以支持他们的语言教学。③为教师提供培训模块和资源，帮助他们将亚洲研究纳入澳大利亚课程所有学习领域的教学。④制定“亚洲素养旗舰计划”（Flagship Program for Asia Literacy），帮助教师改进其学校在亚洲语言、文化和历史方面的教学实践，并与当地社区、企业以及亚洲的学校建立伙伴关系。该项目由澳大利亚教学与学校领导协会开发和实施。⑤开展一项资助计划，以支持学校与商界、社区和其他学校合作的创新方式，刺激学生对亚洲语言学习的需求。例如，助学金可以支持商学院与大学和企业合作，为学生提供与亚洲相关的就业机会。⑥推动实施“奋进语言教师奖学金计划”（Endeavour Language Teacher Fellowships Program），该计划允许语言教师和语言培训教师到海外提高亚洲语言和文化技能。该项目将50%的学员送往亚洲，将另外50%的学员送往欧洲。到2016年，送往亚洲学员的比例将达到80%。

“国家学校改进计划”凝聚了澳大利亚政府、教育机构、非政府机构和商界、社区的共同责任和资源，在推进亚洲素养教育方面，强调了利益相关者的责任。应该强调的是，这一学校改革计划强调了学校在亚洲素养教育中的核心和基础性地位，并将之与《澳大利亚课程》有关亚洲素养的培养和改革目标有机结合起来，从而为学校亚洲素养教育的课程、师资和伙伴关系协作等提供实践框架。

二、州和地区政府的亚洲素养教育战略

澳大利亚各州和地区与亚洲区域的联系历史是深远的，每个州与地区都与亚洲有着广泛的接触。根据联邦政府亚洲素养政策，各州和地区基于自身实际推动具有特色的亚洲素养教育。在亚洲语言学习方面，在澳大利亚政府启动资金的支持下，几个州已经建立了中心和专门学校。例如，昆士兰州在地理位置优越的中学建立了28个亚洲学习中心，每个中心都是一所针对特定亚洲语言的优秀学校。西澳大利亚州有24个中心（107所学校），其中一些正在与中国、印度尼西亚和日本的学校发展伙伴关系。南澳大利亚州正在从不同阶段的语言教育中寻找新的途径。塔斯马尼亚州已经建立了一个语言中心网络，这些语言中心使用新技术来帮助教师进行语言学习和专业发展。此外，新南威尔士州正在与各大学进行协商，以确保那些希望接受语言教师再培训的教师在分配联邦政府支持的名额和获得高等教育贡献计划——高等教育供款计划方面享有优先权。澳大利亚首都特区开展了一项亚洲语言教师培训计划，包括开设浸入式课程。北领地的小学和中学编制了印度尼西亚语、日语和汉语的新的在线教学大纲文件。一些州也将目光投向语言课程之

外。如维多利亚州已经启动了“21世纪领先的维多利亚学校：参与亚洲项目”（the Leading 21st Century Schools Victoria：Engage with Asia Program），这是一个由校长主导的项目，旨在通过课程体系建立可持续发展的亚洲知识体系并促进澳大利亚对亚洲的接触。2016年，维多利亚州政府重申支持维多利亚州学生为亚洲世纪做准备。维多利亚州教育部长詹姆斯·梅里诺（James Merlino）在发起“领先的亚洲能力学校项目”时说：“我们知道，我们的经济与亚洲相连，这个项目将有助于确保学生们对这片将成为他们生活重要组成部分的大陆不再陌生。”此外，维多利亚州教育部还与亚洲教育基金会合作推出“全球参与学习者”项目，该项目旨在培养澳大利亚年轻人在各个学习领域与世界接轨的能力。

西澳大利亚州制定了《西澳大利亚州的亚洲参与战略（2019—2030）》（*Western Australia's Asian Engagement Strategy 2019 - 2030*），围绕“亚洲语言、亚洲社会文化素养、亚洲社会制度素养”支持亚洲素养和能力建设，采取如下举措：①支持在商业部门、行业机构和更广泛的利益相关者群体中建立具备亚洲能力的领导力项目。②形成合作伙伴倡议，发展西澳大利亚州的亚洲专业和商业网络，支持与更广泛的商界长期合作。③在政府服务、商业和教育部门、服务行业和产业集团中提高亚洲语言技能和多语言劳动力的价值。④与亚洲移民社区就经济倡议开展合作，包括加强与来访的亚洲代表团、企业家和投资者的接触，以及确定市场机会。⑤提升与亚洲的贸易和投资的经济、文化和社会价值，并对所有西澳大利亚州人的收入和生活水平产生积极影响。此外，该战略还强调国际教育和人际联系在推进亚洲参与战略方面的作用。在国际教育方面，该战略指出国际教育是目前西澳大利亚州第三大出口服务部门。2018年10月，州政府启动了《光明的未来从西澳大利亚州开始：西澳大利亚州珀斯国际教育（2018—2025）》（*Western Australia-Where bright futures begin：International Education in Perth，Western Australia 2018 - 2025*）。该战略将指导未来的政府和行业行动，增加国际学生的数量，并支持国家的网络以及与亚洲的关系。州政府为西澳大利亚州教育推广署提供资金，使其在西澳大利亚州和海外的国际教育中发挥领导作用。2019年2月，西澳大利亚州教育推广署针对州政府的战略发起了“2019—2025行动计划”。在促进人际联系方面，该战略支持以亚洲为基础的企业对企业交往、行业对行业伙伴关系和以国家重点部门为基础的创新；与能够提供思想领导力、分享技能并有效倡导亚洲参与价值的亚洲优秀人才和变革型领导人合作；利用由联邦、州和地方政府，以及外交部门和商业团体支持的文化交流和接触项目；增强联合学术研究、亚洲专业发展机会、学生交流与校友网络的长期关系；支持企业参与促进互联互通、符合国家优先领域的亚洲市场活动；制定新举措，充分激发西澳大利亚姐妹州和姐妹城市协定的经济、创意产业和社会影响力。

塔斯马尼亚州政府于2013年发布《塔斯马尼亚州在亚洲世纪中的定位》白皮书以及《塔斯马尼亚州在亚洲世纪中的定位证据基础》①。塔斯马尼亚州是澳大利亚唯一一个编制自己的白皮书的州。《塔斯马尼在亚洲世纪中的地位白皮书》决定未来10年塔斯马尼亚州与亚洲接触的政策框架，提出了在贸易、投资、教育等方面必须遵循的关键方向，以便成功地参与亚洲的崛起。白皮书指出政府最重要的角色是促进整个社会的参与，必须鼓励企业、学校以建设性和有效的方式做出回应，以把握亚洲世纪的机遇。《塔斯马尼在亚洲世纪中的定位白皮书》根据国家的《亚洲世纪中的澳大利亚》白皮书的教育目标制定了自身的教育发展目标：一方面强调提高培养适应亚洲世纪产业发展的劳动力的教育质量，以提升澳大利亚的产业竞争力；另一方面提供拓展亚洲素养的途径，包括熟悉亚洲的历史和习俗，接触亚洲语言，以便更好地与亚洲国家和地区接触。为了实现这些目标，白皮书设定9个具体实施的内容，其中与发展亚洲素养有关的有：①扩大塔斯马尼亚州劳动力的规模和技能基础，通过教育部制定和实施亚洲教育战略。作为对亚洲世纪的回应，该州将探索创新方法在亚洲研究中的应用，以提高学习选择的可及性和范围。②促进塔斯马尼亚州的多元人口发展，改善塔斯马尼亚州人对亚洲文化和经济意识的不足。该白皮书支持塔斯马尼亚州大学制定国际教育战略，如到2018年显著增加国际学生注册的计划；支持国际教育产业圆桌会议，如维持塔斯马尼亚州作为一个独特的和一流的学习目的地在关键市场的品牌；通过政府教育和培训国际组织，吸引亚洲国际学生到塔斯马尼亚州的学校就读；支持社会包容和法治，维护一个友好和包容的社会。塔斯马尼亚州政府将制定包括社区利益相关者和澳大利亚政府在内的综合传播战略，重点关注亚洲世纪的潜在利益（特别是通过国际教育、投资、贸易、移民和发展文化理解所获得的），并让社区利益相关者参与塑造塔斯马尼亚州在亚洲世纪的未来；重振塔斯马尼亚州的商业和技术移民项目，包括促进移民机会，把它作为塔斯马尼亚国际商业投资和吸引学生战略的一部分；加强与澳大利亚移民和公民事务部（Australian Department of Immigration and Citizenship，ADIC）和澳大利亚政府移民论坛（Australian Government Immigration Forums，AGIF）的合作，以增加塔斯马尼亚州的移民流和提高他们的留驻率，包括为澳大利亚地区制定移民计划提供投入；将亚洲移民和学生融入塔

① 《塔斯马尼亚州在亚洲世纪中的定位证据基础》通过详实的数据全面分析亚洲世纪中塔斯马尼亚州面临的机遇和挑战的证据事实。

斯马尼亚州的多元文化规划和政策框架；根据政府各层面的合作以及与行业组织的合作，包括与企业合作，最大限度地利用亚洲的大学生劳动力，制定额外的策略，以改善移民的安置情况；通过扩大亚洲的姐妹城市关系增加塔斯马尼亚州学校的国际亚洲学生人数，以及利用澳大利亚政府颁发的澳大利亚奖（亚洲世纪）促进教育和商业伙伴关系；支持塔斯马尼亚大学建立新的亚洲研究所，作为现有大学和更广泛的塔斯马尼亚州的亚洲专业知识的中心，开展研究、教育和发展活动。③通过更多的亚洲投资、旅游和更好地进入亚洲市场的机会，为塔斯马尼亚人带来源源不断的利益，将霍巴特打造成一个世界级的国际宜居海滨城市。制定和实施霍巴特首府城市计划，将扩大国际教育和研究、发展公共交通和增加市中心生活的努力结合起来，以促进国际移民的增加。州政府根据其他亚洲友好城市发展的方法与当地政府合作，提高对国际学生、游客和移民的信息和服务的可及性，并有可能应用于其他塔斯马尼亚州的自治市。④优化塔斯马尼亚州的基础设施。州政府将与包括贸易、旅游、国际教育在内的关键部门合作，促进总需求，促进机场基础设施建设。⑤通过改善与亚洲市场的关系，提高生产、物流和营销效率，扩大优势领域的生产规模。在食品、林业、旅游、制造业、服务和教育部门建立塔斯马尼亚州的品牌协同效应，政府将在中国设立代表处，以支持关键部门的机会营销，初期重点是林业、矿业、教育和移民；与企业合作，实施亚联劳动力能力项目的建议，包括项目如何将现有的教育计划和活动联系起来；在亚洲发展文化意识，建立商业和社会网络，包括通过总理主持年度亚洲塔斯马尼亚州的大型活动来增强和巩固重要的亚洲联系，以及利用塔斯马尼亚州已经支持的活动。⑥以世界级的研究中心和直接的后勤支援为基础，把霍巴特打造成亚洲进入南极大陆和南大洋的门户。优先把霍巴特建成世界一流的南极门户，把促进南极合作作为澳大利亚与亚洲外交的根本目标；探讨高等教育资助计划资助国际南极队的可行性，为来自澳大利亚、亚洲和世界各地的年轻人提供实践培训、技能和经验，以支持南极和南大洋的产业。

为了实现白皮书关于亚洲素养教育的目标，塔斯马尼亚州于 2013 年制定了《参与亚洲战略（2013—2015）》（*Engaging with Asia Strategy 2013 – 2015*）的亚洲教育战略。该战略关注五个方面的重点，即实施《澳大利亚课程》，重点关注亚洲以及澳大利亚与亚洲的交往；通过专业学习和跨文化交流建立领导力支持；通过专业学习和跨文化参与来发展教师能力；激发学生对亚洲文化和语言的兴趣；让家长、社区和其他关键利益相关者参与到支持有关亚洲内容的课程建设之中。

除了以上九个州制定亚洲参与战略之外，其他各州也纷纷开展类似的行动。如南澳大利亚州制定的《超越国界：南澳大利亚州国际接触框架》的重点是亚洲，其中面向亚洲的国际教育是其跨越国界战略的重要组成部分。2019 年该州又公布了《国际教育战略（2019—2029）：在一个多样化和相互联系的世界中学习》，强调培养学生的“跨文化理解”“国际化思维”“全球公民能力”。澳大利亚首都地区制定了《亚洲世纪的澳大利亚首都地区》战略，通过“亚洲语言”“教育出口”“姐妹城市关系”“商业、贸易和投资联系”等七个关键的行动领域，把握亚洲发展机遇，促进首都地区经济持续增长和多元化。2013 年昆士兰州发布《昆士兰计划：昆士兰 30 年的愿景》（*Queensland Plan：a 30-year Vision for Queensland*），其目标是建立一个丰富的、具有良好的亚洲素养的企业网络。2016 年，昆士兰州政府制定《推进昆士兰的国际教育和培训战略（2016—2026 年）》（*International Education and Training Strategy to Advance Queensland 2016－2026*），提出目标：利用昆士兰的比较优势，将昆士兰重新定位为亚太地区国际教育和培训的主要目的地，希望到 2026 年为澳大利亚的整体地位和 20% 的全国市场份额做出贡献。北领地政府 2018 年制定的《国际参与、贸易和投资战略规划（2018—2021）》将战略定位于加强与亚太地区，尤其是中国、印度尼西亚、印度和日本等国家的联系，其中明确要通过学校培养亚洲能力的目标。由于澳大利亚实行的是联邦制，各州对教育具有较大的权力，在推进亚洲素养政策方面既遵循澳大利亚政府的总体思路，也更加注重从州的实际出发，加深与亚洲的联系，在推进自身的亚洲教育战略方面具有一定自主权。

三、学校的角色

学校是弥补亚洲素养政策多元辩证空间差距的领导者。随着全球化进程的加速，学校教育在培养具有国际化意识人才，推动学生跨国的区域流动，跨境学校交流与合作，跨文化理解和文化创新等方面发挥着重要的角色功能。当像全球化这样的跨国进程对学校课程采取更广泛的参考框架施加越来越大压力时，本土和区域的重新配置将需要一个具有亚洲素养的澳大利亚学校教育体系。亚洲教育基金会在向《亚洲世纪中的澳大利亚》白皮书提交的意见书中重申学校教育是让所有澳大利亚年轻人具备亚洲素养的最有效途径。这一点得到了《亚洲世纪中的澳大利亚》白皮书的确认，白皮书指出：“发展关于亚洲各国历史、文化、社会和语言的知识基础在于学校。”可以说，各级各类的学校是培养具有亚洲素养人才、实施亚洲素养教育的集中场所。根据亚洲教育基金会代表澳大利亚政府教育就业和劳资关系部（Australian Government Department of Education，Employment and Workplace Relations，DEEWR）管理和推广的大型项目“具有亚洲素养：学校资助项目”

的实践数据，学校亚洲素养教育促进了教师能力提升、学生学习改进、教学方法创新以及澳大利亚与亚洲学校合作关系的建立。从其资助的学校收集到的定量数据显示，澳大利亚学校在发展亚洲素养的“教师能力”“需求和可持续性”“语言和学习相结合的方法”“学生学习”等方面取得了显著进展。具体成效见表 4－1。

表 4－1 “具有亚洲素养：学校资助项目”取得的主要成效

类型	主要成效
教师能力	·93% 的“具有亚洲素养：学校资助项目”领导人报告说，他们有关亚洲地区的知识和了解有所增加。 ·“具有亚洲素养：学校资助项目”推动了教师参与其他旨在促进教师专业学习的亚洲教育基金会项目，包括“通过跨文化对话和不断增加的接触来建立关系”项目、亚洲学习项目和 21 世纪领先的学校项目
需求和可持续性	·90% 的项目以亚洲语言为重点，这支持了澳大利亚政府的承诺，即提高到至少 40% 的 12 年级学生学习外语。 ·9% 的澳大利亚学校注册了“具有亚洲素养：学校资助项目”助学金，这表明相当多的澳大利亚学校有能力并愿意发起、开发或整合亚洲素养课程和教学方法。 ·在地区、农村和偏远地区的学校对亚洲素养有很大的兴趣并愿意践行承诺。“具有亚洲素养：学校资助项目”的 521 所学校中，有 253 所（占总体的 49%）属于这类学校。 ·90% 的项目负责人认为他们的项目在资助期之后是可持续发展的。 ·通过参与“具有亚洲素养：学校资助项目”，学校可以参与到亚洲教育基金会的其他项目中，包括“通亚学校项目”（Access Asia）和“亚洲素养大使”（Asia Literacy Ambassadors）（除了亚洲教育基金会的专业学习课程外）
语言和学习相结合的方法	·“具有亚洲素养：学校资助项目”的学校数据显示了综合语言和研究方法对支持亚洲素养发展的重要性——60% 的成功项目采用了综合方法，30% 侧重于语言，10% 侧重于亚洲研究
学生学习	·95% 的项目负责人表示，学生有关亚洲的知识、技能和了解有所增加

随着学校日益认可和接纳亚洲素养教育，学校在组织特征上转型为具有亚洲素养的学校。在澳大利亚，具有亚洲素养的学校被概括为这样一种学校：学校认可将有关亚洲的学习纳入学校课程中的重要性，并且制定相关的政策以确保学生对亚洲不同国家以及它们与澳大利亚的交往的历史、地理、社会、艺术、文学和语言有基本和深入的知识、技能和理解。

学校在领导方式、人才培养目标、组织结构、课程设置以及外拓关系方面发生了根本性变革，这些变革是学校在实施亚洲素养教育过程中所发生的改变，反映出学校在实施亚洲素养教育中的角色价值。图 4－1 反映了在实施亚洲素养教育的学校，学校组织、教师、校长和学生所展现出来的特征。

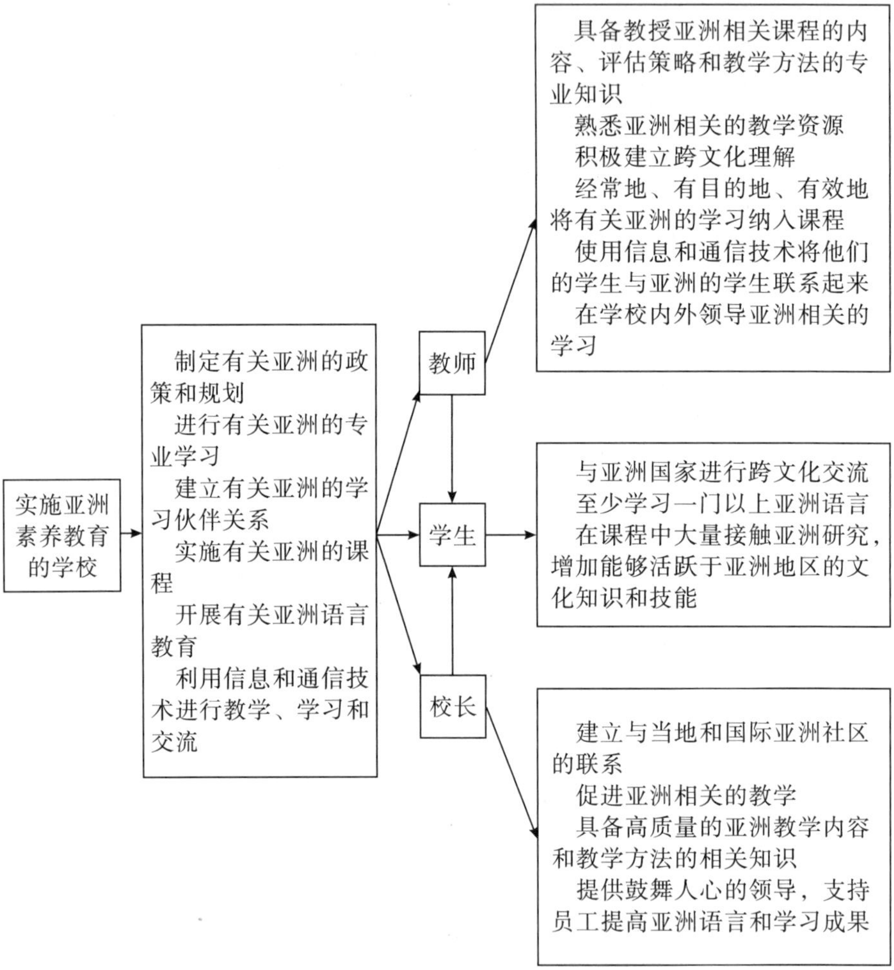

图 4－1　实施亚洲素养的学校特征①

具有亚洲素养的学校，学校的教学和组织结构有着如下的特征：①学校把课程重点放在有关亚洲地区及有关澳大利亚与亚洲在所有学科领域的接触上，并确保每个学生在离校时都能获得跨文化理解的一般能力。以亚洲为重

① 亚洲素养的教师和校长特征借鉴克里斯汀·哈尔斯等人的《亚洲素养和澳大利亚的教师队伍》研究报告。

点的课程将是明确的、有计划的和受监督的。高质量的亚洲重点课程资源和国际学校合作伙伴项目将成为标准。以亚洲语言为主的语言课程将作为核心课程提供给所有学生。②学校政策把全球竞争力和所有学生的亚洲能力作为核心成果，实现这些目标的战略将被纳入学校的战略和运作计划，以确保充足的资源。③学校领导加深他们对变化中的全球经济、社会和文化背景以及澳大利亚在亚洲地区的定位的了解，以确保学校教育的持续相关性。④鼓励教师在课堂上规范对亚洲的研究，并将全球能力置于前沿。他们将有足够的资源继续建立自己对亚洲和世界的知识，并探索新的教学方法，以发展相关的知识和能力。⑤国际合作，特别是与大多数的亚洲学校合作并成为每一所学校的一部分。⑥每个学生都对有关亚洲地区及有关澳大利亚与亚洲的交往，包括通过学习另一种语言，形成基本和深入的知识。⑦以证据为基础的学生进步评估遍及学校社区。社区文化多样性将被接纳，并作为国际联系和发展学生的国际意识和跨文化理解的支持。

四、非政府机构的角色

在澳大利亚，非政府机构是实施亚洲素养教育的重要而坚定的参与者，它们通过提供概念框架、教育资源、研究报告以及交流与合作项目等为亚洲素养教育提供强有力的支持。这些非政府机构主要有亚联、亚洲教育基金会、澳大利亚亚洲研究协会。

（一）亚联①

亚联（Asialink）成立于 1989 年，由澳大利亚政府未来委员会（Commission for the Future）和迈尔基金会（Myer Foundation）联合发起，现在是墨尔本大学管理的一个非学术机构。在成立之初，迈尔家族向未来委员会提议，亚联要重点关注澳大利亚与亚洲的关系。目前，亚联的业务遍及商业、艺术、教育和第二轨道外交等领域，旨在增进澳大利亚与亚洲国家之间的了解和关系。亚联在澳大利亚和亚洲提供高级别论坛、国际合作、领导力培训、教育、社区卫生和文化项目，推行多元化的计划及措施。亚联是信息、培训和专业网络的主要提供商，其在墨尔本、悉尼和布里斯班设有办事处，在新加坡设有地区分部。亚联官方网站提供的资料显示，亚联是澳大利亚促进公众了解亚洲国家和增强澳大利亚在该地区的作用的主要中心。其目标是通过构建知识、技能和伙伴关系的思想领导和创新项目，为建设一个有亚洲

---

① 相关信息来自“亚联”的网站。

能力的、深入参与亚洲事务的澳大利亚做出贡献。

当前，亚联一共开展亚联商业、亚洲教育基金会、亚联艺术、亚联外交和墨尔本大学孔子学院等五个项目。

1. 亚联商业

2012 年，亚洲能力劳动力特别工作组成立，其旨在制定一项国家战略，使澳大利亚劳动力具备开发亚洲崛起机遇所需的关键能力。该工作组与波士顿咨询集团合作，发现了该地区商业成功与“亚洲能力”（6 种个人能力和 5 种组织能力的组合）之间强烈的相关性。鉴于这些能力在澳大利亚劳动力中发展不足，工作组的主要建议是建立一个国家亚洲能力中心（即后来的亚联商业），该建议后来被澳大利亚政府采纳，亚联商业（Asialink Business）于 2013 年成立。同年 7 月，澳大利亚联邦政府宣布，将在未来 10 年内为该计划提供 3 600 万美元资金。作为澳大利亚国家亚洲能力中心，亚联商业项目通过实践培训项目、研究和活动，帮助组织加深与亚洲不同市场的联系，与各个经济部门的组织建立了业务伙伴关系，以开发成功与亚洲开展业务所需的关键技能、知识和网络。它的能力发展项目、研究产品和计划使教育机构、企业和组织发展对有关亚洲市场和商业环境、文化和政治环境的基本知识，从而更有效地与亚洲打交道。它与亚洲教育基金会合作开发了一个定制的跨文化智力培训项目，旨在建立文化能力技能，以加强教师和学校领导对自身文化倾向的认识，建立对文化异同的理解，并创造积极的课堂环境。

2. 亚洲教育基金会

1992 年，亚联与国家课程公司合作，赢得了与联邦教育、培训和青年事务部的竞标，建立了亚洲教育基金会（Asia Education Foundation，AEF）。该基金会是澳大利亚墨尔本大学亚联发起的一项全国性的非营利项目。亚洲教育基金会与所有州和地区教育部门、天主教和私立学校系统合作，将亚洲研究引入课程的各个领域，为学校领导、教师和学校提供课程资源、专业学习、创新项目和网络，以培养澳大利亚学校青年对亚洲的适当理解、知识和技能。近年来，亚洲教育基金会成立了“亚洲素养商业联盟”和“亚洲素养教育联盟”，这些联盟都由大公司、顶尖机构以及教育机构和社区组织组成，试图改变澳大利亚的学校课程，使之更注重亚洲地区。亚洲教育基金会提供丰富的教育资源、国内外专业学习、创新项目和丰富的网络，将澳大利亚学校与亚太地区 20 多个国家联系起来。

3. 亚联艺术

亚联艺术（Asialink Arts）为促进澳大利亚与亚洲的艺术交流、增强双方对彼此文化的了解提供了一个广泛的平台。亚联艺术在亚联集团内开展合作，提供涵盖外交、商业和教育领域的技能和知识。亚联艺术在三个领域中发挥着作用：①思想领导，包括扩大跨部门对话和倡议的艺术视角，在本地区重要问题上影响政策和公共讨论，培养公众对该地区面临挑战的细致入微的理解。②合作和交流，包括促进和支持具有创造性的、持久的机构间和人员之间的合作与伙伴关系，强调相互交流、发展关系、能力建设和创新。③能力发展，包括为澳大利亚和亚洲的艺术事业开拓观众和市场；建立澳大利亚艺术家和创意产业的能力，利用该地区的商业发展机会。

4. 亚联外交

亚联外交（Asialink Diplomacy）将澳大利亚的主要学者、评论人士、商界人士和外交官与亚洲国家的同行聚集在一起，讨论双边和地区关系，参与和领导第二轨道外交活动。其使命是在澳大利亚和亚洲之间建立更有效、更紧密的关系，并塑造该地区的对话，发挥"文化软实力"的作用。它的目标有三方面：①影响政策，为深化和改善澳大利亚与亚洲的关系和在整个地区的影响力的政策制定提供意见；②发展网络，在该地区建立一个熟悉澳大利亚同行的领导网络；③知情与参与，为澳大利亚与亚洲关系的公开辩论提供信息并做出贡献，包括与更广泛的社区进行接触。目前，亚联外交负责两个项目，分别是澳大利亚—东盟新兴领导人项目和亚裔澳人领导力峰会。

"澳大利亚—东盟新兴领导人项目"是澳大利亚政府的一项倡议，也是澳大利亚—东盟理事会（Australia-ASEAN Council，AAC）的一个旗舰项目，由澳大利亚外交贸易部共同提供资金。它是一个为期三个月的领导力项目，面向来自东盟和澳大利亚的 15 位社会企业家。该项目包括项目前期教育，在胡志明市、雅加达和新加坡开展为期八天的强化项目，以及研讨会、网络活动、实地考察、文化活动和支持实施。该项目的目的是提高参与者的领导潜力，加强和扩大澳大利亚和东南亚之间的人文、专业和机构网络，展示当代澳大利亚和东南亚的创造力、创新和创业精神。

"澳亚领导力峰会"关注寻求高级领导职位的亚裔澳大利亚人面临的结构性障碍和机遇，同时探讨亚裔澳大利亚人在澳大利亚未来发展中的角色以及澳大利亚与亚洲关系的问题。

5. 墨尔本大学孔子学院

墨尔本大学孔子学院通过公共语言和商业课程、学校课程和专业发展机会，提高公众对中国语言和文化的兴趣和了解。

此外，亚联还扮演重要的智库作用，为澳大利亚实施亚洲素养政策提供咨询。比如，2012 年亚联与澳大利亚顶尖行业机构和商界领袖合作，编制了《亚洲能力劳动力战略报告》，这份战略报告包括更有效地培养澳大利亚未来的亚洲世纪劳动力的要求。该战略报告建议：企业必须与教育机构合作，为聚焦亚洲企业的国内外学生提供实习和工作的机会；企业应高度优先向教育和培训机构通报当前和正在出现的对亚洲能力的要求；大学、职业教育院校等必须将与亚洲相关的内容整合到各个学科和课程中；政府必须通过资助和政策支持大学和职业教育院校课程向亚洲能力的方向发展。

（二）亚洲教育基金会①

据亚洲教育基金会2014年的统计，自成立以来该基金会在澳大利亚3 500多所学校建立了项目和网络。10万名澳大利亚学校领导和教师参加了该基金会的专业学习项目，其中3 000名教育工作者在亚洲参与了学习项目。亚洲教育基金会已然成为目前澳大利亚国内推动亚洲素养教育的领导者。其主要的使命是帮助学校培养具有全球竞争力和亚洲能力的新一代澳大利亚年轻人。亚洲教育基金会围绕四个主题开展工作：①“培养学校领导人”，为中小学的领导者提供知识、工具、网络和资源，以引导学校改进，建立跨文化理解、语言学习以及对澳大利亚在世界上的地位的理解。②“为教师提供支持”，促进教师专业学习项目、丰富的在线课程资源与澳大利亚课程相结合，支持教师建立他们的知识和能力，帮助学生发展全球竞争力和亚洲能力。③“促进学生参与”，让学生有机会讨论重要的全球问题。把学生和导师联系起来，让他们展示现在和未来职场所需的能力。④“利用证据”，通过与澳大利亚和亚洲的学校和教育系统的合作，建立丰富的证据基础。

自成立以来，亚洲教育基金会已经建立了完善系统的实施项目，深入推进亚洲素养教育，构建了澳大利亚亚洲素养教育的实践框架。这些项目的主要实施目的和方式介绍如下：

1.“建设全球一流学校”项目

这个项目主要由两个子项目组成，分别是“21世纪的学校”和“21世纪领先的学校：参与亚洲计划”。“21世纪的学校”有三个实施目的：①提高学生在三个关键学习领域的学习成果——认知澳大利亚在世界上的地位、跨文化理解和语言学习。②协助学校收集与课程、学习和教学、学校领导和教师能力以及学校社区参与相关的进度数据。③支持学校解决差距，建立通过数据收集过程确定的优势。“21世纪的学校”提供定制化的解决方案，以确定各个学校和网络的需求和重点。这项服务适用于个别学校和学校网络。“21世纪领先的学校：参与亚洲计划”是澳大利亚最重要的专业学习项目，

---

① 有关亚洲教育基金会的相关信息，来自2017年亚洲教育基金会编写的《亚洲教育基金会手册》。亚洲教育基金会是亚联管理下的一个机构，这里单独阐述是因为亚洲教育基金会的相关实施举措主要是聚焦教育领域，而亚联是一个综合性更强的面向亚洲的机构，它不仅借助亚洲教育基金会、孔子学院等从教育领域，也从商业、艺术等视角推动澳大利亚与亚洲关系的增强。

旨在帮助学校领导者建立亚洲能力，引领变革，支持学校社区的亚洲能力。该项目与学校领导和教育工作者建立了一个大学支持网络，认识到校长在推动教育体制和学校层面的改革方面所起的关键作用，并在全国范围内培训了1 500多名学校领导，使他们具备领导具有亚洲素养教育的学校的能力。该项目关注提升领导能力和推动学生参与世界的道德责任，领导自己和他人改变和进步，领导教学和学习，领导校本行动。亚洲教育基金会与政府、非政府教育部门以及专业校长协会，如澳大利亚小学校长协会（Australian Primary Principals Association）和澳大利亚中学校长协会（Australian Secondary Principals Association）合作该项目。

2. “走向全球”项目

学生是亚洲素养教育的对象，推动学生与亚洲广泛的接触是培养学生亚洲素养的重要途径。“走向全球”项目让学生接触亚洲和世界，帮助他们发展必要的技能，以便在一个全球联系紧密、文化多元的世界中获得成功；还帮助学生将他们在课堂上学到的东西与未来的教育和职业道路联系起来。该项目与商业、工业、政府和社区组织合作，为学生提供如下支持：了解全球竞争力和亚洲能力的重要性；为他们的高等教育和职业探索未来的道路；加深他们对本地、区域和全球问题的认识，并考虑他们在社区行动中所扮演的角色；增加澳大利亚年轻人可获得的机会，包括申请奖学金、参与青年组织和政府举措，如新科伦坡计划。“走向全球”项目主要举措有：访问亚洲学校；成立互动工作坊，探讨在澳大利亚和国际不同行业工作所需要的学习选择、实践知识、跨文化、语言和协作能力；与澳大利亚外交贸易部共同成立“澳大利亚—东盟青年论坛”（Australia-ASEAN Youth Forum），学生通过角色扮演加深对东南亚国家联盟（东盟）成员国以及澳大利亚与该地区关系的了解；成立“全球目标青年论坛”（Global Goals Youth Forum），该项目是一项针对9年级和10年级学生的全日制项目，旨在加深他们对全球问题的理解，发展他们的全球能力。

3. “具有亚洲素养：学校资助项目”

2009年设立的“具有亚洲素养：学校资助项目”是国家亚洲语言和学校研究项目（NALSSP）的重要组成部分，由澳大利亚教育基金会代表澳大利亚政府管理，旨在帮助澳大利亚学校实施和加强更全面的针对学校的方法，以发展亚洲素养。从2009年到2012年，该项目收到了1 997份申请，通过三轮资助，为335个项目（代表521所学校）提供了720万美元。作为一项直接向学校提供资助的项目，“具有亚洲素养：学校资助项目”的运作方式使教师能够建立他们的专业能力和信心，以提高学生对亚洲的参与度、技能和知识。“具有亚洲素养：学校资助项目”使学校能够围绕四个关键主题开展亚洲素养教育实践，即“为亚洲素养创新教学方法和课程设计”“构建伙伴关系”“培养教师亚洲素养”“实现全校性对亚洲素养的承诺”。每一个主题都有各自的实施策略（见表4－2）。

表4－2　“具有亚洲素养：学校资助项目”的实施主题和实施策略

实施主题	实施策略
为亚洲素养创新教学方法和课程设计	·创新课程和教学方法，以更好地反映学生的学习需求； ·与专业和学术网络合作，帮助学校促进变革和开展实践； ·实施试验研究，以评估课程和教学创新对学生学习的影响
培养教师亚洲素养	·在语言学习方面进行创新实践的尝试，以期在全校推广； ·参与研究工作，以开展基于证据的实践； ·开展校内外教师培训； ·任命一个负责变革的教师领导团队； ·提供持续专业学习的机会
构建伙伴关系	·建立战略合作，以发展学生21世纪的能力； ·建立一种集体努力、相互尊重和分享专业目标的文化； ·在学校内部和学校之间建立可持续的伙伴关系； ·推广专业合作模式
实现全校性对亚洲素养的承诺	·识别课程创新的时效性，更好地反映《澳大利亚课程》的跨课程重点； ·发展推动和支持课程改革的教师领导； ·建立一个共享的、协作性的课程计划和实施体系； ·对课程改革的意义和价值在整个学校社区形成共同的理解

根据多年的实践，“具有亚洲素养：学校资助项目”被证实为学校提供了改变或更新的机会，有助于形成全校性的亚洲素养教育改革实践，推动学校领导方式和教师能力建设、教学范式和课程设计以及校内外合作伙伴关系建立等变革，从而培养学生亚洲素养。

4．“通过跨文化对话和不断增加的接触来建立关系”项目（简称“学

校桥”项目）

2008年建立的“学校桥”项目是一个著名的教师专业学习的旗舰项目。“学校桥”项目的目的是通过利用国际学校伙伴关系，培养教师能力，以实现以下六个同时适用于教师和学生的目标：发展文化知识和意识，提高亚洲语言技能，发展跨文化理解，发展和提高信息和通信技术技能，建立可持续的学校伙伴关系，建立学习者社区。“学校桥”项目采取的基本形式有：与合作教师在澳大利亚和亚洲联合举办专业学习课程，在合作学校之间制定课程合作计划，支持将全球协作整合到特定学习领域的教学中，让学生有机会使用新技术与伙伴学校的同学一起学习，等等。通过这些形式，“学校桥”项目已经发展成一种国际合作的学校模式，日益扮演着四种角色：多维度教师能力的建设工具、跨文化关系的推动者、真实学习的工具/来源、可持续学校伙伴关系的促进者。这些角色通过一系列实践领域的活动来实现其功能（见表4－3）。

表4－3　“学校桥”项目的内涵、角色和实践领域

“学校桥”项目的内涵	“学校桥”项目的四种角色	“学校桥”项目角色价值的实践领域
构建 关系 跨文化 对话 发展 参与	多维度教师能力的建设工具	·教学方法与信息和通信技术； ·跨文化理解； ·文化知识和意识； ·语言能力
	跨文化关系的推动者	·个人访问和交流； ·同步课堂联系； ·私人通信
	真实学习的工具/来源	·有意义地运用信息和通信技术； ·与母语人士交流； ·真正的跨文化学习资源； ·跨文化互动
	可持续学校伙伴关系的促进者	·领导力支持； ·学习者共同体； ·社区外拓活动

通过这些领域，“学校桥”项目被证实能够促进成功的跨国学校间的伙

伴关系。它展示了这些功能如何支持一系列的教学和学习目标，强调围绕共同目标、共同理解和对创新的承诺建立的伙伴关系是可持续的。截至 2017 年，“学校桥”项目促成澳大利亚 330 所学校与 10 个亚洲国家 330 所学校建立伙伴关系，直接参与到其中的教师有 985 人，影响到 10 万名学生。据统计，参与“学校桥项目”的 81% 的教师强化了信息和通信技术技能，97% 的教师提高了跨文化理解能力，71% 的教师表示学生在语言课上的参与度有所提高，83% 的教师提高了第二语言能力，95% 的教师扩展了对伙伴国家的历史、地理、文学、艺术和文化的知识和认识；学生方面，参与“学校桥项目”的 67% 的学生强化了信息和通信技术技能，90% 的学生提高了跨文化理解能力，92% 的学生扩展了对伙伴国家历史、地理、文学、艺术和文化的知识和认识，68% 的学生加强了语言技能并在实际生活中得到了应用和实践，由此可见“学校桥”项目初步实现了其设定的六个目标。

5. 课程项目

亚洲教育基金会在其网站提供了丰富的课程资源，课程资源与澳大利亚所有学习领域的课程一致，从基础阶段到 12 年级。课程资源可按国家、学科、年级进行检索。每个学习区域包括样本课程地图、详细的学习序列和数字资源列表，以及专业的教师学习资源。亚洲教育基金会根据亚洲素养的本质要求开发了亚洲语言教育、教师能力建设和跨文化理解在线工具包，这些在线工具包提供了工具和资源，以协助教师建立他们的亚洲能力，并为学生提供教学和学习的机会；提供了关于课程、学习和教学、语言支持和专业学习的信息和资源，以支持教师实施亚洲语言项目。

6. 赴亚洲学习项目

自 1993 年起，亚洲教育基金会一直举办各种短期学习课程，旨在满足学员对亚洲素养的需求，发展他们与亚洲相关的能力，并使他们能够在各自的学校领导亚洲素养教育。目前，亚洲教育基金会提供赴中国、日本、韩国、印度、马来西亚、不丹、尼泊尔、印度尼西亚、泰国、老挝和越南等国家的学习项目。业已开展的项目如下：

（1）赴华 STEAM 教育学习项目。

该项目通过接触 STEAM 教育的领军人物、沉浸式的跨文化学习体验和协作式的知识建设研讨会，旨在探索中国教育是如何适应和解决教育问题的。该项目在 STEAM 教育问题上分享和发展跨学科学习环境的方法，增强跨文化理解和能力，发展与澳大利亚和中国领先教育工作者的网络和关系。

（2）“学校领导层中的女性”试点项目。

该项目是亚洲教育基金会与墨尔本大学澳大利亚—印度研究所为教育与培训部开发的一个试点项目。该项目采用混合模式，为维多利亚州和印度选定的一批女性校长提供在岸和离岸的专业学习，支持校长们探索和讨论引领学校进行社会变革的主题，是“维多利亚州的印度战略：我们共同的未来”（Victoria’s India Strategy：Our Shared Future）的一部分，是加强维多利亚州和印度学校之间的交流的三个学校教育项目之一。其目的是培养澳大利亚女校长发展跨文化技能、领导能力和与印度同行的个人联系，推动她们更深入地参与印度事务。

（3）赴中国学校领导力奖学金。

该奖学金是一项为澳大利亚学校领导者提供跨文化学习的文化和教育计划。这项资助将为受助人提供在中国杭州进行深入的浸入式学习的机会。学习的形式有：与教育和社区部门领导人互动，出席校长国际论坛，参观杭州银湖实验中学等重点学校。该项目的目的是：增加澳大利亚学校领导者对当代中国的知识；进一步发展他们的跨文化技能，以支持合作关系的发展；拓展他们的专业网络以支持持续学习；通过分享他们在学校、社区和系统层面的参与成果，为他们的专业网络做出贡献。

根据亚洲教育基金会的研究报告，赴亚洲学习项目起到三个主要的效果：增强了文化知识和跨文化理解，从而促成了学校的变革；确保了与亚洲进行个人和专业的持续交流；形成一个广泛的学习者海外参与的网络和社区。

7. 研究项目

亚洲教育基金会自成立以来就和其他专业机构合作，围绕语言教育、亚洲能力、学校改进和国际化教育领域开展了广泛的研究并形成了专题研究报告，发挥着重要的智库作用。亚洲教育基金会在 2012 年 6 月到 2015 年 7 月间发布了《什么起作用》系列报告，就澳大利亚推动亚洲素养计划的政策环境、学校领导力、课程、教学、教师教育、信息技术应用、创造“亚洲需求”以及家庭和社区与学校合作等问题开展了广泛研究。这一系列报告采用案例研究的方法来展示学校的创新，明确了学校培养亚洲素养所涉及的关键要素，为学校教育培养亚洲素养提供了行动框架。

这些研究报告的主题及研究内容见表 4－4。

表4－4 《什么起作用》系列报告的主题

系列	主题	研究内容	发布年份	系列	主题	研究内容	发布年份
1	创造亚洲素养的需求	分析了学校亚洲素养的需求面临的挑战，探索澳大利亚的学校怎样在学生和学校社区中创造对亚洲研究与亚洲语言的需求	2012	6	澳大利亚—亚洲学校的合作关系	探索了基于“学校桥”项目的跨文化参与与互动的成功要素	2014
2	领导学校变革以支持亚洲相关能力的发展	分析了澳大利亚学校如何实施有效而持续的变革以便支持学生和学校社区的亚洲相关能力的发展。这些变革涉及课程、教学以及整个学校组织的变化	2013	7	亚洲项目研究	探索了澳大利亚国内研究项目对项目参与者个人与专业发展的潜在影响	2014
3	在澳大利亚课程中教授亚洲观点以实现跨文化理解：英语和历史	探究了学生的跨文化理解能力怎样通过亚洲相关内容的教学，尤其是英语与历史教学进行培养的问题	2013	8	家长和学校中的亚洲语言的学习	探索了学校怎样赋予家长权力以支持其孩子学习亚洲语言的问题	2015
4	在学校中采用信息和通信技术以支持亚洲相关能力的发展	分析了学校怎样利用信息沟通技术支持学生亚洲相关能力的发展问题	2013	9	在学校中实现跨文化理解	探索了澳大利亚学校中培养跨文化理解的策略	2015

续上表

系列	主题	研究内容	发布年份	系列	主题	研究内容	发布年份
5	学校变得具有亚洲素养	基于对“具有亚洲素养：学校资助项目（BALGS）”的数据分析，研究了构建具有亚洲胜任力的学校所需要的宏观变革策略	2013	10	教师教育和语言	探索了澳大利亚语言教师教育的问题，分析了现状及主要发展趋势	2015

除了以上项目，亚洲教育基金会还积极与澳大利亚联邦政府、州和领地政府以及其他专业性机构合作，从更广泛范围为亚洲素养教育创造支持性的环境。例如亚洲教育基金会与澳大利亚教学与学校领导协会等其他机构合作，帮助教师提高能力，为澳大利亚学生开发与亚洲相关的能力；与澳大利亚教育服务中心合作，为教师开发数字资源和在线专业支持，包括实施亚洲跨课程优先计划和教授亚洲语言。目前，亚洲教育基金会已经与教育和商业伙伴建立了联盟，形成两个专业性的联盟机制，即亚洲素养教育联盟和亚洲素养商业联盟，通过联结教育和商业伙伴的力量为学生加强亚洲能力提供有力支持。亚洲素养教育联盟是一个学校教育利益相关者的联盟，包括家长和专业协会。亚洲素养商业联盟汇集了一些顶尖的商业机构和 50 家顶尖企业，倡导学校教育应培养具有亚洲能力的学生。

（三）澳大利亚亚洲研究协会

成立于 1976 年的澳大利亚亚洲研究协会是汇集澳大利亚大学亚洲问题专家和教育家的最高机构，也是澳大利亚高等教育中以关注亚洲为重点的教育工作者的国家组织的代表。40 多年来，该机构致力于推动和支持澳大利亚大学对亚洲的研究以及更广泛的社会群体对亚洲的了解。其基本宗旨是：增进对澳大利亚与亚洲地区关系的了解；成为印度—太平洋地区研究管理和资料收集方面的卓越典范；增强学生和大学教师关于研究材料的范围和质量的了解和知识，以及如何最好地运用这些知识；以澳大利亚的视角对亚洲进行世界领先的研究。该协会通过以下两个方面开展工作。

1. 出版专业刊物和书系，开展研究并形成研究报告

这方面包括：①主编世界知名的季刊《亚洲研究评论》。它是一种有关现当代亚洲研究的多学科期刊，通过出版研究论文、书评和评论文章，展示

亚洲现代历史、文化、社会、语言、政治和宗教方面的高质量学术成果。②编写《亚洲时事通讯》（*Asian Currents*）期刊，定期发表简短而专业的评论。该刊物办刊的出发点是将澳大利亚的亚洲学术专家与记者、政策制定者、商界人士、艺术家和其他教育家联系起来，通过告诉读者研究领域正在发生的事情，使广大读者认识到增加澳大利亚的亚洲知识的重要性。③出版四个大型专著书系，即“东南亚丛书”“东亚丛书”“南亚丛书”“亚洲妇女丛书”。④发表研究报告。该协会会不时就澳大利亚的亚洲研究情况发表报告，目的是让澳洲的决策者和社会各界人士了解澳大利亚发展和支持亚洲研究的必要性。目前已经发表的主要研究报告有：1988 年斯蒂芬·菲茨杰拉德等人发表的《迈向一个具有亚洲素养的社会》，在该文中斯蒂芬·菲茨杰拉德首次提出了亚洲素养的概念。2002 年斯蒂芬·菲茨杰拉德等人发表的《最大限度地利用澳大利亚和亚洲的知识：重新定位和更新国家资产》，该报告认为澳大利亚需要更新的亚洲知识来源于澳大利亚大学人文和社会科学的危机意识，尤其是那些研究亚洲国家和教授亚洲国家相关知识的大学。调查数据显示，超过 80% 的人认为澳大利亚的大学在未来 5 年将面临更新的危机。20 世纪 80 年代末 90 年代初形成的亚洲研究的势头正处于危险之中。斯蒂芬·菲茨杰拉德等人提出了应该对澳大利亚的亚洲研究进行重新定位和规划的建议。2011 年墨尔本大学安妮·麦克拉伦（Annel McLaren）教授的研究报告《2008—2009 年澳大利亚高等教育的亚洲语言注册》是自 2001 年以来，澳大利亚亚洲研究协会对澳大利亚高等教育机构亚洲语言课程的入学率所进行调查的一系列研究报告之一。该调查每两年进行一次，并向澳大利亚亚洲研究协会的主席汇报。该报告建议，为了在澳大利亚高等教育中推广亚洲语言，澳大利亚亚洲研究协会有必要继续游说政府和媒体，获得政府和舆论的支持。

在向《亚洲世纪中的澳大利亚》白皮书提交的意见书中，澳大利亚亚洲研究协会再次肯定加强澳大利亚人民对深化亚洲素养和提高亚洲语言水平的理解、技能和专业知识以应对亚洲世纪的经济、社会和战略挑战的重要性。在提交的意见书中，澳大利亚亚洲研究协会提出以下诸多建议。第一，建立网络和系统，识别和创造性地整合现有资源，最大限度地在各级教育系统内推广亚洲素养。这些资源包括：①技术——用于教学、全球交流、自主学习等。②人员——分布在澳大利亚各地的亚洲移民，他们可以被有效地吸引到互惠互利的教育项目中，为亚洲素养提供动力；在亚洲生活和工作的澳大利亚人及带着亚洲素养返回澳大利亚的澳大利亚人，可以鼓励他们为澳大利亚有效的亚洲素养项目贡献他们的知识、能力和个人联系。第二，促进对知识创造和传播的重要性的更深层次的理解，为澳大利亚社会提供信息并做好准备，以最大限度地利用与亚洲社会同行的互利机会。第三，将亚洲素养政策付诸实践，全心全意地采取行动，把亚洲的知识、技能和联系建立到政策话语的逻辑里。在这个过程中必须了解到这不是一个一蹴而就的解决方案，教育需要时间才能产生有价值的结果。要使亚洲成为这个国家教育体系的主流，大约需要 10 年的稳健投资，并及时向商业、政府、媒体和主流社会产生积极的溢出效应。亚洲研究可以很好地纳入诸如国际研究和历史、媒体研究等课程，并可在网上向需要的人提供补充学习单元。

2023 年 2 月，澳大利亚亚洲研究协会发布最新研究报告《澳大利亚的亚洲教育势在必行：亚洲研究趋势和改革的途径》，报告重点关注了 2000 年至 2022 年澳大利亚大学在促进亚洲素养方面的趋势，概述了成就和挑战，指出缺乏协调一致的国家战略、大学部门的商业化和官僚化，以及社会科学和人文学科的真正衰落，是澳大利亚大学亚洲研究弱化的重要原因。报告最后建议澳大利亚政府和大学要用跨部门方法将联邦政府和州政府、中小学和大学、外交事务部门和教育部门联合起来，共同支持亚洲素养政策；澳大利亚需要一项得到两党支持的联邦战略来促进亚洲素养，大学需要与联邦政府合作，以确保相关机构的激励措施到位。

2. 召开两年一次的年会

这一年会是南半球最大的亚洲问题专家会议。会议面向全球的专家和学者，同时为推动青年学者和学生参加，专门设立澳大利亚亚洲研究协会研究生会议奖（ASAA Postgraduate Conference Awards），推动专家、学者和学生在会议上发表和分享最新的研究亚洲问题的成果。自成立以来，澳大利亚亚洲研究协会从没有间断过每两年一次的年会，历届年会的举办时间、地点和会议主题见表 4－5，它反映了参加年会学者对亚洲问题的广泛关注，并且这些问题具有很强的时代性。

表 4－5　澳大利亚亚洲研究协会历届年会举办地和主题

举办时间	届别	举办地点	会议主题
2022 年 6 月 5—8 日	第 24 届	蒙纳士大学	流行病时代的社会正义
2020 年 7 月 6—9 日	第 23 届	墨尔本大学	未来亚洲
2018 年 7 月 3—5 日	第 22 届	悉尼大学	区域研究及其他
2016 年 7 月 5—7 日	第 21 届	澳大利亚国立大学	亚洲的变迁、持续、创新和紧张局势
2014 年 7 月 8—10 日	第 20 届	西澳大学	亚洲景观：争议的边界

续上表

举办时间	届别	举办地点	会议主题
2012 年 7 月 11—13 日	第 19 届	西悉尼大学	认识亚洲：亚洲世纪的亚洲研究
2010 年 7 月 5—8 日	第 18 届	阿德莱德大学	未知
2008 年 7 月 1—3 日	第 17 届	蒙纳士大学	未知
2006 年 6 月 26—29 日	第 16 届	伍伦贡大学	未知
2004 年 6 月 29—7 月 2 日	第 15 届	澳大利亚国家会议中心	未知
2002 年 6 月 30—7 月 3 日	第 14 届	塔斯马尼亚大学	主权之后：国家和地方
2000 年 10 月 3—5 日	第 13 届	墨尔本大学	谁的千禧之年
1998 年 9 月 28—10 月 1 日	第 12 届	悉尼新南威尔士大学	未知
1996 年 7 月 8—11 日	第 11 届	乐卓博大学	与亚洲沟通
1994 年 7 月 13—16 日	第 10 届	莫道克大学	亚洲的环境、国家和社会：20 世纪的遗产
1992 年 7 月 6—9 日	第 9 届	新英格兰大学	亚洲工业化的挑战
1990 年 7 月 2—5 日	第 8 届	格里菲斯大学	澳大利亚和亚洲：迎接未来的挑战
1988 年 2 月 11—15 日	第 7 届	澳大利亚国立大学	未知
1986 年 5 月 11—16 日	第 6 届	悉尼大学	亚洲人的际遇：观念、政治和利益
1984 年 5 月 13—19 日	第 5 届	阿德莱德大学	澳大利亚在亚洲：亚洲与澳大利亚日益增强的互动的前景和问题
1982 年 5 月 10—14 日	第 4 届	蒙纳士大学	未知
1980 年 8 月 25—29 日	第 3 届	格里菲斯大学	未知
1978 年 5 月 14—18 日	第 2 届	悉尼新南威尔士大学	未知
1976 年 5 月 4—16 日	第 1 届	墨尔本大学	未知

每一届年会都吸引了很多来自全球尤其是来自亚洲的专家、学者和学生参加，例如由悉尼大学主办的2018年大会就吸引了近1 000名参会代表。这些亚洲问题的研究群体赴澳大利亚参会，与澳大利亚国内的亚洲问题研究者进行了思想的碰撞，有助于深化对亚洲问题以及澳大利亚与亚洲关系的系统的和多学科的研究，提升澳大利亚对亚洲的整体理解。

第二节　澳大利亚学校亚洲素养教育的实践路径

蒙纳士大学教授岩渊浩一（Koichi Iwabuchi）指出："为了挖掘亚洲素养的根本潜能，仅有对概念性和表征性问题的批判性审思是不够的。它必须转化为学校的真实实践及与课程、学科内容、教师培训及专业学习有关的学校教育。如果我们准备将亚洲素养融入一种持续的创新学习过程的话，就要谨慎认真地处理这些困难的教学问题。并且这一学习过程并不局限于学校教育；怎样推动和将之与一个更广泛的社会学习过程相关联是进一步的挑战。"① 这对实施亚洲素养的学校而言意味着变革，一种系统的校本文化变革：将广泛的政策资源与学校办学过程的各个环节进行有效的衔接，从而使学校在组织特征上更具有亚洲素养。无疑，从目前澳大利亚国家教育政策的导向和学校的实践上看，亚洲教育基金会基于《什么起作用》系列报告所明确的学校改进的七个关键领域，即支持性政策、学校领导力、教师能力、课程与资源、教学方法、创造需求、社区与家长参与等②，可以为我们归纳澳大利亚学校亚洲素养教育的实践路径，提供分析框架。

一、构建支持性的政策框架

教育政策可以被正式理解为政府在教育实践方面采取的行动，以及政府如何在一个特定的系统中处理教育的生产和提供。换句话说，教育政策是落实政府教育目标的行动框架，为教育行动提供支持，为教育目标设定和教育资源分配提供基础。澳大利亚政府认识到有必要加强与亚洲各国及其人的关

---

① HALSE C. Asia literate schooling in Asian Century [M]. London and New York: Routledge, 2015: 16.

② 鉴于课程与教学的内在关系，本书将《什么起作用》提出的课程与资源建设及教学方法两条路径结合起来论述。由于家长和社区都是创造亚洲素养需求的重要影响因素，所以在本节中，本书将这个路径与创造亚洲素养需求的路径合并起来论述。

系，并通过教育等手段促进亚洲相关能力的发展。为了支持学校亚洲素养教育，澳大利亚政府极力构建了一个政府、社会和学校共同参与的支持性政策框架。这一支持性政策框架的基本特征是政策价值的延续性、政策参与主体的协作性、政策框架的系统性以及国家政策与基层政策的协调性。第一，政策价值的延续性。自20世纪70年代以来，亚洲素养一直是澳大利亚政府政策议题的一部分。无论是20世纪90年代的《陆克文报告》（1994）及随后实施的“澳大利亚学校亚洲语言和研究国家战略”（1995），还是21世纪的《在澳大利亚学校里促进澳大利亚青年接触亚洲的国家宣言》（2006）、《澳大利亚青年教育目标的墨尔本宣言》（2008）、《澳大利亚学校中亚洲素养的国家宣言（2011—2012）》、《亚洲世纪中的澳大利亚》（2012）、“澳大利亚国家课程”（2013）以及“国家学校改进计划”（2014）等，都保持着强调亚洲素养的政策惯性，致力于培养学生对澳大利亚在世界尤其是在亚洲区域中的地位的认识、跨文化理解能力以及亚洲语言能力。第二，政策参与主体的协作性。虽然澳大利亚教育的管理权力主要集中在州一级，但是类似澳大利亚政府委员会这样的跨部门政府机构和亚洲教育基金会、澳大利亚亚洲研究协会这样的全国性专业协会的存在，确保了亚洲素养教育成为这些多元主体的共同目标和责任。在这一协作性的参与框架之中，政府及其内设部门起着政策导向、财政支持与沟通协调的作用；亚洲教育基金会和澳大利亚亚洲研究协会等非政府机构发挥着提供概念框架、教师培训、学生国际参与、语言培训和智库咨询等功能；澳大利亚教学与学校领导协会通过确定“亚洲素养教师和校长的专业标准”，提供质量标准；而学校作为培养具有亚洲素养的人才的集中场所，是亚洲素养文化知识教学、科研以及推动国际交流与合作的重要机构。第三，政策框架的系统性。目前，澳大利亚的亚洲素养政策已经形成具有明确的教育目标、教育内容、教育战略、教育项目和教育实施主体的且具有内在一致性的框架体系。第四，国家政策与基层政策的协调性。这种协调性的目的在于确保国家亚洲素养政策落地实施。例如，根据国家亚洲素养政策的要求，各州基于自身实际制定了相关的战略。亚洲教育基金会的《什么起作用》系列报告认为，作为一项国家宏观的教育政策，若要在学校中得以施行，需要对学校进行结构的、政策的和程序上的改革，并将政策相关要求系统化为学校政策、课程和教学法的规划与设计的一部分。在成功实施亚洲素养的学校中，可以看到这种政策的协调与转变。比如在课程资源的衔接和创新实践方面，有些学校根据《澳大利亚课程》相关学科领域的要求对课程和教学形式进行重新设计，并通过数字技术为学生提供合作学习的机会，《什么起作用》研究报告列举了这些学校的实践案例（见表4－6）。

表4-6 若干澳大利亚学校实施亚洲素养的方式

学校	学校所在州	实施方式
亨廷戴尔小学	维多利亚州	以英语和日语为蓝本，采用最佳的识字教学方法，实施和发展一项双语识字计划
伊拉瓦拉体育高中	新南威尔士州	将信息通信技术工具和设备整合到亚洲选修课和印度尼西亚语研究中，重点培养学生自主研究能力
兰斯顿·新月小学	塔斯马尼亚州	将印度尼西亚语学习与科学学科相结合，创建有关“城市自然保护区的生物多样性”的双语（英语和印度尼西亚语）翻译课程
玛嘉列河小学	西澳大利亚州	整所学校的重点是在课程中融入亚洲的内容
墨尔本书法学校	维多利亚州	运用循证实践，设计出一套完整的中国语文课程地图
韦弗利山中学	维多利亚州	以文艺复兴为关注点，在历史教学中运用“内容和语言整合的学习方法”进行日语教学
欧佛纽顿·圣公会社区学院	维多利亚州	关注纳入亚洲视角的课程更新，并在英语和历史课程中采用变革方式培养跨文化理解

二、构建共享式的学校领导力

构建强有力的学校领导力是将亚洲素养政策转化为实践的基本动力和首要条件。克里斯汀·哈尔斯教授在《亚洲素养和澳大利亚的教师队伍》的研究报告中指出：“（亚洲素养）政策措施的成功与否将取决于教师和校长推行《澳大利亚课程》的跨课程亚洲重点的能力。”这种能力就是对亚洲素养的领导力。有效的学校领导力在建立亚洲素养的政策和项目、发展学校伙伴关系、实施亚洲语言项目、获得更高层次的跨文化理解和推动父母参与该领域等方面起着关键的作用。《什么起作用》报告指出：“要成功地将亚洲素养融入课程，确保与亚洲相关的研究和项目的可持续性，并支持学生发展跨文化理解，学校领导必须做的不仅仅是监督一个独立的项目或一个‘好主意’。领导者需要在环境中更深入地了解亚洲素养，并利用他们关于变革和创新的知识来推动持久的教育发展。……虽然学校层面的领导仍然是最重要的，但学校和系统之间的集体领导能够创造变革的推动力。”这种集体领导，就是加拿大教育改革理论家迈克尔·富兰（Michael Fullan）所称的“集体能力”，它使政策和资源重新调整聚焦于学生、教师和领导者的深度学习伙伴关系，以获取和培养深度学习。这实际上是给学校领导和教师赋权，使其在全校性推进亚洲素养教育的事业上拥有各自的角色权力。成功实施亚洲素养的学校实践表明，这些学校中的领导权力呈现出一种共享式的权力分布模式，它使学校的领导权力突破集中于学校领导层权力体系的局限，促进教师、学生以及家长、社区等利益相关者的共同参与。根据《什么起作用》研究报告的论证，共享式的学校领导力拥有如下的特征：领导者拥有一种建构亚洲素养的强烈道德使命感，以团队形式开展工作，为系统化的全校的变革建构动力，并且教师领导者个人激励同事对课程和教学法进行创新；支持研究和遵循事实证据的实践，理解亚洲素养的重要性并选择适当的课程和教学方法；处于共享领导模式中的教师领导者将学生学习置于优先地位。

西澳大利亚州的玛格利特河小学（Margaret River Primary School）所形成的学校领导力模式就反映了这种共享式的领导力特征。在玛格利特河小学，整所学校的重点是在课程中融入亚洲的内容，将亚洲视角融入他们的办学规划和教学中。为了确保这一系统改革能够成功进行，校长思南·卡里莫夫斯基（Sinan Kerimofski）委任印度尼西亚语教师贾尼斯·邓洛普（Janice Dunlop）为“参与亚洲委员会”（Engage Asia Committee）的主席，该委员会由校长、副校长及所有三级教师组成。这些三级教师负责统筹各年级或专门教学范畴，包括学科组长、英语之外的语言教师以及专业教师代表。委员会组织所有成员一起讨论在全校范围内实施亚洲素养教育的问题。在这一领导结构中，共有16位领导者支持校长的愿景，以实施整个学校的变革。在与《澳大利亚课程》相一致的情况下，这些领导者致力于在整个学校发展对亚洲的研究，他们创造并巩固了统一的课程规划和教学方法。这些领导人支持教师提供以亚洲为中心的课程，并计划让学生使用21世纪的教学方法，如探究、更高层次的思维技能、Web 2.0技术、创造力和设计。校长也通过积极参与学校的“参与亚洲委员会”，展示他建立亚洲素养的动机。这种模式的综合效果是学校的所有领导都鼓励和激励教师、学生和家长将亚洲素养视为学校的整体重点。校长思南·卡里莫夫斯基指出：“整个学校的领导力分布在这个委员会的所有成员之中，他们以行政管理的视角推动了学校的很多项目。这一点体现在学校所有规划业务和战略之中，并贯彻整个学校。”除了学校领导层之外，所有成员被赋予了更多权力和责任去承担课程领导领域的变革任务。尤其是印度尼西亚语教师贾尼斯·邓洛普被赋予重要的权力(任该校“参与亚洲委员会”主席和该校“具有亚洲素养:学校资助项目”的主持人,负有协调整个学校亚洲研究方法的责任),实现从单一的语言教师身份向帮助和指导其他教师以有效规划以亚洲为重点的探究主题的“教师—领导者”身份转变。对于贾尼斯·邓洛普来说,其自身的角色转变以及学校“参与亚洲委员会”的成立增强了其他教师对其工作的支持,更重要的是凝聚了学校共识,增强整个学校对亚洲素养对学生学习重要性的认识。

三、发展可持续的教师能力

澳大利亚教育研究委员会学者约翰·海蒂(John Hattie)等人的研究显示,在影响学生成就的因素之中,教师质量是最重要的影响因素,约占造成学生成绩差异的30%。教师对学生的价值观形成和跨文化理解能力的提升有着重要影响,他们是亚洲素养政策和项目行之有效的重要联结点。克里斯汀·哈尔斯等人认为:“建设一支具有亚洲素养的教师队伍,将意味着提高教师和学校领导在实现整个《澳大利亚课程》中亚洲重点目标的素质和责任感。根据亚洲教育基金会的说法,这不仅仅是教师供应的问题,而是将亚洲知识视为教师职业能力的问题。这种能力是通过职前教师教育和持续的专业学习发展起来的,是通过教学实践实现的。因此,建设一支具有亚洲素养的教师队伍,需要在师资准备、专业学习和资源方面进行投资,以支持教师提供以亚洲为中心的课程和教学方法。它还需要前瞻性和战略性的学校领导来创建学校和课堂环境,以及当地和国际伙伴计划,以加速亚洲语言和研究的学习。”研究发现,澳大利亚学校采取以下途径构建可持续的具有亚洲素养的教师能力。

第一,提供高质量的教师教育。教师教育是确保在职教师向学生教授亚洲内容的前提。人们有理由担心,如果教师教育工作者没有在高等教育环境中接触亚洲素养问题,那么在职教师向学生有效传授亚洲素养的希望就很有限。亚洲教育基金会在其《澳大利亚学校亚洲素养国家声明(2011—2012)》指出:根据调研数据,职前教师教育在确保新教师在所有学习领域和教育层次上能够参与亚洲素养的教学方面具有关键作用。为教师提供与亚洲和澳大利亚有关的新内容知识的持续培训和专业学习,也是教师实施《澳大利亚课程》所必需的。亚洲教育基金会在2013年的“亚洲素养教师教育圆桌会议”（Asia Literacy Teacher Education Roundtable）的一份讨论文件中再次明确：“未来的教师需要职前教育为他们提供技能、知识、理解、工具和气质，使他们在教学中融入亚洲；执业教师需要通过专业学习和研究生教育课程不断发展这些技能，以确保他们的教学仍然与迅速发展的亚洲地区相关。”基于具有亚洲素养的教师特征，亚洲教育基金会根据克里斯汀·哈尔斯等人的研究提出一个整体推进亚洲素养的教师教育方块（见表4－7）。

表4－7　整体推进亚洲素养的教师教育方块

<table>
<tr><th>职前教师教育</th><th>在职教师教育</th><th>亚洲语言教育</th></tr>
<tr><td colspan="3">所有教师和校长均须获政府支持及协助，以发展完善的《澳大利亚教师专业标准》及《澳大利亚校长专业标准》的工作知识内容，从而形成亚洲素养职业道路</td></tr>
<tr><td></td><td colspan="2">教师队伍的所有专业学习应接受包括信息和通信技术的最佳实践培训，以学习和联系亚洲</td></tr>
<tr><td colspan="3">为教师和校长（包括受训人员）提供通过对话、旅行和学习项目直接体验亚洲的机会</td></tr>
<tr><td></td><td colspan="2">为校长和教师提供适合其职业生涯各阶段的专业学习，包括支援进一步的高等教育</td></tr>
<tr><td></td><td colspan="2">向所有教师和校长提供关于跨文化理解的专业学习，特别是通过亚洲优先项目实施跨文化理解的一般能力</td></tr>
<tr><td>将亚洲相关内容知识和技能纳入职前教师教育，为所有职前教师实施《澳大利亚课程》中的亚洲优先战略奠定坚实基础</td><td></td><td></td></tr>
</table>

这一教师教育方块既突出了职前教师教育和在职教师教育的专门性学习目标和内容，又强调了其在学习目标和内容方面的衔接问题，突出了亚洲素养教师教育的整体性特征。《什么起作用》特别提出要确保教师教育的质量，需要政府、大学以及教师教育利益相关者共同面对澳大利亚教师教育面临的问题，这些问题包括教师教育质量保障、建立国家一致的和标准化的教师教育评价制度、教师教育专业化问题、构建全国一致的教师许可制度等。这些问题关涉一个具有亚洲素养的教师队伍培养质量的问题。

第二，在学校培育一种反思性实践文化，推动教师形成关于亚洲素养的反思性实践能力。克里斯汀·哈尔斯等人认为，“与亚洲素养的教师相关的关键领域和能力包括教师有目的的和反思性的实践”①，“反思性实践是促进教学、学习和理解的过程，在教师专业发展中起着核心作用。……教学的复杂性要求教师从自身的专业发展出发，对自己的实践提出质疑，以提高学生的学习成绩。反思性实践是对一个行为进行反思，从而参与到一个不断学习的过程中的能力。反思性实践的一个关键理论基础是经验本身并不一定导致学习，但对经验的深思熟虑是至关重要的”②。亚洲素养教育本质上是一种对亚洲语言的学习和有关亚洲诸方面内容的教学，其本质目的是培育学生的跨文化理解能力。在实施亚洲素养的学校中，教师拥有诸多机会去接触亚洲多元文化的内容，并且从工作、学习、旅行或家庭关系中获得关于亚洲的经验，但是，经验并不是自然而然具有教育意义的，必须将反思与经验联系起来才能赋予它意义。事实上，澳大利亚的职业教师绝大多数是盎格鲁—澳大利亚人，以白人和中产阶级为主。对于这些拥有盎格鲁文化背景的教师而言，理解和教授不同于自己的文化是具有挑战性的。亚洲素养教育要求这些教师将自我经验与亚洲素养教育的目的、与学生的跨文化理解能力的程度、与学校课程革新和教学方法联系起来，无疑，这种联系取决于教师个人的反思能力。在学校构建一种反思性实践文化，将为从事亚洲素养教育的教师提供价值导向和激励，教师将被鼓励评估他们的实践，并以在跨文化理解中起作用的证据基础进行工作。然后，他们利用这些证据来重塑课程、教学、学习和评估。同时，从反思性实践中教师开启了专业化学习的过程，形成一种专业发展的自我效能感。这种自我效能感是对自身专业发展的一种道德责任，一种对职业高度的认同感和自我实现的动力。通过专业化学习过程而获得的这种自我效能感，使教师明白自身职业的价值和意义，并在不断的反思性实践中反复得到其价值和意义的确证。在专业化学习中他们感受到了作为一名具有亚洲素养的教师的需求，这是对学生和社区需求的一种回应。教师认识到，在他们的学校里推行亚洲素养教育，作为一种回应学生需求的方式，有各种社会文化原因，比如作为在学校发展跨文化理解和凝聚力的一种方式，或作为对教室中学生的多样性及其文化、语言和宗教背景多样性的一种反应，而不仅仅是执行有关亚洲素养的经济论述。如果教师在文化教育中没有自我效能感，那么他们将不愿意接受并在课程中保留亚洲研究的位置，

---

① HALSE C, CLOONAN A, DYER J, et al. Asia literacy and the Australian teaching workforce [R]. Melbourne: Education Services Australia (SCSEEC), 2013: 18.

② PRIYA M, PRASANTH M, PRINCE J. Reflective practives: a means to teacher development [J]. Asia Pacific journal of contemporary education and communication technology, 2017, 3 (1): 126.

而这些研究是建立在坚实的文化意识和知识基础之上的。

第三，为教师提供参与跨国交流与合作活动的机会，增强教师跨文化理解意识和能力。例如，实施多年的“具有亚洲素养：学校资助项目”和“学校桥”项目的经验表明，参与海外研究项目的教师增强了文化认知和跨文化理解，这促使他们变革教学实践并在学校亚洲素养项目中担当领导角色。他们的国际经历也重新燃起他们对亚洲素养的热情并产生持续的动力去培育学生的亚洲相关能力。作为一项实施10多年的跨国合作的教师专业学习项目，“学校桥”项目的主要受益者是教师，其重点是培养教师的文化知识和意识、跨文化理解、信息和通信技术技能、管理合作伙伴关系的能力。经过多年的实践，“学校桥”项目已经扮演着四种角色，即“多维度教师能力建设工具”“跨文化关系的促进者”“真实学习的工具/资源”和“持续的学校关系促进者”，“学校桥”项目成为提升教师亚洲素养的重要实践平台。

第四，发展教师应用信息沟通技术能力，支持教师亚洲素养发展。教师在进行亚洲素养教育以及提升自我的亚洲素养过程中需要借助信息沟通技术，主要有以下三个理由：一是跨文化交流和跨文化理解对教师和学生而言都具有挑战性，信息沟通技术的虚拟化和快捷性可以克服跨文化交流与跨文化理解的时空限制，从而使跨文化交流与跨文化理解的情景通过虚拟技术得以呈现；二是应用信息沟通技术，能够更好地适应数字原住民的学习方式，从而激发他们产生学习亚洲语言和学习亚洲文化的动机；三是信息沟通技术是教师创新教学方法，进行专业化学习以及发展与亚洲学校同行关系的重要手段。

> 贝琳达（Belinda）教师个人的能力发展个案可以说明学校提供的强有力的支持与教师个人自觉的反思性实践能力对学校和教师实施亚洲素养教育的意义①。贝琳达所在的学校邦迪科特学校（Bandicoot School）是一所离澳大利亚首都地区不远的男女同校的公立学校，拥有小学部和中学部。目前，该校有近500名学生和30名教职工。学校和学校所在区域的人口几乎全有盎格鲁或凯尔特背景，只有4%的学生有英语以外的语言背景且来自亚洲，另外仅一名教师有亚洲背景。学校以及学校所在区域的较为单一的文化给学校进行跨文化教学带来挑战。但是，该校校长布丽奇特是一个有魄力的领导，她大力支持学校的亚洲素养教育发展。当她刚来到该校

① 该案例根据克里斯汀·哈尔斯等人的《亚洲素养和澳大利亚的教师队伍》整理而成。

担任校长时就被邦迪科特学校人口的同质性和普遍存在的种族主义态度所震撼。她决心改变学校的文化价值观，因此采取以下步骤推进学校的亚洲素养教育发展。一是在学校中领导了一项关于亚洲研究的评估工作，面向教职工开展有关亚洲方面的调研。这种持续性的评估是引领教职工文化价值观发生转变的重要的推动力。二是成立"跨文化研究专业学习小组"（intercultural studies professional learning team），该小组目前正在根据《澳大利亚课程》提炼跨学校跨文化研究教学模式，支持在学校课程中提供有关亚洲的教学和学习。三是通过布里吉特与一个国际托管组织的联系，邦迪科特学校的家庭在2011年接待了60名来自中国的孩子，学校也因此派出了一大批学生（11～13岁）和教师前往中国开展文化学习。这所学校中学部还将派小组前往日本、东帝汶、中国、意大利和美国访问。四是尽管学校所在区域的其他公立学校与政府办公室的工作人员对布丽奇特的做法缺乏兴趣——他们只关注全国读写算数统考（NAPLAN）结果确定的识字和计算技能，但布丽奇特还是鼓励教师前往亚洲。由于无法获得地方政府的支持，布丽奇特只好与当地天主教学校合作，提出资助亚洲研究网络计划的联合申请。布丽奇特在这个领域仍然很活跃，她是澳大利亚课程跨文化研究评审委员会成员。该委员会未来的一项挑战是处理在单一文化学校环境中将跨文化研究发展到高水平所涉及的困难。克服这一问题的一个办法是与拥有不同学生群体的学校建立伙伴关系，并利用社交媒体进行项目合作。

作为该校的印度尼西亚语教师，贝琳达被委以重任，成为学校"跨文化研究专业学习小组"1～2年级的教学团队负责人。她从小会说英语，在小学学习了印度尼西亚语，并在中学和大学继续她的学业。目前，她已经完成了教育学硕士学位的学习，其硕士学位论文研究方向是"英语之外第二语言的教学法"。贝琳达在学校学习印度尼西亚语以及到印度尼西亚的游学和个人旅行的经历是她致力于亚洲教学的关键因素，对第二语言学习的欣赏和对民族多样性的兴趣促使她决定在高等教育中继续学习印度尼西亚语。这种经历也促使她对邦迪科特学校缺乏多元化的学生和教职工的现实进行思考，并试图在课程教学中纳入亚洲内容，创新教学方法，引导学生关注亚洲，形成跨文化理解能力。她基于自身的学习、研究和旅行的经历做出了判断：培养自己和学生说、理解和写亚洲语言的能力具有现实重要性。她认为对澳大利亚人来说，亚洲语言比欧洲语言更重要，不仅因为澳大利亚与亚洲地理邻近，而且也由于未来的商业利益。这样，她就将自身经历与对学生的培养结合起来，利用一切可以利用的社交媒体克服当地专业学习条件的限制，与其他专业协会和教师取得联系，进行专业化学习；精心设计材料和学习经验，以满足学生的需要；采用新技术创新教学方法，为学生提供与亚洲相关的学习体验，从而激发学生关注和学习亚洲相关内容的兴趣。

贝琳达的案例反映了要成为一个具有亚洲素养的教师，其个人努力和经历与学校环境支持有效结合的重要性。它同时也显示了一个事实上的挑战：缺乏学生/社区的种族多样性意味着当地的人力和物质资源不能自由获取，对亚洲和相关文化的理解、价值观、态度和行为的研究可能在某种程度上与真实的学生经历相脱离。这一挑战说明了亚洲素养教育成功的要素之一在于解决价值认识的问题，而这将触及澳大利亚主流的价值体系。

四、完善课程资源建设并促进教学创新

课程资源是亚洲素养内容的重要载体，蕴含亚洲素养教育的价值目标。《亚洲世纪中的澳大利亚》白皮书指出，高质量的有关亚洲的学习需要把重点放在教学质量上。《澳大利亚课程》提出亚洲素养的课程政策框架，明确要求各门学科的教学都要融入“三个跨学科优先领域”，即有关亚洲地区及有关澳大利亚与亚洲的接触、亚洲语言和跨文化理解的一般能力。在学校课程规划和课程资源建设方面主要朝着三个方向发展：一是学校根据《澳大利亚课程》根本要求，基于证据基础对学校各学科的课程大纲进行适当调适，将亚洲相关内容纳入课程单元之中。各学科根据亚洲跨课程重点的内容设置要求，结合本学科的教育目标和教学方法对课程资源进行完善。二是利用亚洲教育基金会亚洲学习项目的课程资源，培养师生亚洲素养。比如亚洲教育基金会的“学校桥”项目就是一个培养亚洲素养的重要的课程资源。“学校桥”项目帮助教师开发了一系列真实的学习经验、资源和工具（包括评估工具），同时使用更直接的方法——促进合作学校的学生之间的直接跨文化交流，如通过使用在线工具或面对面交流。根据“学校桥”项目 2013 年度调查的结果，许多学生从该项目中受益。90% 的教师同意，‘学校桥’项目发展了学生的跨文化理解能力。92% 的学校报告说，‘学校桥’项目能够使他们学校的学生获得对伙伴国家的历史、地理、文学、艺术和文化的知识和观念。此外，68% 的学校表示，‘学校桥’项目让他们学校的学生发展了第二

语言技能。67%的学校报告说，他们的学生信息通信技术技能得到了提高。三是利用新媒体技术，运用好亚洲相关的资源数据库。针对《澳大利亚课程》跨课程亚洲重点的要求，为完善与亚洲相关的课程资源，2011年澳大利亚昆士兰大学牵头组织了“亚洲—澳大利亚儿童文学和出版项目（Asian－Australian Children's Literature and Publishing Project，AACLPP）”，该项目调查并记录了1970年至2013年澳大利亚儿童文学出版的详细情况。这些儿童文学作品以亚洲为背景，包含了亚洲—澳大利亚的内容或人物，代表了亚洲—澳大利亚的文化和经历，包括数百部至少被翻译成一种亚洲语言的澳大利亚作品。这些作品的形式包括自传、小说、评论、诗歌、戏剧、短篇小说、电影/电视、漫画、漫画小说和图画书。可以说，该出版项目是一个有关亚洲历史文化的儿童文学的丰富、全面的文献数据库，可以作为学校实施《澳大利亚课程》有关亚洲跨课程重点的资源。正如该项目的重要参与者黛博拉·亨德森所说：“亚洲—澳大利亚儿童文学和出版项目数据库提供了丰富的资源，这是一项配合实施《澳大利亚课程》的努力，通过这些资源可以解决《澳大利亚课程》的跨课程亚洲重点的问题。”尤其是《澳大利亚课程》的英语、历史和艺术等学习领域以及跨文化理解和信息沟通技术等技能，都可以在这些文学作品找到课程资源。

教学方法的创新是对传统以“知识灌输”为主的教学方法的突破。对有关亚洲内容学习的“知识灌输”的教学方法，激发不了学生对亚洲多元文化的兴趣和学习欲望。具有亚洲素养教育的学校，往往非常注重亚洲相关课程的教学方法创新，当然这依靠于教师具有创新教学方式的强烈动机，以及学校具有强有力的改革核心与对这些教师的支持。这些创新方式主要围绕两个层面进行，第一种是将分散、独立的教学内容进程有机整合，从而促进跨学科的学习。

维多利亚州的韦佛利山中学（Mount Waverley Secondary College）① 在学校层面坚持对亚洲素养的教学方式进行创新，创造了“基于内容和语言综合学习方法的学习模块”。该学习模块有利于促进语言教学与学科内容相结合，使学生有机会提高他们的语言学习和跨文化交际能力。这是一种对日本语言的浸入式学习和对欧洲文艺复兴的内容关注的非正统结合，以促进跨文化理解教育的学习创新。据该校日语教师尼克·克里德（Nick Creed）描述，这是一项

① 该案例整理自：Asia Education Foundation. Schools becoming Asia literate：what works?［R］. Asia Education Foundation，2013.

为期5周的教学，这种独特而创新的方法的目的是利用亚洲视角，以理解传统上以欧洲为中心教学的历史核心课程内容。这种学习模块的教学目标主要包括：①从非欧洲的角度出发，促进对文艺复兴的创造性和批判性思考，以转变学生的思维；②培养学生的高阶历史探究技能（higher-order historical inquiry skills），这种技能就是尼克·克里德所指出的："学生不仅必须能够运用低阶处理技能，如描述发生了什么，还必须运用更高层次的技能来解释为什么"；③通过使用双语和弥合历史世界观和范式之间的差距，培养学生的跨文化能力；④培养学生的日语能力；⑤浸润式语言学习，增加学生学习的真实性。

在教学实践中，该学习模块促使学生探索文艺复兴时期的重大发展和文化成就，以及它们在当代日本的发展。这一学习模块应用适当的技能教学工具包，促使学生能够获取事实、概念和文本类型的技能，并有意义地应用它们，从而提高历史学习和分析的能力。该学习模块促进了两个方面的联系和结合：一是该学习模块的设计考虑了跨文化理解的重点，帮助学生们分析文艺复兴时期发现和发明的现代应用，例如将日本和欧洲的事物进行对比，日本的木刻版画与欧洲的印刷机之间，以及文艺复兴前日本和英国的封建制度之间具有非常显著的相似之处。学生们可以比较口语和书面语中文化习俗的使用，这样就使学生的历史知识和现实生活建立起丰富的联系。二是在这学习模式中，语言并不是学习的重要内容和学习的对象，而是成为一种学习课程内容的工具。作为课程设计的一种形式，学习模块允许学生创造性地使用他们正在学习的语言，并在没有正式指导的情况下扩展和加深他们的语言知识，从而促进教学内容和语言学习的结合。《什么起作用》研究发现，通过该学习模块，学生们发现他们的知识和对历史和日语的理解有了很大的提高。

第二种是借助现代新媒体技术，促进教师和学生开展亚洲素养教育。技术创新的手段突破时空的限制，不仅仅是标准课程或教学方法的补充，更意味着课程标准及其实施方式需要重新设计，以适应技术变革对课程实施以及新一代"数字原住民"学生学习的要求。实施亚洲素养教育的学校，几乎都采用新的技术创新手段发展与亚洲的相关学校的联系，并通过新技术构建学习空间。

昆士兰州的艾格尼丝·沃特中学（Agnes Water State School）①观察到，利用信息通信技术可以增强人与人之间的学习联系，并使学生们对学习印度尼西亚语的原因有了更深刻的认识和理解。该校的案例反映了教师如何使用资讯及通信科技教授亚洲语言，并培养学生跨文化的理解，取得了积极成果。该校教师在教授亚洲语言和亚洲的相关知识时创新性地运用了信息通信技术：在该校中建立了一个以新技术创新为基础的虚拟教室，该教室与印度尼西亚的姐妹学校进行连接，两国的两校间学生可以通过这个虚拟教室进行实时在线交互，使同步语言学习成为可能，也使跨文化理解在真实的学习环境中得以探索和发展。对于该校来说，使用新媒体技术学习印度尼西亚语言和文化带来了两个重大的变化。①从教学方面看：越来越多地使用多模式文本（multimodal texts），比如在 iPad 上创建文本让学生能够参与论坛和讨论；进行混合式学习；增加 iPad 应用程序和语言游戏的使用，为学生提供更有效的反馈。②从学习方面看：提高学习第二语言的动力；更好地参与以产生更好的学习结果；与印度尼西亚学生建立关系和跨文化理解；学生们用 iPad 来快速拍摄、录音和创建多模式文本，从而对亚洲的相关知识进行意义的构建。

当然，除了上述两种教学方式的创新，开展亚洲素养的学校所进行的其他教学方法的创新还体现在构建家长参与学校的框架，推动家校合作来进行有关亚洲内容的课程学习；拓展课程教学的渠道，利用和参与亚洲教育基金会所提供的诸多项目，如走向全球项目、赴亚洲学习项目等，推动教师和学生进行跨国的交流与学习，并将之作为学校课程教学的一种制度化的形式。

五、创造对亚洲素养的需求

《亚洲世纪中的澳大利亚》白皮书呼吁将整个教育系统的亚洲素养与家长、雇主和社区的需求整合起来，与至少一所亚洲学校建立联系，以支持亚洲优先语言的教学，使学生获得与亚洲相关的能力。需求的存在是创造对亚洲素养的重视和支持的持久动力。然而，2012 年亚洲教育基金会的研究表明，“二十年来通过各种政策来提高亚洲素养的工作，取得了喜忧参半的结

① 案例转引自：Asia Education Foundation. Using ICT in schools to support the development of Asia-relevant capabilities [R]. Melbourne: Asia Education Foundation, 2013.

果。……学习亚洲语言的人数在下降；现有的证据还表明，有关亚洲的学习在澳大利亚学校教学内容中的渗透有限”①。这严重影响了亚洲素养在学校教育中的地位，也将导致《澳大利亚课程》有关跨课程亚洲重点的呼吁成为一句象征性的口号。因此，创造对亚洲素养的需求，实质上就是将亚洲素养教育与人们的真正需求联系起来，创造对亚洲素养的需求，包括对学习亚洲语言的需求和对有关亚洲内容的学习需求。亚洲教育基金会的研究报告《什么起作用》认为，影响人们对有关亚洲的学习需求的因素包括：“一个有说服力的个人经历，包括参观、旅游学习、姐妹学校的关系以及接触给人灵感的说某种语言的人；一个关键要素是直接的面对面的经历；政策支持，诸如《澳大利亚课程》中对亚洲素养的期待的内容以及明确的行动方针，包括现实的目标、可行的期待和具体的结果，同侪的影响和支持，学校内部以及跨校的朋辈合作”；“在相当长的一段时间内的执行计划”；“拥有足够的资金支持项目发展”。而交一个新朋友的愿望、满足对其他国家及其国民的自然的或有意识的好奇心、旅行的期待、与未来生活和工作有关的工具主义理由、课堂体验的质量，尤其是那些回应学生需求和兴趣的课堂体验、有效的动机激励策略，包括促进学习者自主性、学习者目标导向以及使学习者熟悉目标文化等动机因素能够创造学生对亚洲语言的需求。

亚洲教育基金会将创造亚洲素养需求的要素归纳为四个方面，这四个方面可以被视为亚洲素养需求的驱动要素：关注亚洲素养的课程政策和项目；学校需要教师和领导（教学领导）来推动课程，并鼓励家长和社区对亚洲语言和有关亚洲的学习的支持和需求；外部伙伴关系可以影响需求，特别是商界的需求；有必要解决学生对语言学习的看法和态度，特别是每一个优先的亚洲语言。

亚洲教育基金会所提出的建议实际上是一种推动学校领导、教师、学生和家长共同参与的方法，认为只有利益相关者共同参与才能创造对亚洲素养的持续的需求。亚洲教育基金会还提到在学校教育中亚洲素养的地位问题，认为对亚洲研究的兴趣和意愿，以及亚洲语言的教与学应被给予与将数学视为核心和标准的教育业务同样的关心和对待，强调只有将亚洲素养作为学校教育不可或缺的一部分、作为学校教育核心的一部分，才能确保亚洲素养教育被纳入学校课程体系。

伊拉瓦拉体育高中（Illawarra Sports High School）的案例可以说明学校领导、教师、学生和家长的共同参与对创造亚洲素养需求的重要性。当然，

---

① Asia Education Foundation. Building demand for Asia literacy：what works? ［R］. Melbourne：Asia Education Foundation，2012：3 –4.

案例中对这些参与主体的角色的强调各不相同。它们反映了在同一个学校中整合各个参与主体在创造亚洲素养需求的角色价值方面的可能性。

伊拉瓦拉体育高中①是新南威尔士州伯克利市的一所男女合校学校，根据澳大利亚统计局的数据，当地人口文化多样化，有相对较大的土著社区以及马其顿、意大利和葡萄牙社区。许多家庭在家里不说英语。这所学校教授印度尼西亚语，这是8年级的必修课。它与印度尼西亚梭罗市（Surakarta）的一所学校建立了“学校桥”项目合作关系，并参与了“具有亚洲素养：学校资助项目”（BALGS）。该校在创造亚洲素养需求方面取得较大成效。它主要采取的举措有以下五个方面。第一，制定学校战略《伊拉瓦拉体育高中学校战略规划（2015—2017）》，将发展与亚洲的联系尤其是与印度尼西亚学校的联系作为战略重点。该战略指出：“通过为学生提供定期与世界各地的学校、企业和个人交流的机会，提高他们作为全球公民的角色的认知度。这包括使用视频会议设施加强学校与印度尼西亚姐妹学校的合作关系，同时开展亚洲教育基金会的‘具有亚洲素养：学校资助项目’指导下的文化活动，包括使用 Bamboopalooza 网站分享学生学习。”第二，将亚洲语言和亚洲文化纳入学校的课程体系。该校认识到将亚洲素养纳入课程体系的重要性，认为“印度尼西亚是澳大利亚最近的亚洲邻国。因此，对印度尼西亚及其国语印度尼西亚语的研究与澳大利亚学生有关。用印度尼西亚语交流的能力加强了澳大利亚文化多样化社会的积极特征，并有助于促进相互尊重的理想。它增进澳大利亚和印度尼西亚之间的理解、和谐与合作”②。基于此，2013 年，有关亚洲的学习被纳入学校所有关键学习领域。2014—2015 学年，该校首次为希望进一步加深对亚洲了解的学生开设了一门名为“文化冲击”的 9～10 年级选修课。第三，创设特色的亚洲素养项目，推广印度尼西亚语和印度尼西亚文化。该校于 2014 年创建了“好样的！超越伯克利”项目（Bagus！Beyond Berkeley），该项目的项目团队由校长、副校长、教学主任、班主任代表、原住民教育协调员、教师和家长代表组成，主要任务是完善亚洲素养教学资源，重点是推广印度尼西亚的语言

① 该案例根据亚洲教育基金会《什么起作用》研究报告资料整理，详见：Asia Education Foundation. Building demand for Asia literacy in Australian schools [R]. Melbourne: Asia Education Foundation, 2012.

② 该校自主建立的一个有关印度尼西亚文化的网站。

和文化，通过一系列活动刺激学生对亚洲语言，尤其是印度尼西亚语的学习需求。活动包括与伍伦贡大学印度尼西亚学生会（Indonesian Students Association at the University of Wollongong）和社区印度尼西亚组织合作开发印度尼西亚语言和印度尼西亚文化学习项目、与印度尼西亚学校建立姐妹学校项目、开发亚洲素养（亚洲语言学习与亚洲文化学习）评估框架①，持续提升亚洲素养教育成效。第四，运用信息媒体技术，创新教学方法。学校将重点放在印度尼西亚语项目上，利用信息媒体技术工具的组合，包括 iPad、智能板课程和协作学习工具，与印度尼西亚的桥梁合作学校进行交流。在其亚洲研究项目中，学校把重点放在学生作为研究人员上，重点关注跨课程研究课题背景下的独立调查。印度尼西亚语教师珍妮弗（Jennifer）描述了在课程中嵌入信息媒体技术的影响："我们教学生如何自己研究和质疑信息。学生们现在把信息组织起来，并把它呈现给全班同学，展示他们的逻辑思维。……考虑到 2011 年学校尚没有向学生提供亚洲语言课程内容，这对学校来说算是已经取得了很大进步。2012 年，印度尼西亚语成为所有 8 年级学生的必修课。2013 年，亚洲研究强化项目成为 7 年级学生必修课。这些对我们学校来说是很有意义和进步的。印度尼西亚和亚洲研究是我们最受欢迎的课程，因为学生在课堂上使用信息媒体技术。"第五，推动家长和社区参与学校的亚洲素养教育项目。《伊拉瓦拉体育高中学校战略规划（2015—2017）》将促进家长参与作为重要战略目标，目的是加强学校与家长的沟通以确保家长在学校受到欢迎，并定期了解学校的活动，从而增强家长对学生学习发展的支持。在促进家长和社区参与方面，该校的措施比较完善，收到了良好的效果。比如学校聘请了一名社区联络主任，协助推行改善家长和社区参与学习的策略，这些策略包括：①推动家长和社区了解学校推广印度尼西亚语方案，鼓励家长和社区居民了解印度尼西亚文化和语言。学

① 该校的亚洲素养评估框架包含以下几个方面的内容：选择学习印度尼西亚语的学生人数将是该项目成功与否的直接衡量标准；针对 7 ~ 10 年级的正式和非正式评估将揭示学生对当代亚洲和传统亚洲的了解程度，并培养他们对所学知识的技能和态度；评估学生在多大程度上理解日益增长的文化多样性（通过亚洲移民、旅游、投资和贸易的推动）对澳大利亚社会和文化的影响；开展教师调查，评估教师对他们的亚洲教育项目的信心程度；开展对社区组织、家长和伍伦贡大学的调查，探讨校外人士在多大程度上支持该项目的成果。

校网站开辟印度尼西亚语专栏，解释了学校印度尼西亚项目背后的原因和方法，强调了澳大利亚学生学习印度尼西亚语的相关性。更具体地说，网站上还推荐了一些让印度尼西亚语学习更吸引学生的应用程序。据印度尼西亚语教师珍妮弗说，这些应用程序很受家长们的欢迎。家长们报告说，他们喜欢用印度尼西亚语应用程序和孩子们一起学习，帮助孩子巩固课堂上的印度尼西亚语学习成果。②利用新媒体技术，创办了半月刊电子期刊 *Bamboopalooza News*，该期刊定期更新印度尼西亚语课程、有用的语言学习应用程序和学生作业。詹妮弗表示，这项活动得到了家长们的积极反馈。家长报告说，电子期刊所载的资料使他们能够定期和公开地向他们的孩子谈论印度尼西亚课堂上的学习情况和学习印度尼西亚语的价值。③创建了在线学习平台“在线教育”（Edmodo），学习平台成为家长了解印度尼西亚项目教学情况的另一种方式。平台每天都会添加新的信息、活动和任务。这有助于学生跟上学习进度，家长们也很珍惜有机会接触到任务和资源。詹妮弗说，“在线教育”鼓励父母帮助孩子养成良好的学习习惯，保持对印度尼西亚语学习的积极态度。她认为，学校加强了学生和家长对印度尼西亚语言和文化的参与，部分原因是 Bamboopalooza News 和 Edmodo 受到家长和学生们的认可。

除了以上的措施之外，学校还从更广泛的范围思考家长参与的价值，通过其他活动提升家长对亚洲素养的认知。如邀请家长参与学校的跨文化交流；邀请家长参加每学期一次的晨间活动，晨间活动主要是展示学生的学习领域方面的作品；鼓励家长参与学校的厨房花园，体验印度尼西亚和澳大利亚本土烹饪传统文化；为家长提供印度尼西亚语课程；等等。

伊拉瓦拉体育高中的案例传递了这样一个信息，即创造亚洲素养的需求是一种学校领导、教师、学生以及家长和社区共同参与的事业。其中强有力的学校领导力是塑造学校价值观和坚定亚洲素养信念的重要保障。伊拉瓦拉体育高中的战略规划强调亚洲素养的重要规划，而学校“好样的！超越伯克利”项目中学校校长、副校长、教学主任、班主任和教师等多元主体的参与表明协作性的亚洲素养教育的学校领导力已经在该校确立。在印度尼西亚语言和印度尼西亚文化推广方面，该校的印度尼西亚语课程以及信息媒体技术在课程中的广泛应用、“好样的！跨越伯克利”项目、与伍伦贡大学和社区组织的合作，以及亚洲素养评估框架成为该校确保亚洲素养项目可持续性的重要制度安排。家长与社区的参与代表了一种坚定支持学校亚洲素养教育的外部承诺。已有的研究证明，家长的参与对孩子学习语言起着重要的影响，主要表现在：“鼓励他们的孩子学习目标语言”“传达对目标语言和文化的积极态度”“积极支持他们的孩子学习目标语言”。而且，当家长对亚洲素养的价值产生认识和认可的时候，这种支持就更具有持续力。伊拉瓦拉体育高中通过设定战略规划、聘请社区联络主任、开设家长课程以及创办期刊与学习平台等途径创设了家长参与的支持性环境，培养家长对亚洲语言和文化的认识和正面看法；为家长提供实用工具，协助孩子学习语言；建立和维持家长对亚洲语言学习的需求；让家长了解语言课程和孩子的学习进度，从而给孩子学习亚洲语言和文化以持久的支持和信心，创造对亚洲素养的持久的需求动力。

第五章 澳大利亚学校亚洲素养教育实施效果评价

澳大利亚自建国以来就一直在探索自身的国家身份认同，澳大利亚是一个亚洲国家还是一个西方国家成为国家身份争论的核心。因此可以说，“澳大利亚对亚洲的看法和与亚洲的关系，由于澳大利亚自己不断寻求国家身份认同而变得更加复杂”①。亚洲素养政策就是在这种复杂的意识演变中产生，并成为影响澳大利亚国家身份认同的不可避免的涉及范围广泛的议题，从政治、经济、文化领域的政策制定扩散到普通的大众的认知领域。无论如何，这种扩散具有重要的价值：培养了一个国家“向外看”的视野和心态，从而加速澳大利亚与亚洲国家建立和加强联系，“在相当程度上体现了澳大利亚文化价值观的变革和面向亚洲政策进程的深化”②。因此，我们也可以说，从某种程度上看亚洲素养已使澳大利亚与亚洲的关系从一个内向、以英语为中心和文化狭隘的社会演变为一个在亚太区域内加强参与、开放和互动的实体。这是亚洲素养政策自20世纪70年代成为澳大利亚国家政策议题以来经过不懈努力取得的最大成就。然而，亚洲素养始终是一个具有争议的概念。它涉及澳大利亚整体价值观的问题，对于一个文化和历史源自盎格鲁文化体系的国家来说，在国家整体上认同亚洲素养还有很长的路要走，最直观的表现是尽管经过40多年的政策努力，澳大利亚国内学习亚洲语言的年轻人的数量却在不断减少，学校有关亚洲素养的课程教学也乏善可陈。对澳大利亚

① QUINN J. Asian studies in Australian education (1970 - 2002): a study of four reports [D]. Melbourne: University of Melbourne, 2005: 33.

② 张秋生. 澳大利亚亚洲语言文化与移民政策的调整：1991—1995 [J]. 学海，2014 (2): 169 - 174.

亚洲素养政策40多年的实施效果进行客观的评价，并不是一件容易的事情。因为，一方面，这个政策成为一个国家政策的议程确实对澳大利亚各方面都产生了持续的积极影响——政府为支持学校亚洲素养教育投入了巨量的资金，亚洲素养成为澳大利亚课程体系和国家学校改进计划的重点内容，从而获得了合法性地位；然而，另一方面，这个政策自从产生起就成为具有争议性的政治议题，其相关的支持资金一再被削减或撤出，甚至由于政府对亚洲素养的推动导致了澳大利亚国家身份认同长时间陷于困境，而正是由于这种身份认同困境导致了澳大利亚亚洲素养政策几次中断。难怪2012年亚洲教育基金会无奈地指出，“20年来通过各种政策来提高亚洲素养的工作，取得了喜忧参半的结果。……学习亚洲语言的人数在下降；现有的证据还表明，有关亚洲的学习在澳大利亚学校教学内容中的渗透有限。”①

第一节　亚洲素养教育政策实施取得的积极成效

根据对澳大利亚50多年来亚洲素养政策的演变历程的梳理，可以简洁地概括其获得了如下五个方面的成就。

一、形成了具有一定延续性的亚洲素养国家政策框架

经过多年的推动，澳大利亚基本上构建了具有一定连续性和发展性的亚洲素养政策框架，推动澳大利亚人对亚洲区域的关注与重视。自20世纪70年代以来，由于澳大利亚地理上接近亚洲，政策制定者们开始关注与亚洲有关的课程和学校政策问题。从那时起，对亚洲素养的不同定义和理解、澳大利亚学校关于亚洲的教学逻辑的历史变化、不同水平的国家的支持和资助、亚洲语言和亚洲素养研究在国家和州课程文件中的不同地位形成了学校中与亚洲相关教育的特点和范围。虽然每个时代对亚洲的关注点各不相同，但是自亚洲素养成为澳大利亚政策话语和学术话语之后，亚洲素养的基本内涵及战略功能就在澳大利亚的国家政策中得以一代代延续，并在实际的政策规划及与亚洲的各种关系建构中成为一种基本的逻辑。应该强调的是，亚洲素养政策不仅在国家层面获得各州和地区的一致性支持，而且各州和地区、各层次的学校以及非政府机构中还各自制定了面向亚洲的亚洲素养战略，这体现

---

① Asia Education Foundation. Building demand for Asia literacy: what works? [R]. Melbourne: Asia Education Foundation, 2012: 3-4.

了一种整体性的对亚洲素养价值的国家共识。这种国家共识在政策文件中得以阐述，反映了国家对亚洲素养在推动澳大利亚融入亚洲区域作用的认可，也增强了亚洲素养的合法性，从而从某种程度上冲击了以欧洲为中心的课程体系。正如英国格拉斯哥大学（University of Glasgow）学者凯瑟琳·多尔蒂（Catherine Doherty）所指出的：《澳大利亚课程》所明确的亚洲素养是一项雄心勃勃的工作，它提出一个未来的目标，试图为澳大利亚的国家身份建立一个新的背景叙述，并使之合法化。为了在亚洲地区获得成员资格，它淡化了人们对欧洲遗产的关注。

二、促进了澳大利亚多元文化社会的融合

亚洲素养政策的实施起到良好的社会整合作用，有利于增进澳大利亚国内多元价值观的凝聚。在澳大利亚，亚洲素养政策与多元文化教育、价值观教育、公民教育等相互渗透、相互联系，这些教育模式在增强社会包容、文化融合和社会参与方面具有重要的共享目标，并且虽然每个模式的着力点不同，但是它们共同促进澳大利亚人的社会心理成长和文化成熟。这对于一个亚洲移民越来越多的多元文化社会来说尤为重要，这是因为对亚洲素养的接受和认同，实质上是对其背后的民族和种族的接受和认同，这是抚平澳大利亚历史上因排斥亚裔移民进而抵制亚洲有色人种所留下的现今仍若隐若现的创伤的一帖“良药”，它同时也有助于增强漂洋过海来到澳大利亚的亚洲移民的归属感，进而激励亚洲移民迸发出潜在巨大的创造力，成为澳大利亚国家创新力量不可或缺的一部分。

三、提高了澳大利亚人的国际实践能力

亚洲素养教育提供一种重要的实践媒介，促使越来越多的澳大利亚人与亚洲人民进行跨越语言和文化的不同层次的交流，从而提高澳大利亚人对亚洲的理解和认识。亚洲文化素养被定义为培养一种探究性的倾向，这种倾向能提高一个人对文化和语言多样性的欣赏和共鸣，并着重于改变一个人对亚洲的看法。经过 50 多年在学校中开展亚洲语言教育和亚洲相关课程，推动向亚洲移民以及赴亚洲学习项目等，澳大利亚提升了国民的亚洲素养，尤其是年轻人参与亚洲事务的能力以及开展与亚洲相关工作的技能，从而增强澳大利亚人在亚洲生活、学习和工作的能力。如 2014 年启动的新科伦坡计划在实施 5 年里共推动超过 17 500 名澳大利亚本科学生在印度—太平洋地区的 40 个国家生活、学习和工作。澳大利亚亚洲协会和澳大利亚国际教育协会的

一项联合报告显示，2014 年至 2019 年期间，在印度—太平洋地区学习的澳大利亚本科生人数增加了 83%。这种人际交往推动澳大利亚人深入与自身有着本质文化差异的亚洲国家之中去生活、学习和工作，亲身体验亚洲多元的文化，虽然这种体验充满挑战，但是它带来了切实的好处：获取知识和认识世界问题；自我改造、认知改变和身份评估；促进态度上的改变，包括反对对其他文化、社会和人民的刻板印象。个人在文化学习中的第一手经验一直被认为是跨文化发展的一个重要组成部分。这种在亚洲的游历所形成的第一手经验也被克里斯汀·哈尔斯等人定义为培养具有亚洲素养的教师和校长的最重要的因素。

四、推动了澳大利亚教育国际化发展

亚洲素养增强了澳大利亚人的国际意识，推动了澳大利亚学校国际化发展。这主要体现在国际留学生教育和教育交流与合作方面。在亚洲留学生教育方面，基于亚洲素养的知识和文化基础，具有创业精神的澳大利亚各级学校积极开拓亚洲留学市场，每年为澳大利亚招募了大量的亚洲留学生，“来自亚洲的学生在澳大利亚留学的人数已从 2002 年的约 17 万人增至 2011 年的逾 32 万人，占在澳留学生教育服务出口收入的 79%”。国际教育每年为澳大利亚经济贡献上百亿美元，并具有重要的文化溢出功能，在个人、机构和社区层面实现和促进澳大利亚与亚洲间真正的参与、交流和合作。在促进教育交流与合作方面，随着澳大利亚与亚洲政治互动和经济贸易增强，学校间合作与交流也日益多样与频繁（如亚洲教育基金会的“学校桥”项目推动澳大利亚与亚洲学校合作等）。这种面向亚洲的学校国际化发展是澳大利亚学校融入国际教育范畴，实现教育现代化发展的一种重要的表现，通过融合战略、经济和文化的价值为澳大利亚学校办学改革注入持续动力，从而塑造了澳大利亚教育国际化发展的品牌，增强澳大利亚学校教育对亚洲地区学生和学者的吸引力。

五、唤醒了澳大利亚人对其国家身份认同的思考

澳大利亚的地理和历史与亚洲紧密相连，用澳大利亚一些智库的流行语说就是：“亚洲的崛起及其带来的地缘政治、地缘经济、人口结构和社会变

迁几乎影响着澳大利亚生活的方方面面。”① 可以说，“亚洲，一直是历史上澳大利亚身份的一个重要相关特征”②，与亚洲的关系持续地影响到澳大利亚关于身份认同的国家想象。“随着全球化的力量改变了大多数亚洲国家的经济和政治特征，澳大利亚不得不重新定义与这些变化相关的自身身份。”③因此，亚洲素养唤醒了澳大利亚对自身身份进行审视的意识，虽然这对努力维护盎格鲁文化根源的国家而言并不是积极的成效，但是，这种意识促进澳大利亚关注和重视国内的亚洲移民社区并发展与亚洲的良好关系。在新的形势下，如果澳大利亚想真正拥抱和融入亚洲区域的话，亚洲素养也许是解决身份认同的问题的选择方案。

第二节　亚洲素养教育政策实施过程中的不足之处

亚洲教育基金会在给《亚洲世纪中的澳大利亚》白皮书的意见书中指出：“虽然 20 多年来投资超过 5 亿美元，但在使亚洲素养成为普遍可达到的学校教育成果方面只取得了小规模的进展。……为什么进展如此缓慢？有一种观点认为，过去提高亚洲素养的努力全都失败了。教育政策在主要的战略中存在着严重的断层。许多成功的项目由于规模小、边缘化，不是教育系统、部门和学校的核心重点，因而其影响有限。由于停止资助，有希望的项目缺乏连续性和可持续性。当政府或政策发生变化时，建立起来的动力已经丧失。由于缺乏对结构性障碍的认真考虑，例如教育劳动力能力和高年级评估程序、缺乏为有效的教学提供信息的证据基础，以及建立学生需求和灵活地提供语言教育，战略受到了阻碍。人们主要关注的是供应问题，而在培养学生、家长和社区对亚洲素养的需求方面却做得太少，他们更熟悉澳大利亚学校课程中传统的以欧洲为中心的重点。策略主要集中在亚洲语言，而对整个课程的亚洲研究投入太少。如今迫切需要增加对亚洲研究本身的投资，因

① Asia Society Australia. Disruptive Asia 2018：ASEAN special edition［C］. Asia Society Australia，2018.

② AARONS H，PIETSCH J. Social attitudes towards contemporary challenges facing Australia［C］//Australia：identity，fear and governance in the 21st century. Canberra：ANU E Press，2012：6.

③ RIZVI F. Learning Asia：in search of a new narrative［C］//HALSE C. Asia literate schooling in the Asian Century. London and New York：Routledge，2015：57.

为这是确保具有亚洲素养的学生达到临界数量的最可行途径。”① 亚洲教育基金会的总结意见透露出一种无奈，这种无奈更多时候是一种惋惜。从诸多相关研究数据上看，亚洲素养政策在澳大利亚多年的实施，如果不能说是失败的话，至少可以被认为成效并不理想。导致这种无奈的局面，问题与原因是多方面的。

一、亚洲语言教育和亚洲相关内容的学习成效低下

亚洲语言教育和亚洲相关内容的学习是澳大利亚亚洲素养教育的两个基本内容，虽然澳大利亚经过50多年的努力将之纳入国民教育课程和学习项目，但是每个时代的研究报告都在警告说澳大利亚的亚洲素养岌岌可危。在亚洲语言教育和学习方面，表现在亚洲语言需求和兴趣持续下降，学习亚洲语言的学生人数持续减少以及学习亚洲语言的学习能力差等方面。正如墨尔本大学语言学教授约瑟夫·洛·比安科（Joseph Lo Bianco）所说的：“自1995年以来，精英式地、持续地、反复地将四种优先语言（汉语、印度尼西亚语、日语和韩语）合法化，以及在其中投入超过4亿美元的资金，但是令人惊讶的是，关于亚洲语言的辩论仍然充斥着危机术语：入学人数下降，学生兴趣直线下降，学习能力低。”② “洛·比安科在过去的20年里发现了67份关于澳大利亚语言教学的报告。在这些报告中，概述了如下的问题：缺乏合格的语言教师；学生、学校、家长和社区认为语言学习的价值下降；学校用于语言学习的时间不足；缺乏连续、有序地学习语言的能力；学生学习一门第二语言的偏见，因为他们害怕与以英语为母语的人竞争；以及语言学习对大学入学分数的负面影响。”③ “亚洲教育基金会的研究显示，学习亚洲语言的学生非常少。例如，99%的学习印度尼西亚语的学生在12年级之前就不学了。而据报道，2000年到2008年期间，提供印度尼西亚语课程的学校数量下降了40%。同样地，日语的学生流失率为94%，而提供这种教育的学校数量同期下降了15.6%。”④ 这种趋势同样反映在澳大利亚学生学习

① Asia Education Foundation. Submission to the Australian government White Paper on Australia in the Asian Century [R]. Melbourne: Asia Education Foundation, 2012.

② BIANCO. What's needed for Asian languages? [J]. Curriculum perspectives, 2013, 33 (3): 74.

③ BIANCO. Australian education review: second languages and Australian schooling [J]. Australian council for educational research, 2009 (54): 6.

④ HERSCOVITCH B. Australia's Asia literacy non-problem [J]. Issue analysis, 2012 (133): 6.

外语的趋势上。亚洲教育基金会执行理事蒂姆·梅菲尔德（Tim Mayfield）认为："澳大利亚在语言上'惊人'地失败。尽管生活在一个联系日益紧密的世界，澳大利亚12年级学生学习一门第二语言的比例已大幅下降至10%。最新的澳大利亚人口普查数据显示，72%的居民表示他们在家里只说英语，低于2011年的近77%。……为了正确评估我们作为一个国家所处的地位，我们需要批判性地审视澳大利亚各民族社区之间的交往质量，以及我们与亚洲的联系深度。……根据这些标准，还有许多工作要做。通过对澳大利亚从幼儿到高等教育阶段的第二语言教学状况的快速调查，可以证明这一不足之处。澳大利亚不仅在语言教育上失败（尤其是在亚洲语言上），我们还惨败得彻底。12年级学生学习外语的比例已从1960年的40%降至2016年的10%左右，其中包括以外语为母语的学生。"①

在有关亚洲内容的学习方面，情况也好不到哪里。2009年，亚洲教育基金会在完成澳大利亚教育研究委员会（Australian Council for Educational Research）委托的一项针对12年级学生亚洲相关内容学习情况的研究报告中指出，澳大利亚将亚洲纳入跨课程或基于学科的研究方面进展有限，主要表现在："在极少情况下，与亚洲有关的内容才作为必修课，在某些情况下提供亚洲有关的内容作为选修课；很多关于亚洲的内容或重点都是采用澳大利亚或西方的视角；在整个澳大利亚，人们普遍倾向于把内容放在欧洲，而不是亚洲（或世界其他地方）；即使关注亚洲有关的内容，所覆盖的区域内亚洲国家的范围也是有限的。"② 这种情况在近年来也得不到改观。比如，亚洲素养商业联盟（Business Alliance for Asian Literacy）研究发现："50%的学校很少教授有关亚洲的知识，只有3%的学生在大学里学习这些课程；12年级学生中只有6%学习一门亚洲语言，而其中只有2.5%学习汉语。"亚洲教育基金会在2014年给《澳大利亚课程评估》（*Australian Curriculum Review*）的意见书中进一步指出："（目前）只有很小一部分课程明确提到了与亚洲地区有关的内容：历史的全部内容描述中有16%集中在亚洲，然而其中96%是选修的；地理有6%的内容描述集中在亚洲；英语有不到1%的；科学和数学没有；其他科目提到亚洲的内容不到10%。"尽管目前在《澳大利亚课程》官方网站中对英语、数学、科学、人文和社会科学、艺术、健康与体

① MAYFIELD T. Australia's spectacular failure in languages [EB/OL]. (2017－07－06) [2019－08－01]. https://pursuit.unimelb.edu.au/articles/australia-s-spectacular-failure-in-languages.

② WILKINSON J, MILGATE G. Research report: studies of Asia in year 12 [R]. Melbourne: ACER, 2009: ii.

育、语言等科目如何纳入亚洲相关内容做了说明，并强调亚洲跨课程重点的三个知识维度（亚洲及其多样性，亚洲人民的成就和贡献，有关澳大利亚和亚洲的接触），但是由于《澳大利亚课程》所强调的亚洲跨课程重点自身“固有的脆弱性”①，导致了亚洲跨课程重点的实施存在不彻底性和不系统性。正是这种不彻底性和不系统性导致了目前澳大利亚亚洲素养这两个基础性的教育要素实施成效不佳，这引起了澳大利亚社会的高度关注。如《澳大利亚人》（*The Australian*）编辑格雷格·谢里丹（Greg Sheridan）最近所说的“澳大利亚亚洲素养水平灾难性地下降。人们的共识是，不仅学习亚洲语言的澳大利亚人太少，而且我们也缺乏必要的文化敏锐度，无法驾驭与亚洲的政治和经济关系”②。亚洲素养商业联盟（Business Alliance for Asian Literacy）对澳大利亚逾40万家企业进行了一项调查，发现只有少数首席执行官能够流利地说一种重要的亚洲语言。在亚洲经营的澳大利亚企业中，超过一半的企业在董事会和高级管理层中几乎没有有关亚洲的技能、语言或相关经验。“‘亚联’研究发现，澳大利亚企业缺乏深厚的亚洲经验，尤其是在董事会和管理层。澳大利亚企业在亚洲面临的最紧迫的挑战，与文化能力（包括人力资源战略、谈判和销售，以及寻找当地合作伙伴）以及市场和行业信息不足有关。”③

二、《澳大利亚课程》亚洲跨课程重点“固有的脆弱性”

澳大利亚詹姆斯·库克大学的彼塔·沙尔特（Peta Salter）和南昆士兰大学（University of Southern Queensland）的杰西塔·麦克斯韦（Jacinta Maxwell）在他们合作的一篇文章中提出了《澳大利亚课程》跨课程重点的“固有的脆弱性”概念。这种“固有的脆弱性”指的是缺乏政府高层的可持续支持和社会共识，在课程实际实施中存在可选性、不确定性或不稳定性、不系统性和狭隘性等特征。导致这种“固有的脆弱性”在于《澳大利亚课程》的国家执行机构澳大利亚课程评估和报告局将跨课程重点嵌入所有的学习领域，同时作为可选的而不是强制必修的课程。他们指出：“来自不同教育研

---

① SALTER P，JACINTA M. The inherent vulnerability of the Australian curriculum's cross-curriculum priorities［J］. Critical studies in education，2016，57（3）：296－312.

② HERSCOVITCH B. Australia's Asia literacy non-problem［J］. Issue analysis，2012（133）：3.

③ ANG I，TAMBIAH Y，MAR P. Smart engagement with Asia：leveraging language，research and culture［R］. Australian Council of Learned Academics，2015：34.

究领域的研究表明，缺乏对跨课程重点等项目的高层次机构支持，这使它们处于危险之中。”① 具体体现在下面几点。

（一）亚洲跨课程重点缺乏社会共识的支持

2014 年阿博特政府开展的《对〈澳大利亚课程〉的评估：最终报告》指出，跨课程重点可能是《澳大利亚课程》中最复杂、最有争议、最令人困惑的部分，“最令人关注的是跨课程重点的实施方式。关于跨课程重点的教学是强制性的还是非强制性的，以及是否需要或应该在所有的学习领域和学科中进行教学，存在着广泛的误解”②。这种误解导致了跨课程重点成为《澳大利亚课程》中最有争议的部分。虽然像亚洲教育基金会、澳大利亚亚洲研究协会等机构在向《澳大利亚课程》的评估活动提交的意见书中大力建议将亚洲跨课程重点纳入课程体系，成为强制性学习的内容，但是诸多机构仍然认为，应该在国家课程中坚守西方文明传统和价值，认为跨课程重点的纳入导致了课程内容的不平衡性。如澳大利亚公共事务所（Institute of Public Affairs）认为因为纳入跨课程重点，“澳大利亚的课程体系是不平衡的，带有意识形态的偏见，并且系统地敌视西方文明的遗产”③，“在《澳大利亚课程》评估活动收到的 413 份认为基督教在《澳大利亚课程》中没有得到适当处理的意见书中，有 69 份认为有必要更加强调西方文化”④。

一些群体和组织接受跨课程重点纳入课程体系的事实，但是，在嵌入的方式上存在争论。《对〈澳大利亚课程〉的评估：最终报告》中就列举了这些争论。如，“在许多反对这一概念（指跨课程重点）的人当中，大多数人说，如果要采用这些主题，就应该只在有关的地方嵌入这些主题”。“新南威尔士州教学和教育标准研究委员会认为，该框架并不适用于强制性的课程内容和结果。昆士兰州的私立学校认为，他们被迫进行内容描述。其他部门表示，引入这些课程的方式只是为了缓解人们对已经过于拥挤的课程的担忧。西澳大利亚州学校课程与标准局评论说，它们的适用性因学科而异，并不适

---

① SALTER P, MAXWELL J. The inherent vulnerability of the Australian curriculum's cross-curriculum priorities [J]. Critical studies in education, 2016, 57 (3): 296.

② Australian Government Department of Education and Training. Review of the Australian curriculum: final report[R/OL]. (2014-01-10)[2022-05-10]. https://docs.education.gov.au/system/files/doc/other/review_ of_ the_ national_ curriculum final_ report.pdf.

③ Institute of Public Affairs. Submission to the review of the Australian curriculum [R]. Institute of Public Affairs, 2014: 3.

④ Australian Government Department of Education. Review of the Australian curriculum: final report[EB/OL]. (2014-10-02)[2017-10-10]. https://apo.org.au/sites/default/files/resource-files/2014/10/apo-nid41699-1243961.pdf.

用于所有11年级和12年级的科目。独立儿童家长协会认为，跨课程的重点应该放在历史、科学、地理和艺术等学科上，这些学科在背景上是相关的，更有可能吸引学生。”①

也有一些观点支持取消这些跨课程重点，“要么因为它们的选择有偏见，要么因为它们没有教育基础，或者它们不适合作为一个学科领域”，“相当多的人担心这些主题会造成混乱”，“如果澳大利亚继续在其课程开发中使用跨课程重点等概念，就意味着会产生一些危险。许多人说，它们将成为政治玩物。另一些人则认为，如果继续推行这些政策，将会给教师和学校带来不稳定”。②

（二）亚洲跨课程重点没有明确的教育学理论基础

亚洲跨课程重点的三个知识基础，即“亚洲及其多样性”“亚洲人民的成就和贡献”“有关澳大利亚与亚洲的接触”，提供了一个系统的有关亚洲知识的综合体系以及澳—亚接触的价值体系，旨在向澳大利亚人提供亚洲知识和促进澳大利亚与亚洲的接触。然而，亚洲跨课程重点并没有成为一门像英语、数学等科目一样的科目，澳大利亚课程评估和报告局也没有明确其教学方法，而是“建议通过开发与学习领域相适应的、经过深思熟虑的、有重点的内容来丰富课程。它们能够在提供学习领域内容的同时，发展与‘有关亚洲地区及有关澳大利亚与亚洲的接触’的知识、理解和技能……将跨课程重点结合起来，将鼓励学习领域之间，以及学生、教师和更广泛的社区之间的对话”③。也就是说，亚洲相关的内容将根据其与学习领域的相关性被纳入所有必选的科目之中，教学方法因学科特点和每门科目教师的教学特点而不同。这反映了亚洲跨课程重点的教学方法普遍缺乏共识和精准性。由于“定义、价值以及如何在中小学课程设计和实施中被使用方面存在争议。……使得澳大利亚教师在课程设计和实施上缺乏明确的理论基础”④。“大多数澳大利亚教师缺乏准备和信心，以一致和知识渊博的方式发展与亚

---

①② Australian Government Department of Education. Review of the Australian curriculum: final report[EB/OL]. (2014-10-02)[2017-10-10]. https://apo.org.au/sites/default/files/resource-files/2014/10/apo-nid41699-1243961.pdf.

③ CLOONAN A. The feasibility of implementing cross-curricular studies of Asia [C] // HALSE C. Asia literate schooling in the Asian Century. London and New York: Routledge, 2015: 135.

④ CLOONAN A. The feasibility of implementing cross-curricular studies of Asia [C] // HALSE C. Asia literate schooling in the Asian Century. London and New York: Routledge, 2015: 138.

洲有关的学习。”① “随着新的国家课程被引入学校，有证据表明，……教师认为自己没有准备好响应将亚洲相关研究纳入教学的命令。即使是在亚洲拥有专业知识、经验丰富的教师，也很难清晰地提供和创造出综合性的跨课程教学范例。”②

（三）对三个知识基础的内在认识逻辑显示了亚洲跨课程重点的狭隘性

黛博拉·亨德森认为：“《澳大利亚课程》文件反映出一种以欧洲为中心（如果不是以英语为中心的话）的世界观。……将对亚洲的跨文化理解纳入课程的潜在风险之一是亚洲可能被视为一个由刻板印象构成的同质区域，而不是一个由不同民族、文化、地貌和政治实体组成的区域。”③ 的确，这种狭隘的视角过度夸大了澳大利亚在亚洲发展中作用，而以静态的和传统的认知视角回避了亚洲是一个多元而复杂的实体的现实，从而忽略了跨文化理解的重要性。这不仅构建了澳大利亚的自我重要性，也暗示了殖民亚洲的潜台词。总的来说，《澳大利亚课程》给人留下的印象是狭隘的知识的潜在静态形式，它既没有意义，也与年轻人没有联系。这种狭隘的心态，在《对〈澳大利亚课程〉的评估：最终报告》中进一步得到印证。该报告认为亚洲跨课程重点在学校课程中的“嵌入”导致了对亚洲关注过多，而忽视西方文明的历史和持续的重要性，尤其是在英语和历史课程中。报告认为亚洲跨课程重点等嵌入所有学习领域，占用了太多的空间，从逻辑上讲，回归正常需要纠正这种不平衡。该报告建议《澳大利亚课程》应更重视《墨尔本宣言》所概述的道德、价值观和灵性，并更好地认识到西方文明、犹太—基督教遗产、经济发展和工业的作用，以及英国政治制度的民主基础对澳大利亚发展的贡献。彼塔·沙尔特等人指出，这种逻辑是有缺陷的，认为教育界必须重视将跨课程重点构建作为处理其他问题的最佳尝试，如对环境的日益关注，土著和托雷斯海峡岛民失去了选举权或澳大利亚在亚洲世纪的未来，而不是把重点放在为他们在《澳大利亚课程》中找到一个位置或者如何有效地嵌入

① CLOONAN A. The feasibility of implementing cross-curricular studies of Asia [C] // HALSE C. Asia literate schooling in the Asian Century. London and New York: Routledge, 2015: 148.

② CLOONAN A. The feasibility of implementing cross-curricular studies of Asia [C] // HALSE C. Asia literate schooling in the Asian Century. London and New York: Routledge, 2015: 133.

③ HENDERSON D, CHERIE A, KERRY M. Towards Asia literacy: the Australian curriculum and Asian-Australian children's literature [J]. Curriculum perspectives, 2013, 33 (1): 42 -51.

跨课程重点的问题上。虽然经常提到围绕着跨课程重点的社会和个人目标，但很少有迹象表明澳大利亚课程评估和报告局重视跨课程重点的内容的内在价值。从教育的本质目标上来说，亚洲素养教育应该教会澳大利亚年轻人以一种道德伦理的视角看待个人和社会在澳大利亚与亚洲高度互动背景下的成长和责任问题。但在这里，亚洲素养被各种利益集团所牵涉，被简单地视为实现澳大利亚经济战略的手段。几乎没有证据表明，与亚洲的接触因其内在价值而受到赞赏，因为它根据澳大利亚学生所渴望的知识类型，不断被多数人的利益所重塑。这暗示着一种新的狭隘的殖民心态：亚洲只不过是实现澳大利亚世纪目标的手段而已，维护澳大利亚盎格鲁文化传统才是国家身份认同的核心。

（四）亚洲跨课程重点的可选性而非强制性导致其容易被忽略

“澳大利亚课程评估和报告局主席强调教师绝对没有义务将跨课程重点纳入课堂。……这些重点的可选性让教师自行决定是否将其包括在内……，这就导致了在课堂上，由于教师太忙或不愿教而使这些重点很容易被忽略。”① 由于不是强制性的，不是所有的学生都能体验到这种学习；不能指望选修课程来完成《澳大利亚课程》关于亚洲相关内容的学习任务。由于缺乏评估和政府的共识支持，亚洲跨课程重点不太可能引起其他利益相关者，尤其是家长的极大关注。研究结果显示，对教师而言，新课程标准文件的实施已使学校的课程安排发生重大变化，以确保符合所有的要求。尽管数据表明，大多数英语教师看到了实施跨课程优先的价值，可是一些教师感到越来越大的压力，这样的压力使他们倾向于认为跨课程是“额外的内容”。对此，彼塔·沙尔特等人认为：由于教师面临时间或资源方面的压力，这一计划很容易被放弃。

三、教师对亚洲素养的态度和教师自身亚洲素养的问题

教师处于亚洲素养教育的主要地位，克里斯汀·哈尔斯等人指出：“《澳大利亚课程》的有效实施依赖于一支有效的教学队伍。”《对〈澳大利亚课程〉的评估：最终报告》也指出：“跨课程重点也是一个资源问题，高质量资源和教师知识的可用性已经影响到成功实施。”因此，教师队伍对亚洲素养的态度和教师队伍自身的亚洲素养程度直接关系到整个学校亚洲素养教育的成效。但是，从相关研究来看，目前这两个方面的要素均存在问题。

---

① SALTER P, JACINTA M. The inherent vulnerability of the Australian curriculum's cross-curriculum priorities [J]. Critical studies in education, 2016, 57 (3): 309.

第一是教师队伍对亚洲素养的态度问题。包括两个层面，即教师对待发展亚洲素养的态度，以及教师和学校与国家政策层面对发展亚洲素养的理解问题。前者，大多数教师是支持在学校发展亚洲素养的，认为这有助于发展学生的跨文化理解，以创建一个更加宽容和成功的澳大利亚。但是如上所述，鉴于亚洲跨课程重点是可选而非强制性的内容，由于他们对教好亚洲跨课程重点缺乏足够的信心，以及时间和资源的压力，很多教师选择压缩或者不讲这一类的主题。在所有的研究文献中，有一种占主导地位的观点，即即使有与亚洲相关的内容和主题，教师也很有可能因为缺乏知识、信心和兴趣而回避它们。后者，教师和学校往往是基于发展学生心智能力和批判性思维来培养学生的亚洲素养的。但是，国家却根据能否培养出符合社会发展需求的人才为标准评估学校的办学成效。这就导致了教师对亚洲素养的人文主义解读与政策更多的经济动机之间的偏差。这种偏差会导致教师迫于强大的国家经济话语和严苛的问责制的压力而改变自己的教育信念。

第二是教师队伍的亚洲素养程度问题。根据克里斯汀·哈尔斯等人的《亚洲素养和澳大利亚的教师队伍》对澳大利亚 1 319 名澳大利亚教师的调查研究报告的数据，“目前与亚洲相关的教学不是他们教学目的的核心：他们不评估学生在该地区的学习；他们缺乏知识资源的优势，亚洲研究的跨课程教学是自发的，是由事件或评论引起的；它与计划的教学有关，但不是特别计划、突出或评估的。33% 的受访者表示，他们的教学实践中包含亚洲是偶然的，只有 53% 的人同意或强烈同意他们经常使用评估任务来监控学生对亚洲的学习。教师不知道适合课堂使用的资源，只有 20% 的教师认为他们熟悉一系列与亚洲有关的教学资源。当被问及是否利用一切机会在教学中融入对亚洲的了解时，只有 17% 的受访者表示同意或强烈同意，58% 的受访者表示不同意或强烈不同意，22% 的人既不同意也不反对。50% 的受访者同意或强烈同意课程中没有足够的时间或空间来教授和学习有关亚洲的知识。68% 的受访者表示，他们的学校没有提供一个明确的亚洲相关教学和学习的顺序。”① “鉴于自己不隶属于致力促进亚洲研究的专业协会或不是亚洲语言教师，教师往往缺乏教授好亚洲知识的信心和准备。”② 对于这些调查的结果，澳大利亚迪肯大学学者安妮·科卢楠（Anne Cloonan）认为：“强制实施与

① HALSE C，CLOONAN A，DYER J，et al. Asia literacy and the Australian teaching workforce［R］. Melbourne：Education Services Australia（SCSEEC），2013.

② CLOONAN A. The feasibility of implementing cross-curricular studies of Asia［C］// HALSE C. Asia literate schooling in the Asian century. London and New York：Routledge，2015：140.

亚洲相关的跨课程重点，是在教师对跨课程教学方法既缺乏信心，也缺乏支持性的理论研究这样的背景下进行的”，“如果要避免浮于表面的处理，就迫切需要为亚洲有关教与学的初始的和正在进行的教育提供支持。……我们还需要做更多的工作，确保教师不会在不经意间陷入提倡肤浅的异国情调，陷入强调差异而非相似的、缺乏知识深度的教学方法”。①

四、澳大利亚亚洲研究能力弱化

亚洲研究②是澳大利亚亚洲素养知识基础不断稳固和拓展的基础条件。正如西澳大学副校长肯特·安德森（Kent Anderson）所指出的：“亚洲研究不只是亚洲语言，我还用它来代表这门学科的整体健康状况，同时也标志着对亚洲的深刻了解。”③ 由于地理和历史的原因，澳大利亚拥有悠久的亚洲研究的历史，从20世纪50年代开始，澳大利亚以其对亚洲知识和学术的高质量研究获得了国际认可。如上所述，黛博拉·亨德森指出：“自1970年《奥克缪蒂报告》以来，仅在1970年至1993年期间就确定了至少42份澳大利亚与亚洲素养和教育有关的政府或非政府报告和文件。”但是，由于提供的资金匮乏、国内政治变幻以及亚洲研究专家老龄化或因其他国外大学人才聘用竞争而导致的学术外流等原因，目前澳大利亚的亚洲研究形势也不容乐观。早在2002年，澳大利亚亚洲研究协会就在其研究报告《澳大利亚的亚洲知识最大化》（*Maximizing Australia's Asia Knowledge*）中对1989年到2002年间澳大利亚亚洲研究情况进行评估，指出由于高等教育的重大系统性变

---

① CLOONAN A. The feasibility of implementing cross-curricular studies of Asia [C] // HALSE C. Asia literate schooling in the Asian century. London and New York: Routledge, 2015: 148.

② 正如上文备注的所指出的，这里的亚洲研究（Asian studies）与亚洲相关内容的学习（study of Asia）不同，前者指的是科学研究，它是有关亚洲的专业研究，更多时候是一种研究活动，旨在促进有关亚洲的知识创新和知识体系化，从而增强澳大利亚对亚洲多元文化的深入理解，为澳大利亚亚洲政策提供决策咨询，可以说，它是关于亚洲知识的再生产，是亚洲素养获得强大知识基础的动力。而后者，是有关亚洲的相关内容的学习，它提供了有关亚洲内容的广泛的知识基础，根据亚洲教育基金会对亚洲素养的定义，这些亚洲相关的内容包括亚洲的多元文化、历史、艺术、宗教和地理以及澳大利亚与亚洲接触的相关主题。它们被表述为亚洲跨课程重点并纳入《澳大利亚课程》，渗透于每个学习领域之中。

③ Asia Society Australia. Disruptive Asia: Asia's rise and Australia's future [R]. Asia Society Australia, 2017: 52.

革，加上一批专家的老龄化和海外大学吸引力增强导致澳大利亚从事亚洲研究的学术力量外流等原因，“20 世纪 80 年代末 90 年代初形成的亚洲研究势头正面临危险”①。进入 21 世纪的第一个十年，澳大利亚亚洲研究也面临着挑战。在澳大利亚亚洲研究协会提交给《亚洲世纪中的澳大利亚》白皮书的意见书里，澳大利亚亚洲研究协会主席普能德拉·然（Purnendra Jain）教授认为：“过去为我们国家提供了如此有利条件的专业知识和认真研究的基础现在受到了威胁。在教育和研究领域工作了大约 40 年的观察员将当前的情况描述为‘处于危机之中’。他们认为，与澳大利亚亚洲研究协会 2002 年报告《澳大利亚的亚洲知识最大化》中所描述的情况相比，关于亚洲的教学和学习已经进一步萎缩，我们的协会在 2005 年提出了大量证据，证明我们国家理解和与亚洲邻国沟通的能力已停滞在不合逻辑的低水平。现在处于亚洲世纪早期的历史性时刻，解决这一国家需求，即致力于亚洲研究的必要性，现在更加迫切，需要重新点燃澳大利亚对亚洲的研究热情。”② 根据相关研究的整理，可以发现，这些挑战有：一是政府对亚洲研究资助不稳定和不均衡。如澳大利亚政府取消了陆克文任期内的两个大型的亚洲语言和研究计划的资助以及阿博特政府对吉拉德政府的《亚洲世纪中的澳大利亚》白皮书的降级封档，“2015 年澳大利亚政府宣布不再为亚洲教育基金会提供资助，这意味着该机构失去了 150 万美元的核心年度资金；同样，‘亚联’的亚洲艺术项目也失去了来自澳大利亚议会的核心资助，这意味着很多项目将会终止；同时，澳大利亚国立大学（ANU）出于经济原因让出了其在亚洲研究领域的领导地位”③。澳大利亚亚洲协会的首席执行官菲利普·伊万诺夫（Philipp Ivanov）认为：“我们的大学一直在稳步积累有关亚洲的专业知识，其中一些是首屈一指的，但国家重点和资源往往不均衡，导致印度尼西亚、日本、南亚和东南亚国家及地区研究的能力不断下降。令人惊讶的是，我们

---

① FITZGERALD J, JEFFREY R, MACLEAN K, et al. Maximising Australia's Asia knowledge: repositioning and renewal of a national asset [R]. Asian Studies Association of Australia, 2002: viii.

② JAIN P. Creating and transmitting Australia's knowledge of a dynamic Asia: a submission by the Asian Studies Association of Australia (ASAA) to the White Paper on Australia in the Asian Century[EB/OL]. (2012-10-20)[2019-10-20]. http://asaa.asn.au/about/advocacy/australian-in-the-asian-century-white-paper-submission/.

③ Asia Society Australia. Disruptive Asia: Asia's rise and Australia's future [R]. Asia Society Australia, 2017: 52.

智库中的亚洲专家非常少。”① 二是当前关于亚洲素养的研究尚未体系化。克里斯汀·哈尔斯教授等人对其收集到的近25年来有关学校亚洲素养的795篇研究文献的分析结果显示，这些研究普遍缺乏系统的、多方法的、大规模的实证研究。这些研究适用比较研究，或适用于理论检验、验证或可推广的结果的分析。关于亚洲素养与课程、教育社会学、社会心理学、教育心理学等领域的核心理论，如陈述性与程序性知识、态度与价值形成、跨文化关系、学生动机、学习与评价、教育学、学生学习过程与结果等理论也缺乏研究。在所有的文献中，关于亚洲素养作为一个项目和学术研究领域的意义和目的都存在着模糊性，在某些领域也存在着尚未解决的争论。

第三节 制约澳大利亚学校亚洲素养教育实施效果的内在原因分析

多年以来，澳大利亚许多政府官员和学者一直在探寻经过50多年不遗余力的国家努力，澳大利亚的亚洲素养仍然进展缓慢或普及度低下的原因，人们把问题的出现归因于学生和家长对亚洲相关学习的需求下降、亚洲跨课程重点的模糊性和难以操作性、缺乏具有亚洲素养的师资队伍、资金和资源匮乏、亚洲语言教育存在困难等。然而，一些研究指出：“虽然这些因素很重要，但它们更多的是症状而不是原因。”对此，澳大利亚亚裔学者潘成鑫认为：“阻碍澳大利亚的亚洲素养的不仅是在操作层面上的物质、财政或制度上的缺陷，而且还有关于本体论、身份和知识的更基本的概念问题。事实上，问题不在于亚洲素养，而在于澳大利亚人自我想象中的亚洲概念。这种关于亚洲的概念在人们普遍接受的亚洲素养的定义中是显而易见的，即有关亚洲地区不同国家的历史、地理、文学、艺术、文化和语言的知识、技能和理解。”从对澳大利亚的亚洲素养的话语产生和演变的历史探寻中，我们可以发现，这种知识、技能和理解虽然无疑会受到亚洲的影响，但最终是在澳大利亚的语言、话语和身份语境中进行的。因为，从历史和现实上看，这种政策话语和国家想象的构建是单向的，“几乎没有证据表明亚洲各国政府或

① Asia Society Australia. Disruptive Asia：Asia's rise and Australia's future［R］. Asia Society Australia，2017：6.

教育工作者参与了亚洲素养行动"①。这就意味着亚洲素养是从澳大利亚的视角，更准确地说是从澳大利亚国家利益的视角所构建的一种政策话语和国家想象。

因此，我们可以认为，亚洲素养仅仅是澳大利亚对亚洲各国想象的集合体。从历史和现实看，澳大利亚正是在对亚洲的想象中逐渐构建自我的民族意识的：从亚洲缺失，到亚洲威胁再到亚洲机遇，亚洲成为澳大利亚国家政策话语不可或缺的一部分，也成为澳大利亚国家身份认同的一部分。而正是这种身份认同的历史转变制约着澳大利亚对待亚洲的方式。事实上，国家身份认同的问题一直是塑造澳大利亚与亚洲关系的核心问题。正如澳大利亚阿德莱德大学学者卡罗尔·约翰逊（Carol Johnson）等人所主张的那样："亚洲的概念在澳大利亚国内政治中起到了一种符号和象征的作用，帮助定义了我们是谁，以及澳大利亚在世界上的地位等相关问题。"从某种意义上看，正是在与亚洲的互动和对亚洲的想象中，澳大利亚逐渐构建了国家身份认同，逐渐构建了自我的主体论和认识论。从现实上看，这种国家身份认同反映了它与亚洲的关系，但同时也影响了它对亚洲的了解程度。

由于国家身份认同是一种国家关于归属的价值观概念，是一个国家对于国家自我的本体论和认识论，它制约着这个国家国民的思维方式和价值取向。因此，可以认为国家身份认同的问题是影响澳大利亚亚洲素养实施成效的内在深层次因素，也就是说问题的存在主要是价值认识方面的原因，更确切地说是一种"对亚洲的预设"，体现在亚洲素养的国家执行逻辑、政治价值观、国民性和国民价值观等价值意识的原因之上。应该强调的是，正如潘成鑫所指出的，这种预设为澳大利亚对亚洲的了解程度设定了限制，这更好地解释了为什么澳大利亚对亚洲素养的追求一直是无效的。这与澳大利亚西悉尼大学学者迈克尔·辛格（Michael Singh）"关于未来亚洲素养的发展需要解决与认识亚洲相关的认识论问题"的观点是一致的。

一、亚洲素养政策受到经济理性主义逻辑的主导

简单地说，经济理性主义是一个标签，适用于把鼓励市场力量放在更优先地位的政府行动哲学。经济理性主义的倡导者希望减少政府对经济的直接干预，以增强市场、经济竞争和价格的作用。它体现了工具主义和实用主义

① HUGHES K. Knowing Asia: the political economy of Australia's Asia literacy. Paper presented at Asian Studies Association of Australia Biennial Conference, University of Western Sydney, NSW, 2012.

的特征。虽然经济理性主义思想和政策是更广泛的国际趋势的一部分，但是这个词常常被用来描述20世纪70年代到90年代中期澳大利亚惠特拉姆—霍克—基廷的经济改革的逻辑。20世纪80年代中期，霍克工党政府对澳大利亚经济的组织方式进行了广泛的改革，部分原因是为了从亚洲新的经济机遇中获益。在这种不断变化的背景下，重视对亚洲的了解具有更重要的意义。如果澳大利亚的经济、政治和战略未来与该地区紧密相连，那么澳大利亚人需要更好地了解亚洲的文化和语言。亚洲素养的概念可以说是在这种工具主义逻辑的背景下产生的，这种逻辑认为了解亚洲对于实现澳大利亚的战略目标至关重要。诸多持人文主义观点的具有批判精神的研究者认为："虽然澳大利亚的教育机构与亚洲有着长期的联系，但官方对亚洲素养的解释仍然顽固地、狭隘地停留在经济层面，因为它对亚洲的接纳是交易性的，而不是政治、文化或社会的。"的确，经济理性主义（economic rationalism）逻辑长期地主导着澳大利亚的亚洲素养政策和学术话语。从20世纪80年代的罗斯·加诺特（Ross Garnaut）的《澳大利亚和东北亚的崛起》到90年代陆克文的《陆克文报告》，再到吉拉德政府的《亚洲世纪中的澳大利亚》白皮书，都在不差毫厘地贯彻这种经济理性主义逻辑：澳大利亚只要能聚焦亚洲，就能抓住经济变革的机遇，这是促进澳大利亚经济社会繁荣的最重要的基础之一。这种经济理性主义逻辑在《亚洲世纪中的澳大利亚》白皮书的内蕴价值体系中体现得非常明显。在白皮书的前言中，时任澳大利亚总理的朱莉娅·吉拉德说道："亚洲世纪的到来是澳大利亚的机遇。我们现在必须应对的挑战是，澳大利亚如何从亚洲接下来的需求中获益。"白皮书的经济理性主义基调是为了抓住这些机遇，澳大利亚人必须拥有亚洲能力以便参与各项亚洲事务。就这样，经济理性主义逻辑将亚洲素养与澳大利亚的公共政策、经济政策、外交政策以及学生的就业前景捆绑在一起。也就是说，发展亚洲素养被狭隘地认为是一种解决澳大利亚经济发展问题的手段。虽然澳大利亚与亚洲的贸易占其国际贸易比重中的大部分，但是，它仍然"缓慢地认识到这些贸易模式所代表的文化可能性。……亚洲素养成为澳大利亚经济政策的一个分支"① ——亚洲，只是澳大利亚实现经济战略目标的工具。

这实际上导致了两种结果：第一，漠视亚洲文化的多样性与澳大利亚和亚洲之间存在的共性，进而影响到澳大利亚与亚洲进行深层次交往的能力和澳大利亚在亚洲的归属感和认同感。第二，作为一种政府主导的以经济理性主义为逻辑基础的教育政策，亚洲素养是根据澳大利亚的经济利益、对国家

---

① SINGH M G. Edward Said's critique of orientalism and Australia's "Asia literacy" curriculum [J]. Journal of curriculum studies, 1995, 27 (6): 601.

认同和国际关系的关注而定义的，而不仅仅是对学科内容的兴趣。它的主要目的不是实现教育原初的、本质的目的，而是实现经济战略的目标。这就导致了“亚洲素养不是一种智力上的享受（intellectual luxury），而是一种国家义务”①。可以说，亚洲素养政策承受了太多它不该承受的责任。然而，这并不是否认澳大利亚政府在推动亚洲素养上的国家规划的努力，而是指出在将亚洲素养教育狭隘地视为实现经济战略目标的手段的情况下，这样的一种“国家义务”是如何协调国家政策目的与学校教育目的的。从上文的描述可以看到，当受到地缘政治力量变化、国内政党轮换和施政理念差异，以及社会对亚洲素养需求的实用主义等影响，作为“国家义务”的亚洲素养教育很容易成为一种投机的政治口号。这实际上导致了关于亚洲素养的紧张感：亚洲素养的政治与伦理之间的矛盾，或者更确切地说，亚洲素养对国家的经济效用与其在学校进行社会公正和文化响应式教育的潜力之间的矛盾。这种矛盾的本质在于亚洲概念的逻辑，在于亚洲这一“他者”如何被看待。也就是说，亚洲素养的概念不可避免地引起一种二元的区别，即作为一整套关于他者的技能和知识的素养（理解的素养）和作为社会实践的素养（如与他人共同生活和学习的跨文化素养）之间的区别。

以经济理性主义为逻辑的亚洲素养政策必然遭到具有人文精神的学者的批判。他们认为目前澳大利亚政府政策对亚洲素养的解读已经缩小为一种微弱的经济机会主义，这只会破坏澳大利亚在亚洲的归属感。为了增强澳大利亚在亚洲区域的归属感和认同感，必须摒弃这种逻辑，转而采取一种文化沟通的手段，反思文化共存之道。“如果澳大利亚不能在实质性的文化层面上与亚洲接触，它就缺乏在亚洲发挥更大作用的文化合法性。”② 这就需要超越经济理性主义逻辑，探寻亚洲素养原初的教育目的，以一种道德话语来引导学生对文化多样性相互联系的关键节点进行深入思考，从而寻找文化多样性共存之道。

当然，也有研究者试图协调亚洲素养经济和教育的价值，指出：“我们需要以完全不同的方式来看待教育，把它看作是一种智力上的努力，对公认的做法和解释的挑战，对批判性思维的刺激，学术研究，提高社会意识和敏感度以及其他不那么时髦的追求。简而言之，教育就是让人们变得更好。对于亚洲研究而言，就是转化为欣赏和尊重亚洲社会、文化和人民的崇高目

---

① SINGH M G. Edward Said's critique of orientalism and Australia's "Asia literacy" curriculum [J]. Journal of curriculum studies, 1995, 27 (6): 601.

② HE B. The awkwardness of Australian engagement with Asia: the dilemmas of Astralian idea of regionalism [J]. Japanese journal of political science, 2011, 12 (2): 278.

标，重新调整一个有着深刻种族主义历史的以欧洲为中心的国家的心理方向，对过去和现在正在塑造亚洲社会命运的社会力量具备一些了解，并产生更多了解的愿望。正是这些智力、心理和文化方面的原因，使得亚洲研究变得重要，而不是增强了贸易潜力。如果它们能在政治和经济关系方面产生积极的溢出效应，那就更好了。”①

二、国家身份认同的矛盾性

国家身份认同的主张旨在及时地瞄定文化或国家，引导它们走向未来，并将它们与真实的或想象的过去联系起来。身份认同的力量，既塑造国家的凝聚力，同时又塑造国家与区域的关系。经济理性主义的亚洲素养只是澳大利亚国家身份认同历史演变中的一个环节、一个部分或者说一种主导形式。正如前文所述，身份认同的问题和不安全感一直影响着澳大利亚对待亚洲多样化地区的方式和利益导向。② 亚洲，既是焦虑的来源，又是希望的机遇——这样一种矛盾的心态长期伴随着澳大利亚身份认同构建的历史。这种身份认同的历史演变在不同历史阶段根据澳大利亚对亚洲的各种想象而呈现出不同的模式。澳大利亚亚裔学者潘成鑫根据历史发生的维度将这些澳大利亚对亚洲的想象归纳为三种模式。

第一种模式关注的是亚洲的无价值性或亚洲缺失（insignificance/absence of Asia）。亚洲的无价值性或亚洲缺失反衬了澳大利亚对自己国家和文化传统的重视，反衬了一种将澳大利亚作为位于亚洲维护西方传统价值的“前哨”心态。这种心态一方面强调“澳大利亚不仅是英国的最后一块前哨地带，也是整个‘雅利安种族’的前哨地带”③，是抵挡非西方文明侵入或玷污西方文明的一块“天然屏障”；另一方面强调澳大利亚自身的文化的优越性和价值性，而将亚洲视为“一个非特定的、难以理解的外来区域，许多亚洲国家仍然不值得注意。在最好的情况下，亚洲可以作为一个‘未来的问题’被安全地忽略或推开”。这种自我设置屏障的“前哨心态”导致了大多数情况下，“亚洲”一直处于“澳大利亚”历史范畴之外——亚洲的缺失极

① HEALY P. The Garnaut Report：implications for Asian studies [J]. Asian studies association of Australia review，1990，13 (3)：74.

② BYRNE C. Public diplomacy and constructivism：a synergistic and enabling relationship. [J] Public diplomacy theory and conceptual issues，2012 (4)：1 -7.

③ 沃克，索伯辛斯卡. 澳大利亚的亚洲观 [M]. 李建军，等译. 北京：社会科学文献出版社，2017：195.

为明显。这种缺失意味着澳大利亚心安理得地接受殖民文化历史的帝国构建，同时否定自己民族认同中的重要组成部分，即亚洲地缘政治、经济、文化的重要影响。当澳大利亚在历史上得到英国的庇护，到现在得到美国以及美澳联盟的保险政策的福佑时，了解亚洲的紧迫性也就降低了，也就是说亚洲的缺失就更加明显了。

第二种模式与第一种模式紧密相关，坚守澳大利亚作为位于亚洲的西方文明前哨的价值，并且将之作为抵御来自亚洲潜在的威胁的防线。因此，第二种模式关注的是对亚洲作为一种潜在威胁的感知。亚洲威胁论一直是笼罩在澳大利亚对于亚洲的普遍叙述中的一个无法消散的“幽灵”。澳大利亚人早就设想过，亚洲发展带来的威胁会在不远的将来以这样或那样的形式显现。正如历史学家内维尔·米尼的观点所示，保护澳大利亚免受潜在的亚洲威胁是长期以来澳大利亚制定国防政策的核心关切。这种威胁的感知为美澳同盟的建立奠定了基础，同时也加速澳大利亚对自身民族性和利益的意识。就像大卫·沃克所说：“如果说亚洲有什么不同的话，那就是它在澳大利亚的殖民意识中经常充当一个多功能的噩梦，唤醒沉睡的民族走向国家。”阿德莱德大学政治学教授卡罗尔·约翰逊（Carol Johnson）等人认为：“亚洲不仅仅是一个地区或者是一个贸易伙伴的集合，它是澳大利亚政治家们为了国内政治利益而动员起来的一个强有力的信号。”

第三种模式是较为积极的模式，把亚洲视为主要在经贸领域的机会。如前所述，这一模式是基于经济理性主义的逻辑的，认为商业利益是澳大利亚发展亚洲素养和与亚洲进行接触的理由。在这种价值逻辑之下，尽管澳大利亚政党领导人都曾信誓旦旦地宣称亚洲对澳大利亚的重要性，甚至某些时候认为澳大利亚是一个亚洲国家，但是如果没有真正解决制约亚洲的预先假设的思维方式，那么这种对亚洲的想象将会继续陷入对亚洲殖民的封闭怪圈之中。

应该强调的是三种对亚洲的想象模式不是前者被后者替代的关系，它们共同存在并渗透在澳大利亚日常生活之中，只是不同时期某种模式比较明显而已。这样的反复出现反映了大卫·沃克所说的“澳大利亚周期性重新发现自己与亚洲的近邻关系”，而正是这种周期性的认识，导致在绝大多数澳大利亚人心中，“亚洲总是让人捉摸不定”。[①] 澳大利亚人觉得很难了解亚洲的一个重要原因是其认识论是基于一种东方主义（Orientalism）的认识论逻辑，这种逻辑坚持对亚洲的二元论（dualism）观点。

---

① 沃克，索伯辛斯卡. 澳大利亚的亚洲观［M］. 李建军，等译. 北京：社会科学文献出版社，2017：177，8.

美国哥伦比亚大学教授爱德华·赛义德（Edward Said）在《东方主义》一书中对“东方主义”的概念及其对欧洲看待亚洲方式的影响进行了深入探讨。东方主义采取一种僵硬的和刻板的工具主义划分法，将世界划分为西方和东方。赛义德认为，东方主义的论述与一套构建权力关系的西方思想体系相对应，旨在支配和利用东方，其主要目的是发展一种与殖民列强的经济和政治利益相一致的全球意识。因此，赛义德认为：“东方主义是一种殖民计划，它将目标整体化，将其作为被动的附属物，服从于一种普遍化的宏大叙事。可以说，在20世纪的大部分时间里，澳大利亚人对学习和教授亚洲的兴趣与这种思维方式是一致的。”“这种发现东方以及建立在这种表现上的知识被许多澳大利亚人认为是关于亚洲的准确知识。”① 澳大利亚的东方主义倾向于将亚洲人定位为外来的、低等的、受统治的和同质的“他者”，而澳大利亚是西方文明在亚洲的代表，同时主张澳大利亚与亚洲之间的绝对差异，将澳大利亚与亚洲分开，在两者之间制造一种对抗感。

这样一种对亚洲的想象是一种欧洲中心论的表征，以欧洲文化价值为中心并以之为认知视角，将所有的知识按照西方（拥有历史、文化、理性和科学）和东方（被封闭在空间、自然、宗教和灵性之中）的二元体系来构建。这种二元关系以时间线性理论将世界地理空间领域内群体的划分和随后的等级划分联系在一起：与传统的东方相比，西方是现代的，因为它已经进化到阐明现代性的关键特征。阿根廷裔墨西哥哲学家恩里克·杜塞尔（Enrique Dussel）指出了这种以欧洲文化为中心的认识论的错误，他认为二元体系围绕欧洲文化中心去定义其外围的一切，对外围的差异性和文化性采取一种漠视的态度，这就导致了中心思想的主要思想家在他们对现代性的理解上陷入了一种欧洲中心主义的谬误。如果他们对现代性谱系的理解是片面和狭隘的，那么他们对现代性的批判或辩护同样是片面的，在某种程度上也是错误的。以这样一种认知视角去定义亚洲和构建亚洲素养注定是错误的。

首先它建立在对亚洲的一种抽象概念之上，在这里，亚洲成为一个文化同质和静态的实体，忽视了亚洲内部存在的跨地区、阶级、性别、宗教和政治的巨大差异，这种对亚洲的认知，“既是一种刻板印象的表现，也是一种‘文化霸权’的表现，在这种情况下，非盎格鲁民族被简化为一个同质的、假想的‘他者’”②，而亚洲要么是无价值的，要么是焦虑的来源，要么是实

① HENDERSON. D. Why studies of Asia deserves a place in Australia's history curriculum [J]. EQ Australia talking history (winter deition), 2004 (2): 21 -22.

② SINGH M G. Edward Said's critique of orientalism and Australia's "Asia literacy" curriculum [J]. Journal of curriculum studies, 1995, 27 (6): 612.

现机会和目标的手段。

其次，亚洲素养被限定为对亚洲关键区域和国家的相关知识和语言的学习，被提出来作为澳大利亚的经济解决方案，以及在亚洲贸易和投资竞争中的关键优势。

最后，“通常，亚洲素养是建立在占主导地位的西北欧视角的基础上，并与占主导地位的利益保持一致。当然，亚洲从未以纯粹或无条件的方式出现在课程中，而是通过以西北欧殖民利益为框架的立场所形成的观点来进行调解。”① 但是，它忽视了澳大利亚与亚洲长期的丰富的文化交流以及文化交流中所需要直面的关键问题，这些关键问题有可能是长期制约澳大利亚融入亚洲区域并得到该区域内国家和地区认可的主要因素。对此，“我们需要的是批判性地检验澳大利亚在历史上将亚洲及中国作为‘他者’的构建，以及在这一过程中所体现的自我认同和自我了解。迈克尔·达顿和德博拉·凯斯勒认为，任何新的‘通晓亚洲’的项目都不能仅仅是在学校课程设置中加入教授语言和文化的内容，而是需要质疑‘至今仍能将我们不知不觉引入白澳政策泥沼的澳大利亚思维方式’”②。

诚然，认识的错误最终导致了澳大利亚国家身份认同的错乱和矛盾性。因为澳大利亚是根据对亚洲的想象构建自我身份认同的，就像菲茨杰拉德所说，亚洲“是一把尺子，让你衡量你的立场、你的准则以及你希望澳大利亚成为什么样子”③。亚洲认知的偏差既影响着澳大利亚人对其自身的看法，也影响着澳大利亚与亚洲的关系。然而，无论如何，澳大利亚始终都不会认为自己是一个真正的亚洲国家，“对盎格鲁—澳大利亚社会的认同感深深铭刻在人们的大脑里，这深刻影响了澳大利亚政治进化，影响到国家发展的所有领域”④。但是，澳大利亚与亚洲的历史和现实交往的丰富性、日常性以及政策话语中不断重复的亚洲意识和亚洲价值已经构成澳大利亚身份认同的一部分，并且不断地塑造着澳大利亚自身认同的概念。这就凸显出澳大利亚国家身份认同中的矛盾性。这种矛盾性似乎以一种无法调和的方式存在于澳大利亚的国民性之中，以致澳大利亚在发展与亚洲关系时经常会飘忽不定。

---

① SINGH M G. Edward Said’s critique of orientalism and Australia’s “Asia literacy” curriculum [J]. Journal of curriculum studies, 1995, 27 (6): 616.

② 沃克，索伯辛斯卡. 澳大利亚的亚洲观 [M]. 李建军，等译. 北京：社会科学文献出版社，2017：183.

③ 沃克，索伯辛斯卡. 澳大利亚的亚洲观 [M]. 李建军，等译. 北京：社会科学文献出版社，2017：178.

④ 沃克，索伯辛斯卡. 澳大利亚的亚洲观 [M]. 李建军，等译. 北京：社会科学文献出版社，2017：225.

正如澳大利亚历史学家格雷格·洛克哈特（Greg Lockhart）所认为的："澳大利亚的认同感反映在它与地理距离更近的北方民族与文化的联系上，同时又牢固地植根于澳大利亚历史的英帝国传统之中。澳大利亚的历史继续在这种殖民心态中书写下去。"① 身份认同问题确实是制约澳大利亚亚洲素养教育彻底性的关键要素，正如澳大利亚前总理霍克（Hawke）所言："仅仅关注学校课程、教师培训的不足或资金短缺已不再足够。无论这些问题多么相关，除非身份认同问题得到正面解决，否则 20 年后我们可能会回到原地，讨论同样的问题。"

三、占主导地位政党的亚洲观差异

政党的政治权力将对亚洲的想象塑造成国家的集体认同，并通过政策框架加以制度化。"靠近亚洲的地理位置决定了历届联合政府和工党政府的外交政策。这些占主导地位的政党都认识到，在讨论澳大利亚在本地区和全球的地位时，与亚洲的接触应该是中心主题。然而，各执政党对这种接触的态度各不相同。"② "的确，不仅是特定的政策差异，而且连对如何定义亚洲的概念每一届政府都各有不同。"③ "尽管工党和自由党—国家党联盟都声称致力于与亚洲接触的总体原则，但他们对这种接触应该如何运作，甚至对与亚洲接触意味着什么，都有着不同的看法。到目前为止，澳大利亚与亚洲的多维关系是不规则的，经历了重大的起伏。不足为奇的是，2001 年澳大利亚庆祝联邦成立 100 周年时，该国仍在寻找平衡地理和历史的正确方法。"④ 事实上，到目前为止，进入 20 世纪的第二个十年，地理和历史的平衡问题仍然频繁地出现在澳大利亚国家政策议题之中。

处于主导地位的政党的亚洲观与亚洲政策的持续性和连贯性会随着澳大利亚国内政治局势的发展而存在变化。正如新西兰学者大卫·庞（David Pang）所言："虽然与亚洲接触的举措越来越多，但这些做法存在问题，政

---

① 沃克，索伯辛斯卡. 澳大利亚的亚洲观［M］. 李建军，等译. 北京：社会科学文献出版社，2017：209.

② KIZEKOVA A. Australian national identity and the Asian Century［J］. Annual of language & politics & politics of identity，2013（7）：78.

③ QUINN J. Asian studies in Australian education（1970－2002）：a study of four reports［D］. Melbourne：University of Melbourne，2005：38.

④ GORJAO P. Australia's dilemma between geography and history：how consolidated is engagement with Asia?［J］. International relations of the Asia-Pacific volume，2003（3）：180.

策举措的可持续性也难以预测。”法扎尔·里兹维也指出：“虽然两党在国家层面都声称致力于提高澳大利亚的亚洲素养水平，但他们采取的亚洲研究政策却飘忽不定，形同空谈。”这个可以从两党在各自执政期间对待亚洲素养政策的态度上反映出来。例如，在基廷和霍华德（执政早期）领导下的《澳大利亚学校亚洲语言和研究国家战略（NALSAS）》和在陆克文领导下的国家亚洲语言和学校研究计划（NALSSP）分别被霍华德和吉拉德政府取消，而吉拉德政府的《亚洲世纪中的澳大利亚》白皮书被阿博特政府降级封档，2015 年澳大利亚政府停止了对亚洲教育基金会的资助等。如果溯及更早时期，就是 20 世纪 70 年代初成立的亚洲研究协调委员会、90 年代初的亚洲研究理事会被先后取消。

从政党领导人个人执政理念看，其亚洲观也存在不稳定性。这突出地体现在工党领袖基廷和保守的自由党领导人霍华德两人身上。从执政方针上看，他们两人都重视发展与亚洲的关系，但是理念各不相同。基廷是整个 20 世纪 90 年代澳大利亚面向亚洲战略的集大成者，他说：“如果我们清楚自己的身份，并表明我们确实有意在实际和心理上自立，那么澳大利亚在地区事务中作为一个参与者将得到更认真的对待。……我们的未来日益取决于我们自己的地区；我们作为一个国家的身份不再是派生出来的，而是我们自己的。”① 在这里，基廷明确提出了“澳大利亚的未来在亚洲”的施政理念以及一种独立的国家认同意识。在处理澳大利亚与传统的西方历史和文化的关系时，基廷认为要让澳大利亚真正融入亚洲，必须认真谨慎地对待澳大利亚的传统，包括源自英国的文化传统。他强调：“澳大利亚的幸福在某种程度上取决于我们对英国的依恋，这种态度‘仍然至少对我们的思维产生潜意识的影响’。”基廷警告说，这种对澳大利亚身份认同的看法“长期以来一直在削弱我们的民族文化、我们的经济未来以及我们作为一个亚太国家的命运”。他认为，“澳大利亚必须接受自己与亚洲的密切关系，并认识到‘亚洲是我们未来的根本所在；我们能够而且必须去那里；我们所走的这条路是不可逆的’。”② 面对国内保守党人士对基廷欲将澳大利亚“亚洲化”的质疑，基廷反驳道：“我从不认为澳大利亚人应该把自己描述成亚洲人，或者澳大利亚可以成为亚洲的一部分……我们不可能是亚洲人，就如同我们不可

① JUPP J. Immigration and national identity：multiculturalism ［C］ //STOKES G. The politics of identity in Australia. Melbourne：Cambridge University Press，1997：132.

② MACKENZIE J. The entrepreneurial bureaucrat：a study of policy entrepreneurship in the formation of a national strategy to create an Asia-literate Australia ［D］. Melbourne：Victoria University of Technology，2001：135.

能是欧洲人、美洲人或非洲人一样。我们只能是澳大利亚人，也只能作为澳大利亚人与我们的近邻相处。我们的历史——包括四千年澳大利亚土著人的历史以及澳大利亚文化可以追根溯源的150多种文化，使我们在世界上独一无二。"① 基廷试图将澳大利亚与传统的西方同盟拉开距离，是一种"试图打造一个独立于英国的后殖民澳大利亚身份的尝试"②。然而，基廷这种亚洲观是模糊的，一方面疏远澳大利亚与西方传统的关系，另一方面坚称它不是亚洲的传统，因此只会引来关于澳大利亚国家身份认同清晰性的质疑。与基廷对待西方传统的态度不同，约翰·霍华德认为澳大利亚的主导文化是盎格鲁—凯尔特文化，因此在其任期内他致力于维护西方的传统价值，强调澳美同盟的重要性，他一直担心亚洲人会改变澳大利亚欧洲殖民传统的文化基础。对霍华德而言，亚洲是他与基廷不同的一个标志。他强调：亚洲是首要任务，但不是唯一的。他反复重申："尽管我们可以成为欧洲、北美和亚洲的一个交汇点，但澳大利亚没有面临历史和地理的选择。特别是，澳大利亚没有必要为了改善与亚洲的关系而开始否认我们的历史，否认我们的价值观，或改变我们的制度。"③ 霍华德这种看似务实实则否认澳大利亚与亚洲丰富的历史联系和地理联结的观点，反映了他的亚洲政策的经济理性逻辑以及对日益国际化和区域化的澳大利亚的潜力的忽视。事实上他对发展与亚洲的关系缺乏兴趣，这从他取消《澳大利亚学校亚洲语言和研究国家战略》、重新强调澳大利亚与美国和英国的传统联系中可以看出来。

除了基廷和霍华德外，其他澳大利亚政党领导人也同样在对待亚洲政策上态度不稳定。比如，作为会说普通话的西方领导人、工党的陆克文曾经非常关注亚洲素养，一心想发展澳大利亚与亚洲的关系。但是他对亚洲的态度也有矛盾的地方。如他既鼓励澳大利亚与亚洲接触，将其作为通向未来繁荣的道路，又担心澳大利亚将在一个日益亚洲化的世纪被甩在后面。自由党联合政府总理阿博特上台之初力推"亚洲优先"政策，但是在其任期内不仅将具有里程碑意义的《亚洲世纪中的澳大利亚》白皮书降级封档，并任命两名同样是保守派身份的知名评估专家对《澳大利亚课程》的亚洲跨课程重点进

① 崔越. 澳大利亚的中等强国外交［M］. 北京：对外经济贸易大学出版社，2016：102.

② JONES B T. Tools of engagement：using outbound mobility to grow Australia's Asia literacy［C］//HALL G，DOWNEY T，SINGH M. The globalisation of higher education：developing internationalized education in research and practice. Sydney：Palgrave McMillan，2018：119.

③ JOHNSON C，AHLUWALIA P，MCCARTHY G. Australia's ambivalent re-imagining of Asia［J］. Australian journal of political science，2010，45（1）：61.

行评估，专家的评估报告引出了两个问题，即质疑跨课程重点的政治化选择以及质疑如何在所有学习领域嵌入跨课程重点，并认为跨课程重点是党派宣传的结果，报告建议要确保西方传统价值在《澳大利亚课程》的核心地位，“继续承认西方文明和犹太—基督教对我们社会的影响是必要的，确保对亚洲的强调不会阻碍对当前和历史上与世界其他地区交往的承认”①。此外，报告还建议要对跨课程重点进行重新定义和限制，确保其仅在与教育有关的学习领域中开展。事实上，在澳大利亚围绕亚洲跨课程重点的辩论和攻击一直没有停歇，攻击主要来自保守党人士及其支持者，他们对亚洲跨课程重点的攻击与课程评估报告的立场和观点一致。这场对亚洲跨课程重点的攻击促使保守派的立场在 2015 年的国家课程标准修订中得到体现：国家课程标准继续加强对西方价值的重视。对此，澳大利亚学者凯瑟琳·多尔蒂（Catherine Doherty）批评道：“通过这种方式，澳大利亚将社会想象投射到一套更区域化的关系上的努力被有力地削弱了，澳大利亚继续与亚洲邻国玩起了忽冷忽热的游戏。政治上的保守派仍然不相信，并且抵制重塑、调整和重新定位澳大利亚身份认同以面向亚洲的价值。”②

至此，我们可以稍微简单地对澳大利亚工党和保守的联合党在亚洲观和亚洲政策上的共性和差异点进行总结。在共性上，两党都重视发展与亚洲的关系，尤其是经贸关系，并有着相对固定的亚洲政策逻辑。此外，两党各自的亚洲政策都有不同程度的不稳定性和矛盾性。在差异点上，工党一直以来倡导加强与亚洲的关系，亚洲素养政策是每一届工党政府外交政策的核心组成部分，强调超越传统欧美盟友与亚洲进行多边主义和地区主义的接触，当然主要是经济方面的接触；而保守党拒绝在澳大利亚与亚洲的交往中建立宏大的架构或发挥多边机构的强大作用，但是，它促进了双边关系，注重贸易和务实合作，强调亚洲是首要任务但不是唯一，认为澳大利亚不会面临历史和地理之间的选择，加强欧美同盟是确保澳大利亚国家身份认同的重点。

应该指出的是，澳大利亚主要政党的亚洲政策的差异及其不稳定性，除了与这些政党的执政理念及其领导人的执政风格有关，也折射了澳大利亚外部秩序的变化，与更广泛的地缘政治变化以及大国博弈背景有着重要的关

---

① Australian Government Department of Education and Training. Review of the Australian curriculum: final report[R/OL]. (2014-01-10)[2022-05-10]. https://docs.education.gov.au/system/files/doc/other/review_ of_ the_ national_ curriculum final_ report.pdf.

② DOHERTY C. How can Asia literacy in the curriculum contribute to dialogues around “Australian Nationness”?［C］//SOONG H, COMINOS N. Asia literacy in a global world: an Australian perspective. Singapore: Springer, 2018: 79.

联。“国际体系和全球政治经济的结构性变化，以及这一过程本身的历史，在澳大利亚国内政治辩论中产生了深远影响，从而影响了澳大利亚对亚洲事务的研究。”① 其中，有两个要素有着重要的影响，一是中国影响力的提升和澳大利亚与中国的关系愈加紧密。二是美国的亚洲战略与美澳同盟的存在。一方面，由于中国在亚洲地区的地缘政治影响力增强，澳大利亚对中国的整体崛起一直表现出政治焦虑，但是由于澳大利亚与中国经济的互补性日益增强，澳大利亚对与中国的贸易表现出越来越大的兴趣。澳大利亚的中国观是澳大利亚亚洲观的一个典型的缩影，是经济现实和政治焦虑的结合体。另一方面，美国的亚洲政策以及澳美同盟的存在一直是主导澳大利亚亚洲政策的最重要的外部因素之一。这是由澳大利亚的“中等强国”的身份认同所决定的。这种“中等强国”的身份认同的预设是，澳大利亚无力反击和抵御来自亚洲的威胁，需要一位强大的朋友做后盾。澳大利亚政客认为：“在确保澳大利亚的安全和身份认同上，与美国结盟的作用是不容动摇的。……联盟的作用仅限于自身，联盟是忠诚的表示，是我们身份认同的一部分，所以，抛弃了联盟的澳大利亚就不再是澳大利亚了。”② 在外部要素的作用之下，澳大利亚的亚洲素养政策也时常发生变化。“以恐惧为基础的对亚洲的政策和以服从为基础的对美国的政策已经渗透到澳大利亚生活的其他方面。例如，澳大利亚与西方国家的紧密结合更广泛地反映在国内教育政策的转变上，这种转变开始较少地关注亚洲，更多地关注建立一种植根于西方价值观、公民归属感和澳大利亚历史的教育课程。”③

政党亚洲观的差异，反映了澳大利亚在国家政策话语和政策执行上关于国家身份认同的偏差，这导致了亚洲素养政策在执行上的无所适从。

四、多样但模糊的澳大利亚国民亚洲观

国家政党对亚洲的态度影响了国民的思想动向。政党的亚洲政策很容易向大众传导一种国家的共识，关于国家身份的认同会潜移默化地转化为澳大

① BEESON M，JAYASURIYA K. The politics of Asian engagement：ideas，institutions and academics［J］. Australian journal of politics and history，2009，55（3）：360.

② 沃克，索伯辛斯卡. 澳大利亚的亚洲观［M］. 李建军，等译. 北京：社会科学文献出版社，2017：174.

③ PIETSCH J，AARONS H. Australian engagement with Asia：towards closer political，economic and cultural ties［C］//PIETSCH J，AARONS H. Australia：identity，fear and governance in the 21st century. Canberra：ANU Press，2012：36.

利亚的日常生活方式和思考。随着澳大利亚社会结构的不断变化，以及大众对澳大利亚多元文化政策的普遍支持，澳大利亚社会“似乎有一个广泛的共识，即澳大利亚可能不是亚洲国家，但仍然是该地区的重要组成部分。澳大利亚社会，尤其是在澳大利亚社会中较富裕、受教育程度较高的阶层与亚洲的文化和经济联系日益密切。然而，与此同时，虽然澳大利亚在与亚洲的制度交往方面作出了巨大的努力并取得了显著的成效，但澳大利亚社会的行为交往和态度交往都没有得到充分的巩固。正如一位澳大利亚外交政策专家所强调的：大多数澳大利亚人看到了这种接触的经济原理，但不理解其背后的外交和安全逻辑，它们在文化和安全方面仍以欧洲和北美为导向。亚洲被视为一个澳大利亚赚钱的地方，而不是一个澳大利亚拥有真正友谊的地方。这个地区的文化对大多数澳大利亚人来说仍然很陌生”①。

例如，根据近5年澳大利亚洛伊研究所的统计数据，每年澳大利亚国民对所选的几个亚洲国家的热情程度都处在中间程度，而盎格鲁文化圈国家（新西兰、英国、美国、德国、法国等）都是最受澳大利亚国民欢迎的国家中排名较高的国家，亚洲国家中只有日本是受澳大利亚国民欢迎程度较高的国家，排在其他被选的亚洲国家前面。这反映了澳大利亚人对西方国家的态度仍然比对亚洲国家的更友好，澳大利亚仍然信奉传统的盎格鲁文化价值。

“2013年洛伊研究所的一项民意调查显示，虽然大多数澳大利亚人认为中国的崛起对经济有益，但只有一半人对中国持积极态度。他们对印度尼西亚的态度更糟，2016年澳大利亚印度尼西亚中心的一项研究发现，87%的印度尼西亚人对澳大利亚持积极态度，而只有43%的澳大利亚人对印度尼西亚持积极态度。除了巴布亚新几内亚之外，印度尼西亚是离澳大利亚最近的国家。然而，只有44%的澳大利亚人认为印度尼西亚也在该地区。虽然印度尼西亚是澳大利亚第12大贸易伙伴，2014—2015年双边贸易额达148亿澳元，但只有51%的澳大利亚人认为印度尼西亚是重要的贸易伙伴。因此并不令人意外，只有19%的澳大利亚人觉得他们对印度尼西亚有很好的了解。”②

此外，关于澳大利亚是否需要亚洲素养，澳大利亚国内也并没有形成统

① PISARSKA K. Australia's ambivalent engagement with Asia [C] //PISARSKA K. The domestic dimension of public diplomacy: evaluating success through civil engagement. London: Palgrave Macmillan, 2016: 102.

② BENJAMINEN J. Tools of engagement: using outbound mobility to grow Australia's Asia Literacy [C] //HALL G, DOWNEY T, SINGH M. The globalisation of higher education: developing internationalized education in research and practice. Sydney: Palgrave MacMillan, 2018: 121.

一的意见。第一种意见是认为亚洲素养对澳大利经济和社会发展相当重要，这些观点主要是来自政府、学术界（持世界主义、多元文化主义的学者）以及在亚洲发展业务的商业界代表。他们往往秉持着现实主义的态度强调澳大利亚需要亚洲素养，澳大利亚存在亚洲素养不足的问题。比如，那些与亚洲有贸易往来的商业界人士就非常强调澳大利亚政府需要大力支持与发展亚洲素养。2011 年 3 月 30 日，当获悉当时的吉拉德政府将不再继续资助“国家亚洲语言和学校研究计划（NALSSP）”时，澳大利亚“亚洲素养商业联盟”的商业领袖们向联邦政府签署联名信，表达对取消资助亚洲语言教育和亚洲文化学习的忧虑，并敦促政府鼓励学校开展亚洲语言和亚洲相关学习，将之作为所有学校课程的重点。他们认为：“世界财富正在向亚洲转移。澳大利亚的未来取决于两党对亚洲的理解和关系。除非政府大举投资，让下一代澳大利亚人在亚洲世纪参与竞争，否则我们就会成为失败的领导人、失败的父母，我们就会拿澳大利亚的财富、和谐和安全冒险。”① 第二种意见是认为澳大利亚无须担心亚洲素养不足的问题。澳大利亚学者本杰明·赫斯科维奇（Benjamin Herscovitch）认为那些坚持澳大利亚的亚洲素养处于危机的观点是危言耸听。他基于英语在亚洲广泛学习和运用的数据统计提出质疑：“当英语成为全球通用语言时，更多的学生真的需要学习亚洲语言吗？从人口统计学和官方意义上讲，亚洲语言又是什么？当拥有多元文化的澳大利亚人会说许多亚洲语言，有广泛和增长的亚洲文化意识，我们需要担心澳大利亚的亚洲素养吗？”② 作者经过借用统计学的数据分析澳大利亚说亚洲语言和学习亚洲相关文化知识的数量以及英语在亚洲国家的广泛运用情况后，主张道：“在投入可能高达数十亿美元的公共资金之前，评论员、学者和政界人士必须解释：为什么在澳大利亚已经具备‘亚洲素养’而亚洲已经具备‘英语素养’的情况下，还需要更多的‘亚洲素养’？”③ 作者最后得出了结论：“不仅绝大多数澳大利亚人不需要深厚的文化素养，而且我们的多元文化构成意味着许多澳大利亚人已经了解亚洲文化。……澳大利亚将在亚洲世纪蓬勃发展，因为它已经会说亚洲的语言，并拥有广泛的亚洲文化素养。”④

---

① Asialink. Don't drop Asia in schools: business urges government［EB/OL］.（2011－03－30）［2019－01－09］. https://asialink. unimelb. edu. au/_ _ data/assets/pdf_ file/0004/1978267/2011－1－April-Dont-drop-Asia-studies-and-languages. pdf.

② HERSCOVITCH B. Australia's Asia literacy non-problem［J］. Issue analysis，2012（133）：7.

③④ HERSCOVITCH B. Australia's Asia literacy non-problem［J］. Issue analysis，2012（133）：12.

第三种意见是澳大利亚的亚洲素养“无用论”。一些组织反对提高亚洲素养，声称澳大利亚已经拥有它所需要的人力资本，没有必要以这种方式提高人口技能，以获得与亚洲的经济联系并增强所能带来的经济效益。多元化的价值诉求反映了亚洲素养在澳大利亚社会中的认同割裂化、碎片化，这种亚洲素养观的差异，难以促成对亚洲素养政策的社会共识，也就难以将之转化为坚实的社会心理基础，而这将弱化把亚洲素养的相关内容渗透进学校课程中的价值，弱化社会整体对亚洲素养的需求动力。

第六章　澳大利亚学校亚洲素养教育的可能性发展趋势分析和启示①

国家身份认同模糊反映了澳大利亚对亚洲的接触需要触及更加深层次的文化认知的问题。“当今全球化的社会现实，加上澳大利亚教育和亚洲素养实践中固有的各种挑战，意味着有必要重新思考亚洲素养教育的内容、地点和方式。”② 因此，它提出一个更紧迫和更广泛的课题：如何与亚洲共存，如何与亚洲建立更深层次的联系和跨文化理解，而学校能做些什么?”许多研究澳大利亚亚洲素养政策的学者纷纷提出了自己的学术见解，对澳大利亚亚洲素养政策的发展趋势做了学术构想。澳大利亚学者法扎尔·里兹维（Fazal Riziv）认为，鉴于发生在亚洲及澳大利亚之间的经济、政治和文化的重大转型，需要一种新的方式去认识亚洲和思考亚洲与澳大利亚的关系，超越经济与战略的工具主义，这一工具主义目前仍然主导着亚洲素养的概念。“澳大利亚日裔学者岩渊浩一（Koichi Iwabuchi）认为，现在是时候让亚洲素养成为一项工程，以一种包容的方式重新审视澳大利亚与其他亚洲国家的互动，以及澳大利亚社会的组成”③。墨尔本大学副教授艾博尔·哈斯森（Eeqbal Hassim）也认为有关亚洲的学习应该迈入下一个阶段，指出澳大利亚经济和政治未来的稳定与安全不应成为学生们需要了解亚洲以及澳大利亚与亚

① 这一章主要是基于现有的关于澳大利亚亚洲素养教育的研究成果中学者们对澳大利亚亚洲素养教育发展趋势观点的归纳。

② HALSE C. (Re)thinking Asia literacy [C] //HALSE C. Asia literate schooling in the Asian Century. London and New York: Routledge, 2015: 8.

③ IWABUCHI K. Foreword [C] //HALSE C. Asia literate schooling in the Asian Century. London and New York: Routledge. 2015: 16.

洲交往的唯一原因。当然，必须从中获得巨大的教育和个人价值，这与社会和公民教育的潜在联系尤其重要。……澳大利亚教育必须从概念上改变对亚洲学习的论述，强调更多的人文因素和联系，而不仅仅是在课程中增加亚洲内容。他认为，亚洲的学习过程需要借鉴全球公民精神来实现教学，这涉及澳大利亚与亚洲交往演变背后的深层次原因，并对这种交往未来如何发展提出了尖锐的问题。

第一节　澳大利亚学校亚洲素养教育的可能性发展趋势

鉴于制约澳大利亚亚洲素养政策取得真实成效的原因是相关的思维和意识形态，所以我们应该强调学校教育在思维方式再生产方面的重要作用。这就是亚洲素养教育应该重归教育的本质，虽然教育不是亚洲素养问题的唯一根源，但它可以为解决这一问题做出贡献。这一点尤其适用于更广泛的领域，不仅是需要更好地教授亚洲知识的课堂教育，而且需要一个自我反思的空间，在这个空间里澳大利亚的身份及其与亚洲的关系可以被设想和质疑。南澳大学学者宋汉娜（Hannah Soong）也指出，应将亚洲素养重新概念化，作为澳大利亚教育国际化可能性的一部分，支持澳大利亚年轻人成为面向全人类的世界道德公民。除了帮助澳大利亚年轻人了解亚洲之外，亚洲文化素养的一个重要组成部分就是通过对澳大利亚和亚洲社会在文化全球化这一更广阔领域的质疑以帮助他们发展一种新的生活方式。基于对澳大利亚亚洲素养的现有研究的分析，笔者认为澳大利亚亚洲素养教育将朝着一种可能性发展方向转型：构建一种更具变革性、包容性、道德性和研究性的亚洲素养教育的支持策略，以拓展亚洲素养未来发展的时空。

一、加强国家执行力：成立推广亚洲素养教育的独立的政府机构

从澳大利亚推行亚洲素养政策的历史和现实状况来看，亚洲素养政策往往由于资金缺乏、政党轮换、规模小而且社会支持资源分散等原因而缺乏连续性，因此，政府和部门机构应在全国范围内进行合作，以统一的方式支持语言的规划和实施。问题是，政府和教育部门中由谁来将推动这种变化？虽然从目前来看，澳大利亚国内有诸多专业机构，比如亚洲教育基金会、澳大利亚亚洲研究协会等致力于推动亚洲素养教育，但它们都不是政府部门，缺乏从全国整体视角谋划的力量和资源，很多时候，它们需要政府力量的支持才得以正常运作，因而无法从根本上推动一种实质性的变革。因此，要在国

家层面上成立相应的委员会，类似于“澳大利亚政府委员会”或者“教育与培训部”这样的政府间协调机构或独立政府部门，使亚洲素养教育制度化，强化亚洲素养教育的执行力。

二、变革教育理念：构建包容性的亚洲素养教育方法

亚洲素养概念产生于澳大利亚日益国际化进程之中，在这一过程中全球实践产生了多种复杂的文化和多样性的语言。现今，全球进入互联互通时代的趋势日益增强，亚洲素养政策面临着不断变化的内部和外部环境。对于澳大利亚学校教育而言，在多元文化背景下，对亚洲语言、文化、历史、社会、知识、哲学和价值观的认知和理解在澳大利亚的学校教育中仍然是一个难题。文化身份的复杂性、亚洲素养新叙述的必要性，以及通过各种跨课程方法实施亚洲素养的背景、社会、文化和语言复杂性等问题仍然存在争议。如前所述，这些问题的存在归根结底是对文化差异性的误读或者一种先入为主的预设。随着全球互联性的增强，多元文化的跨国联结和相互渗透已经日益成为一种趋势，无法跨越差异对话将会阻碍澳大利亚推进区域化发展的进程。亚洲素养教育的传统话语逻辑和学习性质在全球互联互通的形势下需要新的变革，这为构建包容性的亚洲素养教育方法提供了开放的视角。包容性的亚洲素养教育指的是突破亚洲素养教育原有的以欧洲或西方为中心的逻辑，采取一种广泛的全球视域和更包容的心态对待亚洲素养教育的内容设置、教学方式、教育技术革新以及研究范式的变革，使亚洲素养教育回归教育原初意义和本质，培养学生全球意识和全球伦理，推动学生们与亚洲或更广阔的世界区域更加紧密地联系在一起。要指出的是，在当前的美欧国家“逆全球化”暗流涌动的背景下，“在澳大利亚，人们越来越多地关切对差异的尊重能否持续下去，特别是对难民和土著居民两个群体的尊重。……与世界其他地方一样，目前向民族主义价值观和政策的倒退正威胁着澳大利亚社会的根基。令人感到担忧的是，在民族主义的政治制度下，主张排斥多于包容差异，那些不同的‘他者’可能被妖魔化”①。在这种背景之下，构建一种全球观的亚洲素养的价值显得更加重要和更加紧迫。事实上，澳大利亚在构建全球观的教育实践方面已经有了相当的基础，比如构建全球教育、全球公民教育等方面已经具有较完善的政策体系。

---

① 维尔克. 比较教育的价值：认识自我和接纳差异［J］. 段世飞，译. 比较教育研究，2017（9）：23.

（一）将亚洲素养教育作为一种世界主义学习实践

从上述研究中可知，亚洲素养政策是澳大利亚单向制定的面向亚洲的教育战略，其基本的逻辑起点是实现澳大利亚的经济战略目标。由于它是澳大利亚基于自身国家利益而缺乏亚洲国家参与的视角，因此它的动机常常受到亚洲国家的怀疑，而亚洲素养本身已经缩小成为一种培养人力资本的经济学的概念。这无疑会导致澳大利亚与亚洲（代表更广泛的区域网络）认知上的差异和张力。从更广泛的视角上看，这实际上是本土与全球的一种对立，这种对立制约着学生世界观和全球适应力的形成，这与澳大利亚培养全球公民的价值目标是相违背的。对此，法扎尔·里兹维认为，在全球互联互通的时代，"如何教授全球互联性，使它既与当地相关，又与全球问题相一致，这需要一种教育词汇，超越全球和地方之间的二元对立，同时促进对全球互联性的理解，这种理解既有经验基础，也有道德依据"①。鉴于全球互联互通时代的特质，即每个人和每个国家都是这个互联互通世界网络的一部分，不仅对世界产生潜在影响，同时也受到其他来自广泛世界疆域文化的影响，全球互联性成为一种普遍的社会文化条件，正在重塑地方乃至社会身份的构成方式，构成每个个体、组织甚至是每个国家的日常生活组成部分，这就要求每个个体、组织甚至是每个国家都应形成学习品格和学习能力，以开放心态和对话形式去理解差异性的文化，它是人类共存的根本。因此，亚洲素养教育不仅要学习亚洲相关的内容，而且要成为一种促使澳大利亚人了解亚洲和联通更广泛区域和世界的一种媒介。也就是说，让澳大利亚年轻人了解亚洲，是支持他们成为世界上有道德的公民，以整个人类为目标的关键，而不只是关注他们自己的国家。

这就是全球互联互通时代世界主义学习实践的目标和意义。世界主义学习实践是这样的一种倾向，它承认差异性的存在，致力于构建跨文化关系和对话，以了解互联互通的动态，这种动态不再受到以民族国家为代表的地方需求的限制，而是以人类社会的未来发展以及个体自身责任为角度。世界主义学习实践作为一种新的学习模式，可以引导个体和国家了解全球互联进程中差异是如何产生的，这些差异如何影响到人们对身份的认同以及如何应对这些差异等本质问题。法扎尔·里兹维认为："世界主义学习代表了一种愿望，即在全球流动和网络所产生的文化交流的不断变化的背景下，寻求发展

---

① RIZVI F. Epistemic virtues and cosmopolitan learning [J]. Australian educational researcher, 2008, 35 (1): 21.

一种不同的认识和与他人互动的视角。……这种学习的最终目标是发展一种替代的全球联接的想象，把世界上所有不同的人和社区视为同一个道德世界的一部分。"① 他认为，世界主义学习实践将帮助学生发展一种认知的美德，培养一种对差异性文化的不同理解或认知视角，从而形成由全球互联网络产生的新的批判性知识。这种批判性知识并不是排斥本土化的知识和利益或寻求文化同质性，而是将本土化知识和利益放在整个人类发展的未来加以审视，培养一种符合全球伦理和道德观念的实践能力，显然这种实践能力"培养学生一种道德责任感，这种责任感不仅指向他们的家庭和国家，而且指向整个人类"②。

法扎尔·里兹维认为这种世界主义学习实践具有如下的特征："让来自不同背景的学生提问、审问、思考、阅读，并阐明他们自己的文化假设"；"提高学生对全球进程如何以不同方式影响社区的自觉性，挑战他们被视为理所当然的假设，并对导致社会不平等的全球条件的产生和复制持批评态度"；"让学生对自己的观点进行反思，挑战自己的文化预设，努力认知无论是从'他们的角度'还是从'我们的角度'去理解他人的重要性"。③ 这对澳大利亚亚洲素养教育的变革有着重要的启示意义。一方面，亚洲素养教育应该成为一种培养学生辩证的思维方式的教育和学习模式，这种辩证的思维方式以一种全球互联视角看待文化差异的相对性，并且探寻文化差异如何深层次发生联系。这有助于克服亚洲素养将亚洲视为单一同质的实体的假设。另一方面，亚洲素养教育不再局限于作为一个学习科目或学习领域，而是可以成为一种重要的实践媒介，推动学生与不同文化背景的"他者"进行有意义的跨文化接触，使他们成为创造他们的社会经验和发展批判性的全球想象力的积极参与者。这意味着亚洲素养教育具备了从作为学习领域或科目向作为一项全球性社会实践转变的潜力。南澳大学教育学院学者宋汉娜将作为学习领域或科目的亚洲素养和作为世界主义学习实践的亚洲素养的特征做了启发性的比较（如表6-1所示）。

①②③ RIZVI F. Towards cosmopolitan learning [J]. Discourse: studies in the cultural politics of education, 2009, 30 (3): 266.

表 6-1 作为学习领域或科目的亚洲素养和作为世界主义学习实践的亚洲素养的特征比较

亚洲素养	作为学习领域或科目	作为世界主义实践
目的	工作技能发展	批判性理解
	社会和文化交流	反身性
	澳大利亚的“亚洲历史”	道德责任
背景	关注课堂	关注全球社会
倾向	关注竞争力	关注协作探究
		开放知识交流
文化	认知内容	体验
		共存
结果	跨文化胜任力	跨文化存在
	可量化知识	人际关系

从这种比较中我们可以看到，亚洲素养教育从学习领域或科目向世界主义学习实践演变所具有的开放性的视角。与作为学习领域或科目的亚洲素养教育相比，世界主义学习实践的视角更注重主体在文化能力生成上的自觉性、反身性、体验性、实践性和道德性。这些特性反映了世界主义学习实践显然不是聚焦于技能、技巧和知识的学习，而是超越与亚洲交往的工具性概念，开启一种互动式、对话式和关系构建式的社会文化过程，探索由全球互联互通的新兴条件所塑造的当代澳大利亚和亚洲社会的性质、范围和后果，以发展对澳大利亚文化内外的文化、历史和身份的更丰富的理解。

（二）将亚洲素养教育作为一种“好客的教育”

亚洲素养教育从局限于作为一门学习科目向作为一个世界主义学习实践的转变，给学校和课堂教学提出极大的挑战。学校和课堂教学是进行跨文化交流，培养学生对差异性文化认知和批判性精神的重要渠道，对话式的跨文化交流需要在支持性的、民主的学校和课堂环境中进行。课堂教学提供了一种情境化的社会过程，引发了一些批判性的哲学、社会和政治问题，如教什么、如何教以及教哪些人。随着世界主义学习实践的开展，课堂教学也从如何解决问题的技术活动转变为侧重于理解和处理关于“为什么”的问题的活动。这类原由性的问题探索的是一些道德层面的问题，它们影响甚至决定人们采取行动的动机以及行动的执行力。道德层面的问题得以解决意味着思想困扰的消散。在这种情况之下，“关于文化和文化间关系的教学不应再满足民族偏见的要求，而应成为世界性的，重点应放在努力培养学生的一套认知美德（epistemic virtues），以便了解全球变化的动态。这并不意味着忽视地方问题，而是要在改变地方性质的全球变化的更广泛背景下理解这些问题"①。法扎尔·里兹维将这种认知美德视为一种习惯性的学习实践，主张认知总是暂时的。它包括批判性的探索和想象。这是一种跨文化思考的开放性实践，旨在理解各种关系并设想各种替代方案，但始终站在一种反思其认知假设的立场上。法扎尔·里兹维进一步指出，如果没能在学校中发展学生的认知美德，那么学生就无法展现出以一种不同的方式来思考全球互联性问题，批判性地探索全球流动背景下正在形成的并将继续重塑他们的身份、社区、生活方式以及生活机会的方式。显然，认知美德是一种跨文化关系的伦理，这种伦理否认文化的静止性和绝对差异性，它在本质上拒绝文化偏见和文化霸权，对不同文化持一种开放、包容和对话的价值逻辑。在全球互联互通背景下，移民、学生国际流动、文化交流活动等呈现出高速频繁的状态，以盎格鲁文化为主导的课程体系将持续面对异质的亚洲文化的碰撞，这将成为一种现实的常态。因此，如何对待异质性的文化并与之共存而不是排斥或同化异质性文化，是一个根本性的伦理道德问题。

这里涉及亚洲素养教育的道德层面的问题，这个问题在澳大利亚的亚洲素养政策话语体系中往往被忽视了。自20世纪70年代以来，亚洲素养一直是教育政策议程的重要组成部分，并被从国家利益的视角不断赋予不同的政治、经济和文化功能。在强调绩效和市场竞争力的经济理性逻辑和主权意识与民族主义心态的推动下，这一重要的教育政策主要将亚洲描述为一个遥远的而非邻近的他者，不是澳大利亚社会文化结构的一部分，从而将亚洲素养降低为一个人与那些国家自我认同之外的人交往的能力。再者，倡导经济参与和市场竞争力的新自由主义话语成为持续塑造学校亚洲素养教学目标的主导话语，亚洲素养被狭隘地定位为一套关于他者的技能和知识，成为实现澳大利亚经济战略目标的手段。这些逻辑反映了亚洲素养教育缺乏道德基础。英国学者安德鲁·彼德森（Andrew Peterson）就对澳大利亚亚洲素养政策和课程文件中缺乏对道德关系和行为的明确关注表达了担忧。他对《亚洲世纪中的澳大利亚》白皮书文本进行分析，发现"白皮书没有提到道德或伦理的术语，虽然有提到'价值观'，但对这些价值观的提及仅限于澳大利亚的尊重、理解和包容的狭隘表达。对道德价值的零星提及与对价值链经济概念的多次提及形成了直接的对比，投资价值和增值是贯穿白皮书的特色。同样，

① RIZVI F. Epistemic virtues and cosmopolitan learning [J]. Australian educational researcher, 2008, 35 (1): 21.

虽然白皮书多次提到人力资本和人类安全，但却没有提及人际关系或团结等概念。通过在经济、金融和政治方面构建关系，亚洲素养的政治和政策话语严重忽视了人与人之间关系的道德本质，为理解他人提供了一个过于狭隘的框架。也就是说，它表现出对他人的理解，并将他人作为达到目的的手段，而不是作为目的本身。在这种情况下，诸如互惠、团结、好客和相互关心等涉及人类道德关系的重要概念，往好了说是没有得到充分的重视，往坏了说是完全被忽视了。这种对亚洲素养道德层面的忽视在教育上是有问题的"①。而这恰恰是亚洲素养教育的原初的、本质的内涵：一种以更合乎道德的方式审视澳大利亚与亚洲差异性本质以及基于差异性如何共存的能力。显然，这需要构建一种更合乎道德的关系伦理，这种关系伦理强调人与人之间、文化与文化之间的共同联系性和可理解性，强调以刻板的、排他的和同质性的逻辑进行关系的建构只会造成关系的危机，主张通过尊重、信任、对话、沟通的方式维持关系。无疑，伦理关系的构建绝非仅靠学习亚洲语言和文化就可以实现的，它在本质上需要一种对不同文化采取更具亲和力的认知道德。

蒙纳士大学学者亚历克斯·柯斯朵格利兹（Alex Kostogriz）认为，"亚洲素养被理解为一项道德工程，它可以帮助我们摆脱以澳大利亚白人概念为中心的教育的限制性和排外性的冷漠，转向一个以文化共存和跨文化意识为原则的社会和教育"②。这"对教师职业提出了伦理要求，并呼吁建立一种'好客的教育'：一种欢迎澳大利亚学校和教室中其他国家的语言和文化资源"③ 的教育。这是因为，现实上是"教师在课堂上应对差异的能力受到多重限制。而这些无论是课程设置、评估、教学、个人、观念或文化语言上的限制，都不可避免地会导致某种排斥、支配、错误认识或其他形式的文化、语言和认识论上的暴力"④。"如果教育本身要善待他人，它就应该对学生带

---

① PETERSON A. Asia literacy and the globally oriented citizen：framing the moral dimension of educating for Asia literacys ［C］ //SOONG H，COMINOS N. Asia literacy in a global world：an Australian perspective. Singapore：Springer，2018：40.

② KOSTOGRIZ A. Professional standards and ethics in teaching Asia literacy ［C］ //HALSE C. Asia literate schooling in the Asian Century. London and New York：Routledge，2015：113.

③ KOSTOGRIZ A. Professional standards and ethics in teaching Asia literacy ［C］ //HALSE C. Asia literate schooling in the Asian Century. London and New York：Routledge，2015：104.

④ KOSTOGRIZ A. Professional ethics in multicultural classrooms：English，hospitality and the other ［C］ //JENNIFER M，KOSTOGRIZ A，MARGARET G. Culturally and linguistically diverse classrooms：new dilemmas for teachers. Multilingual Matters，2009：140.

入课堂的身份、知识、文本、语言和意义的多样性持开放态度。在多元文化条件下，这种教育被称为‘好客教育’。”① 无疑，“在许多方面，这取决于我们如何看待和实践好客理念。同样地，公正的亚洲素养的教育取决于我们如何理解澳大利亚课堂中好客的意义”②。这需要建立在一定的认知道德之上，即对来自异质性文化背景的客人持一种开放的心态。“待客之道对道德的意义在于，它促使我们把对方看作是一份礼物，这同时丰富了我们对如何合乎道德行事的理解，并使我们有义务说‘欢迎’并敞开大门，不管对方是谁。”③ 当然，这种“好客”是一种有限制并且遵循一定法则的好客之道。正如后现代主义哲学家德里达和杜弗勒芝特尔在《论好客》（*Of Hospitality*）一书中断言的，必须有一个有限的好客法则来管理主人和客人之间的关系。“因为，如果没有这样的法则，房子将不会构成一个可居住的家的空间，因为主人已经成为他人的人质。因此在待客之道中存在着一个根深蒂固的悖论。一方面，待客之道要求给予他人而不求回报；另一方面，待客之道又要求主人做出一定的限制，以保持自己待客之道的能力。”④ 这对“好客的教育”有着重要的启示，即作为多元文化社会中的主人和客人都必须遵循一种共同的法则，这就是对差异性的文化和身份持一种公正而开放的认知道德，以摒弃刻板、偏见甚至是同化的思维逻辑。就像亚历克斯·柯斯朵格利兹所提醒我们的：“要使教育对其他亚洲人热情好客，就必须认识他们的文化和知识，并认识到他们有潜力丰富所有学生的学习。这需要彻底的开放，因为好客意味着要把对方当作一个人来欢迎，而不是把他当作一个刻板的人来欢迎。”⑤

“好客的教育”理念给全球互联时代的澳大利亚亚洲素养教育带来重要

---

① KOSTOGRIZ A. Professional ethics in multicultural classrooms: English, hospitality and the other [C] //JENNIFER M, KOSTOGRIZ A, MARGARET G. Culturally and linguistically diverse classrooms: new dilemmas for teachers. Multilingual Matters, 2009: 143.

② KOSTOGRIZ A. Professional standards and ethics in teaching Asia literacy [C] //HALSE C. Asia literate schooling in the Asian Century. London and New York: Routledge, 2015: 113.

③ KOSTOGRIZ A. The question of professional ethics in TESOL: hospitality as an (im) possible demand? [J]. TESOL in context, 2018, 27 (2): 34.

④ MARIA D. Intercultural education of tolerance and hospitality [J]. Discourse: studies in the cultural politics of education, 2017, 38 (5): 682.

⑤ PETERSON A. Asia literacy and the globally oriented citizen: framing the moral dimension of educating for Asia literacys [C] //SOONG H, COMINOS N. Asia literacy in a global world: an Australian perspective. Singapore: Springer, 2018: 40.

的启示。它提出一个重要的问题，即亚洲素养教育如何对异质性文化保持正确的正义观并进而形成亲和力，从而缓解澳大利亚学校中文化、语言和宗教上不同的学生之间的排斥、权力关系和疏离感？这对教师而言，就是要为自己创造一个足以欢迎来自不同文化背景的“他者”、让他不会感到不舒服、不敢碰任何东西或说任何话的空间。这意味着学校教学文化的重要转型：“从以文化为主导的方式看待亚洲和在课程中嵌入其他亚洲国家的知识，转变为以关系或对话的方式看待这些知识。”① 这也就是意味着进行亚洲素养教育的学校和教师需要为来自不同文化背景的学生构建一个文化学习和交流的空间。在这里，教师可以引导学生对不同文化进行“去偏狭化”过程，让学生深刻理解每种文化的价值与意义；在这里，学生的不同身份、价值观、文本、知识和意义都得到承认和欢迎，包括学生和教师在内的每一个人在这种对话的空间里都能够主动亲近不同的文化，不仅了解这些文化与自身的差异，也能发现不同文化间的联结点，更重要的是通过对话或关系的构建，影响和改变自我的意识和对世界的理解，并学会面对面处理和管理差异的能力。

三、构建知识生产载体：将亚洲素养教育作为一门全球性的社会科学

在全球互联互通时代背景下，澳大利亚不仅要通过增强亚洲研究的能力，让人们了解和掌握更多更深层的知识，更重要的是要挑战主导亚洲研究的社会科学研究的基本假设，因为这些基本假设是有问题的，却一直决定着澳大利亚公共政策的主流方向。澳大利亚亚洲素养政策话语中的“亚洲”概念，基本上是一个西方的术语，代表着西方中心主义如何看待“亚洲”的方式。正如许多学者指出的那样，这种社会科学知识是在欧洲现代性特定的社会政治、地理和时间背景下成长起来的，但它却被用来解释世界其他地方。例如，在社会学的基础著作中，非西方社会被描述为缺乏一个正常的现代社会应有的样子。诚然，在当代社会科学中，这种以欧洲为中心的对其余国家的拙劣讽刺不再像以前那样明显，但是把产生并形成于欧洲现代性的特定时空背景的自由民主国家的社会理论视为超越性和普遍性的做法，在很大程度上仍然没有受到挑战。而在这种知识生产模式中，澳大利亚社会科学继承了

---

① KOSTOGRIZ A. Professional standards and ethics in teaching Asia literacy ［C］// HALSE C. Asia literate schooling in the Asian Century. London and New York：Routledge，2015：112－113.

欧美社会科学传统，“澳大利亚在社会科学方面的学术研究，包括社会学和教育学，一直与西方和其他话语的延续串通一气，舒适地充当着都市社会学的分支机构”①。这种基于西方价值的需要进行构建的术语不仅构成了澳大利亚亚洲素养政策的逻辑，而且持续地影响着澳大利亚关于亚洲的相关知识的社会科学理论。这种社会科学知识生产模式将会继续塑造澳大利亚有关亚洲的研究范式，进而塑造澳大利亚的亚洲观。

阿德莱德大学国际政治学教授克尼沙珈·贾亚苏里亚（Kanishka Jayasuriya）认为，“在澳大利亚的背景下，如果我们想让亚洲研究成为我们社会科学基础研究的中心任务，我们必须超越作为社会科学和区域研究公共政策讨论基础的现代化框架和文化主义问题。关键问题不在于产生关于亚洲的知识，而在于确定以何种方式进行亚洲研究，方式的确定有助于构建一门真正全球性的社会科学”②。他认为，“亚洲的崛起带来了建造一个全球社会科学的可能性。……建立一门全球性的社会科学需要我们超越一些指导澳大利亚和其他地方社会科学和区域研究的基本假设”③。根据贾亚苏里亚教授的观点，《亚洲世纪中的澳大利亚》的亚洲研究应聚焦社会科学研究的现代化框架和文化主义的问题，这些问题基本上是延续西方或欧洲主义的视角和逻辑的，比如关于现代化的路径选择、关于东西方文化的差异、关于亚洲多元文化被同质化可能性等问题，仍然不同程度地复制过去西方或欧洲的政治、经济和文化的话语，“被困在了西方和亚洲这两个无益的二元体系中”④。因此，亚洲研究主要是围绕澳大利亚构建工具主义的亚洲素养的目标进行组织的，其本质目的不是为促进对亚洲文化深入的理解进而推动跨文化交流，而是实现人力资本投资和经济贸易。虽然《亚洲世纪中的澳大利亚》白皮书强调推动与亚洲的文化交流，但是，这种交流在白皮书中反复强调的“亚洲是澳大利亚未来发展的机遇”“澳大利亚要成为亚洲世纪的赢家”等直白的经济话语中淡化了其背后的文化意义和价值，这可以从白皮书中对亚洲语言的优先投资中看出来。因此，我们可以得出结论，经济理性逻辑与西方或欧洲中心主义的视角把澳大利亚与亚洲地区的文化联系作了一种划分，这种划分导致亚洲研究关注对澳大利亚亚洲接触政策有利的具有独特性和具体性的问题，而不是定位于区域发展的具有普遍性和跨国性的问题，这就导致了“对

① TAKAYAMA K. Deploying the post-colonial predicaments of researching on/with “Asia” in education: a standpoint from a rich peripheral country [J]. Discourse: studies in the cultural politics of education, 2016, 37 (1): 71.

②③④ JOHNSON C, MACKIE V, SUIVK T M. The social sciences in the Asian Century [M]. Melbourne: Australian National University Press, 2015: 82.

共同趋势、问题和过程的分析变得次要”①。

为了克服亚洲素养研究战略存在的这种问题，澳大利亚学者主张将亚洲素养教育作为一门全球性的社会科学。这是一种以全球利益而不是以西方或欧洲中心为视角的社会科学，超越主流社会科学和区域研究的规定性假设，以加深澳大利亚人对人性的各种理解为学科立场，将社会科学研究置于全球化互联互通的背景下，推动融入更多亚洲和其他更广泛的世界的视角，拓宽社会科学和人文学科的传统方法，从而达到美国社会学家伊曼努尔·沃勒斯坦（Immanuel Wallerstein）所认为的“一种对人类可能性的更包容的普遍主义视野，一种不回避追求真善美的困难和复杂问题的视野”②。这种范式坚持一种问题导向、跨学科和跨国性合作的方法以解决整个区域面临的共同问题。根据贾亚苏里亚教授的观点，这种研究范式具有下列特征：一是采取问题导向的研究策略。该研究策略是对有关整个区域并获得区域内共同关注的社会、经济和政治改革的关键问题和难题进行研究。二是进行跨学科研究。现行经济话语和工具主义逻辑指导下的澳大利亚公共政策过分强调实用主义的方法论，实际上是对人文学科的普遍偏见和对社会科学的相对忽视，鉴于新的问题更多是综合性和复杂性的，因此需要推动跨学科、多学科间的合作研究。三是采取跨国合作研究的模式。贾亚苏里亚认为，全球社会科学的一个决定性特征可能是采取一种跨国视角……对跨国联系的关注，促进了我们对亚洲正在发生的巨大变革的理解。他主张构建全球社会科学必须超越社会科学的方法论的民族主义逻辑，并认为方法论民族主义在社会科学中根深蒂固。……区域研究的主要焦点仍然是民族国家和社会的领土范围，这导致了对一些全球性和区域性的问题未能很好地把握，从而形成片面的研究结论。澳大利亚与亚洲的研究网络和合作机制已经有了比较好的基础，如今需要与亚洲迅速发展的社会科学界建立一套真正的机构伙伴关系和联系机制。来自亚洲区域甚至是区域之外更广泛的地方的学术力量，基于现实的问题导向，开展跨学科和跨国界的学术合作研究，这些联系构成一个多维立体的思想交流网络，有助于构建一门具有全球视野的社会科学，进而消弭带有西方或欧洲主义逻辑分析框架的色彩。正如苏迦塔·帕特尔（Sujata Patel）所说的，澳大利亚与亚洲学术研究人员的跨国联系将取代帝国主义国家和前殖民地之间或核心国家和边缘国家之间在生产、分配和消费知识方面现有的纵向层次

① JOHNSON C，MACKIE V，SUZUK T M. The social sciences in the Asian Century [M]. Melbourne：Australian National University Press，2015：89.

② JOHNSON C，MACKIE V，SUZUK T M. The social sciences in the Asian Century [M]. Melbourne：Australian National University Press，2015：60－61.

联系。这种主动行动将帮助我们集体地思考共同和有关的主题，这些主题构成了成为该区域一部分的经验。通过这种类型的过程和意图，将有可能勾勒出一个亚洲的视角。①

第二节　澳大利亚亚洲素养教育实践对中国发展“一带一路”素养的启示

在反思和总结澳大利亚的亚洲素养政策50多年来的实践时，我们应该持有一种辩证的观点，即在批判其过分强调经济理性主义的逻辑的同时，也必须充分肯定这一政策所强调的认识和理解亚洲的主张，因为这是发展与亚洲各国、各地区关系的重要前提。只有建立在认识和理解的基础上，才会产生尊重、认同、信任和共识，最后形成知识、理解和技能的综合系统，也就是所谓的素养体系。笔者认为，正是在不断认识和理解亚洲的过程中，澳大利亚不断修正和调整自己的亚洲政策，包括在教育方面对亚洲素养政策的关注，以及从注重认识和学习亚洲相关的知识和文化向强调形成整合知识、理解和技能的亚洲能力的转变。当然，应该指出的是，这种认知和理解应该是双向的，而不是单向的，更不是一种臆想或强加判断。从上述对澳大利亚的亚洲素养教育实践的可能发展趋势的判断中，我们可以感知一种注重对话且具有全球观的亚洲素养政策的重要价值。

澳大利亚亚洲素养政策所形成的经验为我们提供了一个可资借鉴的视角，那就是努力去认识和理解世界，形成一种世界性或国际性的素养和能力。澳大利亚50多年来所进行的教育改革、所投入的资源、在澳大利亚与亚洲之间所构建的多层面接触机制以及政府领导人对亚洲素养的强调，这些努力和设想都是值得我们去学习和反思的。尤其是随着全球互联时代的到来，资本、人员和文化在广泛的全球范围内“日益相互联系和相互依存，我们的大多数问题在性质上是全球性的，需要全球性的解决办法”②。这就是说，面对全球性的挑战，各国和各地区间需要共担全球责任，因为这不仅会影响甚至决定全球发展的走向，也会影响甚至决定一个国家或地区的前途命运。正如中国国家主席习近平指出的：“这个世界，各国相互联系、相互依

---

① JOHNSONC, MACKIEV, SUZUK T M. The social sciences in the Asian Century ［M］. Melbourne: Australian National University Press, 2015: 62.

② RIZVI F. Towards cosmopolitan learning ［J］. Discourse: studies in the cultural politics of education, 2009, 30 (3): 253.

存的程度空前加深，人类生活在同一个地球村里，生活在历史和现实交汇的同一个时空里，越来越成为你中有我、我中有你的命运共同体。”① 构建人类命运共同体需要各国、各地区和各文明间构建持续的对话机制，通过交流互鉴深化对彼此的认知与理解，不断寻求共同命运的共识基点。

已经走进第二个十年的“一带一路”倡议，就是一种基于人类命运共同体理念，遵循共商、共建和共享原则，推动沿线国家发展相对接，打造利益、命运、责任共同体的伟大构想。然而，由于“一带一路”沿线国家的体制、发展水平、宗教文化背景的差异，以及存在于这些国家之中的极端主义、宗教主义和排外主义等因素，顺利推进“一带一路”倡议存在不少挑战。这就需要加强对这些国家的认知与理解，通过对话与合作的方式，促进民心相通，提高“一带一路”素养。正如习近平总书记指出的，“真正要建成‘一带一路’，必须在沿线国家民众中形成一个相互欣赏、相互理解、相互尊重的人文格局。民心相通是‘一带一路’建设的重要内容，也是‘一带一路’建设的人文基础”②。这也是将“一带一路”打造成真正的“利益共同体、责任共同体和命运共同体”的社会基础。基于此，笔者认为，“一带一路”素养应该是以着眼于维护全球利益的思维方式，以对话和交流的方式，以问题导向的逻辑去认知、理解和接触“他者”的一种素养，其目的是实现互利共赢。也就是说，“一带一路”素养强调以对话和交流方式聚焦于参与方共同面临的问题，理解和尊重彼此利益与关切，并包容彼此的差异。因此，我们可以认为：“一带一路”素养是指构建以人类命运共同体为理念，以解决共同面临的问题为导向，有效地与“一带一路”沿线国家进行对话与交流所需的态度、知识、技能和经历的有机整合的素养体系。它是国际化人才具备的、融入和适应“一带一路”建设所需的，以及由专业能力、文化理解力、语言能力和领导能力等构成的综合性的胜任力体系。这种素养的形成与发展有助于国际化人才在“一带一路”建设中顺利地开展各项业务工作，推动沿线国家相互理解、交流与合作，有助于“一带一路”建设的高质量、可持续发展。“一带一路”素养的构成大致可以包括但不限于下面四个层面的要素（见表6－2）。

① 习近平．习近平谈治国理政［M］．北京：外文出版社，2014：272.

② 习近平．习近平谈治国理政：第二卷［M］．北京：外文出版社，2017：502.

表6-2　“一带一路”素养的构成要素

要素	内容
态度层面	1. 对“一带一路”国家及其文化持有正确义利观； 2. 对“一带一路”国家间的交流和合作持乐观和重视的态度； 3. 以包容、协商、尊重和开放心态看待“一带一路”国家及其文化等方面的差异
知识层面	1. 关于“一带一路”沿线国家的历史、政治、经济、地理、文学、艺术、文化和语言等知识； 2. 关于“一带一路”沿线国家间关系的知识； 3. 关于“一带一路”建设的相关国际规则、话语体系的知识
技能层面	1. “一带一路”沿线国家间跨文化交流技能； 2. “一带一路”沿线国家间构建人际关系的技能； 3. “一带一路”沿线国家间环境及其变化的技能； 4. “一带一路”沿线国家间外交的技能； 5. 对“一带一路”沿线国家的问题研究的技能
经历层面	在“一带一路”沿线国家中学习、工作或生活的经验

“一带一路”建设向纵深推进愈发需要发挥教育的基础性、创新性和开放性作用。因为“教育是一带一路建设的重要支撑，是促进民心相通的‘润滑剂’，发挥着基础性与先导性的作用，‘一带一路’倡议的有序推进，不仅需要政治、经济的政策沟通与战略对接，更需要教育和文化交流推动下沿线国家间的理解、包容与共识”，这是发展“一带一路”素养的基础。基于对澳大利亚亚洲素养政策的反思和借鉴，笔者认为可以通过以下举措发展中国的“一带一路”素养。应该指出的是，中国的“一带一路”素养是建立在人类命运共同体理念之上的，与澳大利亚亚洲素养不同，它致力于解决中国与沿线各国所面临的共同问题，促进中国与沿线各国的共同发展。

一、基于人类命运共同体理念，加强与“一带一路”沿线国家的教育交流

“人类命运共同体思维倡导整体地而非局部地、开放地而非狭隘地思考人类面临的共同机遇和挑战。”① 这种着眼于关心和维护人类命运前途的思

① 姜斯宪．推动构建人类命运共同体　努力开创高等教育新时代［J］．中国高教研究，2017（12）：11.

维方式和思维倾向，与澳大利亚推进亚洲素养政策，将“亚洲”视为一个同质的、静止的地理和文化区域不同，人类命运共同体理念将“一带一路”沿线国家视为不同文化交融的“带状”区域，每一个国家和地区都具有独特历史与文化是构建人类命运共同体不可回避的现实，更是人类命运共同体保持活力的根本保障。围绕构建人类命运共同体使命的对话与交流是发展“一带一路”素养的基础。在构建“一带一路”沿线国家对话与交流中，主要要做到两个方面：第一是要加强国际理解教育，推动各国间相互尊重、相互理解、相互信任，培育对不同文化差异性、异质性的理解能力和包容能力，“以文明互尊、互学、互鉴为基本价值理念，摒弃一切偏见与歧视”①，进一步培育“共同体意识”。第二要坚持问题导向，以聚焦解决制约“一带一路”纵深发展的问题为核心，提升“一带一路”沿线国家教育合作与交流的质量。一方面要探索新的教育交流与合作的新机制和新思维，尤其是要推动留学生的双向流动，构建跨境学校伙伴关系以及跨境学历学位互认等方面的新方式。另一方面要聚焦于沿线国家民生问题，加强对教育资源薄弱、教育水平低下的国家的教育援助力度，目的是帮助这些国家发展教育的综合改革能力。美国著名未来学家约翰·奈斯比特（John Naisbitt）等人指出：“‘一带一路’要做的不是提供援助，而是创造出适宜的条件帮助人们自食其力。”②

二、构建衔接性和针对性的政策框架，确保“一带一路”教育政策有序推进

澳大利亚亚洲素养教育之所以能够在澳大利亚政策中得以延续并渗透到社会的各方面，最主要的原因之一是它基本上实现了从政治主张到社会共识的转变。这种转变的集中体现是政策在各个层面的衔接，从而构建从国家到地方、从政府部门到包括学校在内的各个社会机构的相互联结的实施框架。纵观澳大利亚亚洲素养的历史发展，这一框架的目标、实施主题、实施路径与方式即使带有很多历史性的特点，但基本上保持着延续性与一致性，这些特性确保了亚洲素养政策的制度化发展。就发展“一带一路”素养而言，完善的实施框架可以使“一带一路”素养的发展制度化，并且使“一带一路”素养的发展方向更为明确。在深入推进“一带一路”发展战略的进程中，中

① 李海青. 以普惠价值支撑构建人类命运共同体［EB/OL］.（2017－08－07）［2020－07－25］. https://theory.gmw.cn/2017－08/07/content_25486389.htm.

② 约翰·奈斯比特，多丽丝·奈斯比特，龙安志. 世界新趋势：“一带一路”重塑全球化新格局［M］. 张岩，译. 北京：中华工商联合出版社，2017：5.

国政府已经认识到教育在增强我国对沿线国家认知与理解，形成稳固的合作关系方面发挥着重要的基础性和先导性作用。目前《关于做好新时期教育对外开放工作的若干意见》以及《推进共建“一带一路”教育行动》等已在国家层面对教育如何服务于“一带一路”发展战略做了顶层设计与规划，但尚需系统化到学校教育层面上的组织管理、课程设置、教学创新以及跨国的校际合作与科研项目合作之中，实现国家宏观规划与学校教育有效的系统化衔接，这是政策落地实施的重要前提。此外，为了强化政策沟通，解决共同的问题，国家需要制定面向“一带一路”沿线国家的国别教育政策，以政策联通为途径，沿线国家的意愿和教育需求要主动基于共同发展需求，依据各自不同的国情进行战略沟通和战略对接，并且要及时有效地消除政策联通的障碍。

三、发挥政府、学校、企业、智库等主体的整体支撑功能，培育适应“一带一路”需要的国际化人才

经过50多年的实践探索，澳大利亚已经形成了实施亚洲素养教育的学校体系，其中政府、学校、企业甚至是智库的协同效应是比较突出的。随着中国“一带一路”建设的深入推进，需要发挥政府、学校、企业、智库等多元主体合力，从制度设计、课程建设、师资培养和平台构建等方面系统推进国际化人才培养，提升国际化人才的“一带一路”素养，使之更好地服务于“一带一路”建设的现实需求。

（一）制度设计：构建基于需求与问题的国际化人才培养分类推进原则

“一带一路”建设的深入推进带动国内国外双循环的互动增强，资源、信息与人才等要素流动呈加速态势，需要更加聚焦基于需求和问题的制度规划与制度保障。《中华人民共和国国民经济和社会发展第十四个五年规划和2035年远景目标纲要》《关于做好新时期教育对外开放工作的若干意见》《推进共建“一带一路”教育行动》《关于加快和扩大新时代教育对外开放的意见》等对教育的对外开放已经做了宏观的政策规划，也为培养符合“一带一路”建设需求的国际化人才指明了方向。由于学校的办学特色、地理位置和学科优势等实际情况的差异，每所学校在服务“一带一路”建设上的内容取向、方式抉择和战略定位都应该是不一样的，而随着“一带一路”建设的纵深推进，“一带一路”沿线国家交流与合作的关键领域、关键节点所凸显的需求与问题将更具多元性和专业性。因此，要基于学校的实际情况，充

分发挥各学校优势与特色，对标沿线国家交流与合作的关键领域、关键节点的需求与问题，针对紧缺的国际化人才类型，制定针对性的国际化人才培养方案和培养模式，分类推进不同专业的国际化人才培养。

（二）课程建设：构建培养“一带一路”素养的国际化课程体系

面向“一带一路”建设的课程体系是培养具有“一带一路”素养的国际化人才的重要载体。为了形成与发展国际化人才的“一带一路”素养，亟须着力构建三类课程：一是培养跨文化交流能力的课程。“一带一路”建设涉及的沿线国家有130多个，横跨欧洲、北美洲、南美洲、亚洲、非洲和大洋洲，这些国家的宗教信仰、民族政策、风俗习惯、政治体制等多元而复杂。这要求进一步优化传统的世界史、区域国别史等课程，以这些课程为基础着重增加“一带一路”建设背景、实施重点与合作机制等重要内容，系统诠释“一带一路”沿线国家历史文化、经济社会、政治体制、宗教文化、民族特性等内容。这些新课程的完善与发展应有助于拓宽国际化人才的国际视野，增强国际化人才的国际交流与合作的能力。二是培养能够诠释中国方案、中国经验和中国文化的能力的课程。“一带一路”建设的根本保证在于实现“五通”，即政策沟通、设施联通、贸易畅通、资金融通和民心相通，而民心相通是“五通”的基础。在深入推进“一带一路”建设的过程中，不仅要增强对沿线国家的系统认知与理解，也要掌握向外讲好“中国故事”、传播“中国声音”的能力，使中国与沿线国家间增信释疑，厚植融通基础，促成“五通”格局行稳致远。在课程建设上要更加注重将中国传统文化、中国当代文化融入国际理解课程、国际沟通课程等，使国际化人才学会应用“中国立场”“中国观点”来开展与沿线国家的交流与合作。三是培养“外语+专业”能力的复合型人才的课程。“一带一路”建设需要大量的经济贸易、国际法律、各种产业技能、宗教文化、语言等方面的专业人才，而要想在这些领域加强与沿线国家的深入交流与合作，其基础在于掌握沿线国家的语言（包括官方语言和非官方语言），语言不通则沟通不畅。因此，课程设置除了在课程教学理念、教学方式、教学手段、教学内容以及教学评价上尽可能地与国际接轨以完善各类国际课程外，还要在外语课程的基础上融入面向“一带一路”建设需求的金融、贸易、管理、旅游、商务等相关专业课程，真正打造跨学科的“一带一路”建设课程集群。

（三）师资培养：构建可持续发展的国际化师资队伍建设机制

培养国际化人才的重点看似是培养学生，实则是考验一所高校教师国际化水平与能力的程度。一支具有国际视野和国际经历的专业化师资队伍是培养国际化人才的原动力和根本保障。而是否能够构建国际化教师队伍的可持续发展机制，是国际化师资队伍建设的关键所在。这种可持续发展机制包括下面三种：一是构建“走出去”和“引进来”双向结合的机制。所谓“走出去”就是推动教师赴国外研修、学术访问、科研合作等，目的是提升教师国际化经验，拓宽教师国际视野。“引进来”是按照国际公认的学术标准，规模化地从海外引进具有国际视野和学术影响力的领军人才和学术骨干。“引进来”的方式，除了正式聘任之外，还包括邀请海外专家学者来校开展学术访问、开设学术讲座、开展学术工作坊等短期的国际交流形式。借助优秀的海外人才大批量引进，促进学校教育教学改革接轨国际规范和质量标准，从而提升高校整体办学水平和层次。这一双向结合的国际化师资队伍建设的模式是现行比较可取的方式。但是在实际应用中应该从两个方面加以推进，以便增强其双向互动、双向增强，从而使“走出去”与“引进来”真正实现有机结合。一方面，要使“走出去”的教师积极联络国际学术力量，为国际化师资“引进来”创造更多的机会；另一方面，要拓展“引进来”的国际化师资队伍的功能，最大限度发挥其国际学术影响力和学术关系网络，不仅能够形成吸纳更多优秀的海外人才的“滚雪球”效应，而且为教师“走出去”搭建更好的国际网络。二是构建“在地培训”机制。运用“云技术”，开发国际化教学虚拟平台；建立教师工作坊，邀请海外专家学者进行专题研讨、案例学习和案例教学，使教师足不出户就能接受国际一流水平的在线培训。此外，要加强外语能力培训，着力提升“一带一路”沿线国家的非通用语言能力。三是构建完善的服务机制。国际化师资的成长需要宽松自由的学术和生活环境、便利的研究条件、创业的优质平台，政府与学校要从政策、平台建设、资金配套和职称荣誉晋升等方面为国际化师资提供完善的服务和有力的支持，使其安心教学、科研，从而增强国际化师资的归属感。

（四）平台打造：构建基于提升国际实践能力的多元国际化项目

国际化平台的建设是提升国际化人才实践能力、提供国际化人才就业机会的重要举措，也是克服目前比较普遍存在的国际化人才培养偏理论化、短期化等不足的有效方式，因此要着力打造四类的平台，提升人才的国际化实践能力。第一类是国际教学合作平台。该类平台结合学校优势学科与专业，采取定向委托培养、项目联合培养以及假期短期交流访问等方式，设立跨国、跨区域的教学工作坊、教学共同体等，打造“一带一路”沿线国家参与的国际化教学平台。第二类是国际科研合作平台。设立区域研究或国别研究机构，使之成为“一带一路”科教协同的学术研究平台、产业技术研发平台。这一平台聚焦沿线国家重大战略、民生工程、文化交流与合作等主题，为沿线国家广大青年学者提供学术交流、学术合作等机会，为破解沿线国家面临的科学技术创新瓶颈做出应有的贡献。第三类是国际见习、志愿活动和实习的平台。这一平台主要负责整合“一带一路”沿线国家各种见习、志愿活动和实习的资源，根据安全、规范、便捷等原则精心打造，推动更多的学生体验“一带一路”沿线国家的异域文化、人文地理以及工作氛围，培养学生的跨文化交流能力。

作为中国推动沿线国家与地区深入融合发展、构建人类命运共同体的国家战略，“一带一路”建设向纵深发展离不开政府、高校、企业及其他社会机构有效的协同发展。作为服务于“一带一路”建设的关键一环，国际化人才的培养要求深化政府、学校、企业及其他社会机构的合作，打造“一带一路”人才成长网络。其中，政府要发挥主导性作用，对国际化人才培养进行顶层设计与宏观调控，通过赋予一定的外事审批权等突出高校在国际化人才培养中的主体地位；通过政策、资金扶持、税收等手段鼓励和支持企业和其他社会力量参与国际化人才的培养。企业是招聘国际化人才的主要组织，要主动与学校合作，构建校企协同培养国际化人才的机制，构建“订单培养模式”，实现人才培养与市场需求无缝对接。学校要发挥主体作用，在校内注重更新教育教学观念，构建国际化课程体系，支持国际化师资队伍建设；在校外要积极主动与政府、企业协同发展，构建校际合作平台，借助“一带一路”高校联盟等重要平台努力构建国际化人才培养的生态系统。

四、升级国别教育研究，拓展“一带一路”素养的知识基础

“一带一路”沿线涵盖的60多个国家在历史文化传统、经济社会发展水平、政治制度等方面存在较大的差异，这反映了“一带一路”素养是一个高度综合多元要素的结构，这要求必须对沿线国家进行全方位的、分类的、跨学科和多学科的、高质量的研究，以不断拓展“一带一路”素养的知识基础。在开展国别教育研究的时候要注意两个方面的问题：一是要坚持问题导向，有针对性地系统研究“一带一路”沿线国家中一些共同性的、战略性、关键性的问题；二是要摒弃国别教育研究中的偏见逻辑或者民族主义和排外倾向，这种倾向将导致产生对差异的排斥和偏见，因而影响研究的客观性。就如日本比较教育学者大塚丰（Yutaka Otsuka）所警示的：“从事面向世界的比较教育研究，要高度警惕狭隘的民族主义和排外倾向”，“对于那些狭隘的民族主义和排外倾向的抬头，要时刻保持警戒。我们在研究中不能陷进这种倾向中，即使世界容忍了这种倾向，作为从事面向世界的比较教育学这一学问的研究的专家，对它敲响警钟尤为重要”。①

---

① 大塚丰．比较教育有区别于其他教育学科的独特价值［J］．高益民，译．比较教育研究，2017（9）：20.

结　论

全球互联性的特征正在重新定义国家之间的关系，它使本土化与全球化的内在差异中更为集中和更为本质性的问题日益暴露出来。然而全球互联性的增强意味着差异性的文化和价值意识的相互作用也日益增强，从某种意义上讲，构建在理解和包容基础之上的不同文明间的对话是全球互联性的决定性特征。在全球互联日益增强的背景下，原来存在的普遍主义的文化确定性日益弱化——这种普遍主义认为世界的文化是静止的和界限分明的，某种程度上还意味着存在一种可以复制推广的文化经验集成方案。英国学者斯图亚特·霍尔（Stuart Hall）坚持认为："这已经不是我们生活的世界了。在当前的全球化背景下，群体虽然具有文化特征，但并不是完全相互分离的，而是不断被跨文化的碰撞重新塑造。虽然文化传统可能对他们的自我理解很重要，但大多数群体具有更广泛的横向联系，这些联系不仅位于民族国家内部，而且可能跨越全球。"在这种背景下，教育可以帮助学生了解因全球转型而带来的国家和社会转型的深层次原因，理解每一次与不同文化联系的特定的历史背景，并积极寻求促成深入联系的联结点。只有这样，学生才能摒弃狭隘的文化意识和假设，更好地理解自我与社会、社会与世界存在的联系，并自觉承担个人的责任，从而在这种与世界的对话中实现自我的价值。

在这种背景下，澳大利亚的亚洲素养政策若不改变其固有的经济理性逻辑，若不以开放的心态接纳澳大利亚与亚洲接触的悠久历史和地理紧密相连的现实，那么想通过亚洲素养教育与亚洲进行有意义接触的全球公民的目标是无法实现的。正如安德鲁·彼德森所说："如果亚洲素养教育要成为一项有意义的项目，就需要更多地强调那些源于对共同人性的承认和对共同人类事业的参与的驱动，而不是经济、金融和政治驱动。"

本书以历史的视角考察了这种以实现国家利益为中心的经济理性主义逻

辑，并在亚洲素养政策的三个重要发展阶段的分析中，着重分析亚洲素养政策这种经济理性主义逻辑产生的历史背景，尤其是对推动亚洲素养政策产生和发展的重要历史文件、研究报告和政策声明进行深入分析。这些文件和报告以及相关的政策声明都反复地强调澳大利亚需要亚洲素养以发展和亚洲的关系，它们得到政府的支持，于是推动了澳大利亚面向亚洲的学校教育改革，不断地在学校课程中增强亚洲语言和亚洲相关的学习内容，以实现培养澳大利亚进入亚洲市场的实用性人才的战略目标。可以说，在这种逻辑的影响下，澳大利亚亚洲素养政策对学校教育改革产生了重要的影响，尤其是体现在国家课程体系中突出亚洲优先的重点以及面向亚洲市场的国际教育战略的发展等方面。从某种程度上而言，澳大利亚确实已经初步构建了面向亚洲的教育国际化框架，比如亚洲素养政策扩展出教育、政治、经济和文化的价值；从联邦政府层面到州一级都制定了相应的亚洲素养战略，学校以及政府机构、非政府机构在推进亚洲素养教育实施方面都担任着重要的角色；构建了亚洲素养教育的实施路径体系。这些努力是澳大利亚持续 50 多年推进亚洲素养政策的结果。

然而，本书也指出虽然经过这么多年的努力，但是澳大利亚的亚洲素养政策具有模糊性和不彻底性。之所以会这样，并非仅仅投入不足或者是缺乏师资，而是有着更为深层次的原因。研究发现，这些深层次原因是：亚洲素养政策受到澳大利亚政府经济理性主义逻辑的主导、国家身份认同存在矛盾性、占主导地位政党的亚洲观存在差异和澳大利亚国民亚洲观存在多样性和模糊性等。这些因素相互渗透、相互联结，已经植入澳大利亚传统的白人的文化基因之中，构成了澳大利亚的国民性。

澳大利亚亚洲素养教育的基本理念与原则包括通过国家政策框架对其进行整体的谋划与合法性地位的明确；在学校课程体系的实施中加强以亚洲为重点内容的课程改革；加强亚洲语言教育和亚洲相关知识的学习，提高国民对亚洲以及澳大利亚与亚洲关系的认识和理解，进而培养历史观、亚洲观、国际意识和国际思维；发挥非政府机构的作用，促进学校人才培养项目的跨国交流与合作。澳大利亚的案例对正在深入推进“一带一路”倡议的中国有着重要的启示，那就是为了构建可持续和高质量的“一带一路”命运共同体，需要发展一种以构建人类命运共同体为理念和愿景，以对话和交流为寻求共识、解决争端和发展合作共赢为基本方式的“一带一路”素养。教育是参与“一带一路”建设的重要部分，是发展“一带一路”素养的重要集中场所。构建面向“一带一路”建设的教育实践模式是当下应该思考的重要课题。

从整体的研究视角和研究对象的选择上看，本书在论述澳大利亚亚洲素养教育政策的历史演变及其在澳大利亚学校教育中的实践的基础上，将澳大利亚亚洲素养教育的基本经验放在全球互联互通的背景下进行论述，提出了全球互联互通时代各国间的交流与合作必须建立在深化彼此间的认知和理解的基础上。梳理整篇文章的研究原创性价值可以发现，目前国内并没有关于澳大利亚亚洲素养教育方面的系统化研究。本书从历史的维度，结合澳大利亚当前的实际情况，对不同时期澳大利亚亚洲素养政策进行了剖析，并将存在于国外研究成果中比较分散的研究主题进行整合，可以说在一定程度上为开展这一主题研究做了一些抛砖引玉的研究设想。同时，与现有研究澳大利亚教育国际化的成果中，根据教育国际化的发展历史、发展经验、发展经验借鉴的研究思路进行研究不同，本书虽承认亚洲素养教育也是澳大利亚教育国际化的一种形式，但是聚焦于澳大利亚面向亚洲的教育国际化的视角，探讨澳大利亚在实施亚洲素养教育方面存在的问题，并将之与澳大利亚的国家身份认同等方面的关系进行分析。这一方面的研究拓展了有关澳大利亚教育国际化发展的研究视角，有助于更加深入理解澳大利亚教育国际化发展中面临的更为深刻的问题。

本书提出了借鉴澳大利亚亚洲素养教育实践的经验和视角以发展中国的“一带一路”素养，初步设想了“一带一路”素养的概念内涵和构成要素，以期为后续研究提供参考。

参考文献

（一）著作

［1］习近平．习近平谈治国理政：第二卷［M］．北京：外文出版社，2017.

［2］习近平．习近平谈治国理政［M］．北京：外文出版社，2014.

［3］沈永兴，张秋生，高国荣．澳大利亚［M］．北京：社会科学文献出版社，2014.

［4］崔越．澳大利亚的中等强国外交［M］．北京：对外经济贸易大学出版社，2016.

［5］孙有中，韩锋．澳大利亚发展报告（2017—2018）［M］．北京：社会科学文献出版社，2018.

［6］张天．澳洲史［M］．北京：社会科学文献出版社，1996.

［7］常晨光，喻常森．中澳关系大趋势：利益共同体的构建与展望——纪念中澳建交40周年［M］．广州：中山大学出版社，2012.

［8］刘樊德．澳大利亚东亚政策的演变：在碰撞与融合中实现国家利益［M］．北京：世界知识出版社，2004.

［9］汪诗明．20世纪澳大利亚外交史［M］．北京：北京大学出版社，2003.

［10］王宇博．澳大利亚：在移植中再造［M］．成都：四川人民出版社，2000.

［11］夏玉和，李又文．澳大利亚社会与文化［M］．北京：外语教学与研究出版社，2008.

［12］李文红，于芳．身份认同视角下的中德关系：1990—2013［M］．

北京：社会科学文献出版社，2016.

［13］卢铁城，谢安邦，张东海. 扩大对外开放　建设高等教育强国［M］. 北京：高等教育出版社，2016.

［14］王承绪，顾明远. 比较教育［M］. 北京：人民教育出版社，2012.

［15］沃特森. 多元文化主义［M］. 叶兴艺，译. 长春：吉林人民出版社，2005.

［16］麦金泰尔. 澳大利亚史［M］. 潘兴明，译. 上海：东方出版中心，2009.

［17］王毅. 1949 年以来的澳中关系：60 年贸易与政治［M］. 喻常森，等译. 北京：社会科学文献出版社，2014.

［18］沃克. 澳大利亚与亚洲［M］. 张勇先，等译. 北京：中国人民大学出版社，2009.

［19］贝磊，鲍勃，梅森. 比较教育研究：路径与方法［M］. 李梅，译. 北京：北京大学出版社，2010.

［20］阿诺夫，托雷斯. 比较教育学：全球化与本土化的辩证关系［M］. 冯增俊，等译. 北京：人民教育出版社，2012.

［21］奈斯比特　J，奈斯比特　D，龙安志. 世界新趋势："一带一路"重塑全球化新格局［M］. 张岩，译. 北京：中华工商联合出版社，2017.

［22］吕浦."黄祸论"历史资料选辑［M］. 北京：中国社会科学出版社，1979.

［23］潘成鑫，沃克. 澳大利亚与中国：跨文化的挑战与思考［M］. 北京：中国社会科学出版社，2015.

［24］JOHNSON C，MACKIE V，MORRIS - SUZUKI T. The social sciences in the Asian Century［M］. Canberra：Australian National University Press，2015.

［25］HALSE C. Asia literate schooling in the Asian Century［M］. London and New York：Routledge，2015.

［26］OAKMAN D. Facing Asia：a history of the Colombo Plan［M］. Canberra：Australian National University Electronic Press，2010.

［27］WHITLAM E G. The Whitlam government：1972 - 1975［M］. Ringwood：Penguin Books Australia，1985.

［28］FULLAN M，LANGWORTHY M. Towards a new end：new pedagogies for deep learning［M］. Washington：Collaborative Impact Seattle，2013.

［29］MANDAL P. Proceedings of the international conference on managing the Asian Century [M]. Singapore: Springer Heidelberg NewYork Dordrecht London, 2013.

[30] SOONG H, COMINOS N. Asia literacy in a global world: an Australian perspective [M]. Singapore: Springer, 2018.

（二）期刊

[1] 罗美娜. 基础教育课程国际化的比较研究：澳大利亚“亚洲战略”与我国“非洲战略”的思考 [J]. 浙江师范大学学报（社会科学版），2016，41（5）.

[2] 咏洲. 澳大利亚及其亚洲邻国 [J]. 东南亚研究，1959，3（8）.

[3] 张秋生. 澳大利亚人的亚洲观及澳亚关系 [J]. 世界历史，2000（5）.

[4] 张秋生. 澳大利亚“面向亚洲”政策的形成 [J]. 世界历史，2002（5）.

[5] 张秋生，蒋启良. 略论澳大利亚在《科伦坡计划》中对东南亚的援助 [J]. 东南亚纵横，2010（12）.

[6] 张秋生. 澳大利亚亚洲语言文化与移民政策的调整：1991—1995 [J]. 学海，2014（2）.

[7] 张秋生. 澳大利亚移民政策调整主要制约因素探析 [J]. 淮阴师范学院学报（哲学社会科学版），2017，39（5）.

[8] 许善品，巫宏. 近代以来澳大利亚亚洲观的演变 [J]. 印度洋经济体研究，2016（5）.

[9] 王光厚，袁野. 澳大利亚“融入亚洲”战略论析 [J]. 太平洋学报，2013（9）.

[10] 张建威. 亚洲世纪中的澳大利亚公共外交 [J]. 大连大学学报，2013，34（2）.

[11] 钱超英. 澳大利亚：移民、多元文化与身份困惑 [J]. 深圳大学学报（人文社会科学版），2009（2）.

[12] 钱志中. 澳大利亚多元文化主义政策的历史选择与动态演化 [J]. 世界经济与政治论坛，2014（6）.

[13] 王敬慧. 亚洲世纪的澳大利亚文化研究 [J]. 山东外语教学，2015，36（2）.

[14] 王绍华. 澳大利亚《国家学校亚洲语言学习计划》（NALSSP）探析 [J]. 铜仁职业技术学院学报，2014（1）.

[15] 王宇博. 澳大利亚民族认同的演进 [J]. 史学理论研究，2008

(2)，159.

[16] 宋薇薇. 澳大利亚留学生监察员联盟已受理近600份投诉[J]. 世界教育信息，2012，25 (17).

[17] 刘奕涛，柯森. 培育“亚洲素养”：学校教育的路径探析——基于澳大利亚亚洲教育基金会的研究报告[J]. 比较教育研究，2018 (7).

[18] 江涛. 公共外交视角下的新科伦坡计划[J]. 公共外交季刊，2018 (1).

[19] 孙有中，江璐. 澳大利亚主流媒体中的“一带一路”[J]. 现代传播，2017，39 (4).

[20] 郭文娟. 澳大利亚国际教育战略新动向[J]. 现代教育科学，2018 (9).

[21] 吴光明. 基于贸易导向的澳大利亚高等教育国际化发展经验与借鉴[J]. 教育与职业，2013 (32).

[22] 甘振军. 试论冷战后澳大利亚与东盟的关系：从摇摆不定的地区政策到亚太世纪白皮书的出台[J]. 东南亚纵横，2013 (11).

[23] 杨蓉，蒋启良. 传统中等强国与发展中地区区域合作：基于澳大利亚与东盟互动的案例研究[J]. 印度洋经济体研究，2016 (5).

[24] 时晨晨. 澳大利亚“新科伦坡计划”政策及其实施效果探析[J]. 郑州师范教育，2018 (1).

[25] 王向民，巩雪，朱萍. 澳大利亚的技术移民政策对留学教育的影响及其启示[J]. 世界教育信息，2017，30 (24).

[26] 鲍东明，曾晓洁，张瑞芳. “一带一路”建设核心区对外开展教育交流合作情况调研报告[J]. 比较教育研究，2016，38 (12).

[27] 顾明远. “一带一路”与比较教育的使命[J]. 比较教育研究，2015，37 (6).

[28] 马早明. “一带一路”背景下中国与东盟高等教育合作的策略选择[J]. 华南师范大学学报（社会科学版），2017 (1).

[29] 程国强. 共建“一带一路”：内涵、意义与智库使命[J]. 中国发展观察，2015 (4).

[30] 江波. 教育合作是中国—东盟命运共同体的重要支柱[J]. 中国高等教育，2016 (18).

[31] 姜斯宪. 推动构建人类命运共同体　努力开创高等教育新时代[J]. 中国高教研究，2017 (12).

[32] 大塚丰，高益民. 比较教育有区别于其他教育学科的独特价值[J]. 比较教育研究，2017，39 (9).

［33］ O'NEIL A. Australia's Asia White Paper review and the dilemmas of engagement ［J］. Security challenges, 2012, 8 (1).

［34］ KIZEKOVA A. Australian national identity and the Asian Century ［J］. Annual of language and politics of identity, 2013, 7 (1).

［35］ KOSTOGRIZ A. The question of professional ethics in TESOL: hospitality as an (im)possible demand? ［J］. TESOL in context, 2018, 27 (2).

［36］ HE B G. The awkwardness of Australian engagement with Asia: the dilemmas of Australian idea of regionalism ［J］. Japanese journal of political science, 2011, 12 (2).

［37］ MASCITELLI B, O'MAHONY G B. Australia in the Asian Century: a critique of the White Paper ［J］. Australasian journal of regional studies, 2014, 20 (3).

［38］ LINGARD B. The Australian curriculum: a critical interrogation of why, what and where to? ［J］. Curriculem perspectives 2018, 38 (1).

［39］ HERSCOVITCH B. Australia's Asia literacy non-problem ［J］. Centre for independent studies, 2012 (133).

［40］ BRENNAN M. National curriculum: a political-educational tangle ［J］. Australian journal of education, 2011, 55 (3).

［41］ BUCHANAN J, BURRIDGE N, CHODKIEWICZ A. Maintaining global citizenship education in schools: a challenge for Australian educators and schools ［J］. Australian journal of teacher education, 2018, 43 (4).

［42］ JOHNSON C, AHLUWALIA P, MCCARTHY G. Australia's ambivalent re-imagining of Asia ［J］. Australian journal of political science, 2010, 45 (1).

［43］ LOWE D. Australia's Colombo Plans, old and new: international students as foreign relations ［J］. International journal of cultural policy, 2015, 21 (4).

［44］ PANG D. Educating for location? the policy context of "becoming Asia-literate" in five western countries/regions in the 1990s ［J］. Comparative education, 2005, 41 (2).

［45］ HENDERSON D. Politics and policy-making for Asia literacy: the Rudd Report and a national strategy in Australian education ［J］. Asian studies review, 2008, 32 (2).

［46］ HENDERSON D, ALLAN C, MALLAN K. Towards Asia literacy: the Australian curriculum and Asian-Australian children's literature ［J］. Curriculum perspectives, 2013, 33 (1).

[47] HENDERSON D J. Pursuing an "export culture" through the teaching of Asian languages in Australian schools: the gap between theory, practice and policy prescription [J]. ASAA e-journal of Asian linguistics and language teaching, 2002 (2).

[48] HENDERSON D. Reconceptualising our cultural maps: teaching for cross-cultural understanding through the studies of Asia [J]. Social educator, 2004, 22 (2).

[49] HENDERSON D. A strategy cut-short: the NALSAS Strategy for Asian languages in Australia [J]. Electronic journal of foreign language teaching, 2007, 4 (1).

[50] HENDERSON D, TUDBALL L. More than national education: possibilities for critical participatory learning in the Australian curriculum through civics and citizenship [J]. Curriculum perspectives, 2017, 37 (1).

[51] TILBURY D, HENDERSON K. Education for intercultural understanding in Australian schools: a review of its contribution to education for a sustainable future [J]. Australian journal of environmental education, 2003, 19 (0).

[52] PEACOCR D, LINGARD R, SELLAR S. Texturing space-times in the Australian curriculum: cross-curriculum priorities [J]. Curriculum inquiry, 2015, 45 (4).

[53] ELIAS J, JOHNSON C. On re-engaging Asia [J]. Australian journal of political science, 2010, 45 (1).

[54] FITZGERALD S. The Asian studies crisis: ASAA, government and people [J]. ASAA review, 1978, 2 (1).

[55] HALSE C, LEVY G. Building teacher capacity for Asia literacy in schools [J]. Ethos, 2014, 22 (3).

[56] HALSE C. Asia literacy and schooling [J]. Curriculum perspectives, 2013, 33 (3).

[57] HASSIM E. Next steps for Asia learning: a conceptual discourse [J]. Social educator, 2015, 33 (1).

[58] HERSCOVITCH B. Australia and the Asian ascendancy: why upskilling is not necessary to reap the rewards [J]. The centre for independent studies, 2013.

[59] WALTON J, PRIEST N, KOWAL E, et al. Whiteness and national

identity: teacher discourses in Australian primary schools [J]. Race ethnicity and education, 2018, 21 (1).

[60] KIRBY K. What's an Asia literate national Curriculum? [J]. Primary and middle years educator, 2009, 7 (1).

[61] HENRY K. Australia in the Asian Century [J]. Asia and the Pacific policy studies, 2016, 3 (2).

[62] KENNEDY K. The idea of a national curriculum in Australia: what do Susan Ryan, John Dawkins and Julia Gillard have in common? [J] Curriculum perspectives, 2019, 39 (2).

[63] LI L, SINGH M, ROBERTSON S. Australian languages education in the Asian Century: deepening of linguistic and intellectual engagements with Asia [J]. Local global, 2012, 9.

[64] TUDBALL L, AENDERSON D. Contested notions of civics and citizenship education as national education in the Australian curriculum [J]. Curriculum and teaching, 2014, 29 (2).

[65] TUDBALL L, BRETT P. What matters and what's next for civics and citizenship education in Australia? [J]. Ethos, 2014, 22 (4).

[66] PRINT M. Curriculum policy, values and changes in civics education in Australia [J]. Asia Pacific journal of education, 2000, 20 (1).

[67] O'BRIEN M, PARRY L. From national identity to global citizenship: challenges for citizenship education in Australia [J]. International journal of social education, 2002, 17.

[68] KAMADA M. Asian studies in Australia approaches to Asia through education [J]. Australian journal of international affairs, 1994, 48 (1).

[69] LAMB M. The FitzGerald Report and the schools [J]. Australian journal of chinese affairs, 1981 (5).

[70] SINGH M G. Edward Said's critique of orientalism and Australia's "Asia Literacy" curriculum [J]. Journal of curriculum studies, 1995, 27 (6).

[71] HORIE M. The opportunities and challenges of intercultural education for Asia literacy [J]. Ethos, 2014, 22 (3).

[72] BEESON M, JAYASURIYA K. The politics of Asian engagement: ideas, institutions and academics [J]. Australian journal of politics and history, 2009, 55 (3).

[73] National Institute for Defense Studies. Australia: bipartisan consensus for deeper engagement in Asia [J]. East Asian strategic review, 2014.

[74] CASINADER N. Transnationalism in the Australian curriculum: new horizons or destinations of the past? [J]. Discourse: studies in the cultural politics of education, 2016, 37 (3).

[75] MEANEY N. The end of "White Australia" and Australia's changing perceptions of Asia, 1945 – 1990 [J]. Australian journal of international affairs, 1995, 49 (2).

[76] NDHLOVU F. A critical discourse analysis of the language question in Australia's immigration policies: 1901 – 1957 [J]. Australian critical race and whiteness studies, 2008, 4 (2).

[77] PAN C X. Knowing Asia and re-imaging the Australian self [J]. Curriculum perspectives, 2013, 33 (3).

[78] PANG D. Educating for location? The policy context of "becoming Asia-literate" in five western countries/regions in the 1990s [J]. Comparative education, 2005, 41 (2).

[79] GORJÃO P. Australia's dilemma between geography and history: how consolidated is engagement with Asia? [J]. International relations of the Asia-Pacific, 2003, 3 (2).

[80] SALTER P. The problem in policy: representations of Asia literacy in Australian education for the Asian Century [J]. Asian studies review, 2013, 37 (1).

[81] SALTER P, MAXWELL J. The inherent vulnerability of the Australian curriculum's cross-curriculum priorities [J]. Critical studies in education, 2016, 57 (3).

[82] LAIFER N, KITCHEN N. Making soft power work: theory and practice in Australia's international education policy [J]. Politics and policy, 2017, 45 (5).

[83] THAKUR R. Australia's engagement with Asia: strategic or transactional? [J]. India quarterly: a journal of international affairs, 2013, 69 (4).

[84] GAUCI R, CURWOOD J S. Teaching Asia: English pedagogy and Asia literacy within the Australian curriculum [J]. Australian journal of language and literacy, 2017, 40 (3).

[85] RIZVI F. Beyond the east-west divide: education and the dynamics of Australia-Asia relations [J]. Australian educational researcher, 1997, 24 (1).

[86] RIZVI F. Epistemic virtues and cosmopolitan learning [J]. Australian educational researcher, 2008, 35 (1).

[87] RIZVI F. Towards cosmopolitan learning [J]. Discourse: studies in the cultural politics of education, 2009, 30 (3).

[88] RIZVI F. "Engaging the Asian century", critical perspectives on communication [J]. Cultural & Policy studies, 2015, 31 (1).

[89] BICE S, MERRIAM A. Defining Asia capabilities for Australia's public service [J]. Australian journal of public administration, 2016, 75 (3).

[90] SHAHLA Z, ALIREZA Y, MOHAMMAD Y et al. Global citizenship education and its implications for curriculum goals at the age of globalization [J]. International education studies, 2013, 6 (1).

[91] LEONG S. I don't care about Asia: teaching Asia in Australia [J]. Journal of Australian studies, 2017 (7).

[92] LARSEN S E. Australia between White Australia and multiculturalism: a world literature perspective [J]. Comparative literature: East & West, 2017 (1).

(三) 学位论文

[1] 王晶. 影响澳大利亚国家亚洲语言学习战略的经济和政治因素 [D]. 北京: 北京外国语大学, 2016.

[2] 黄丽仪. 二十世纪八十年代以来澳大利亚高等教育面向亚洲的国际化 [D]. 上海: 华东师范大学, 2012.

[3] 李辉. 二战后澳大利亚高等教育国际化政策的研究 [D]. 上海: 华东师范大学, 2016.

[4] 许善品. 论澳大利亚融入亚洲的进程: 1972—2012 [D]. 上海: 华东师范大学, 2014.

[5] 杨尊伟. 澳大利亚高等教育国际化探析 [D]. 长春: 东北师范大学, 2004.

[6] 马立超. 澳大利亚面向 2020 年高等教育改革研究 [D]. 哈尔滨: 哈尔滨师范大学, 2016.

[7] 汪书丞. 澳大利亚疑虑"一带一路"倡议的原因探析 [D]. 湘潭: 湘潭大学, 2019.

[8] 巫宏. 澳美同盟中澳大利亚的战略自主性分析 [D]. 湘潭: 湘潭大学, 2018.

[9] 方群. 澳大利亚民族身份建构困境分析: 澳大利亚多元文化主义政策及其效用 [D]. 北京: 北京外国语大学, 2018.

[10] 张文杰. 澳大利亚亚洲融入研究 [D]. 济南: 山东大学, 2015.

[11] AILSA G. Global connections: a case study of how and why Australian

teachers connect their students with Cambodian communities [D]. Brisbane: Queensland University of Technology, 2016.

[12] BENJAMIN A. English teachers and the Asia literacy priority: is it really a priority? [D]. Perth: Murdoch University, 2019.

[13] DEBORAH H. The Rudd Report: an anatomy of an education reform [D]. Griffith: Griffith University, 1999.

[14] MACKENZIE J. The entrepreneurial bureaucrat: a study of policy entrepreneurship in the formation of a national strategy to create an Asia-literate Australia [D]. Melbourne: Victoria University of Technology, 2001.

[15] JIM Q. Asian studies in Australian education (1970 – 2002): a study of four reports [D]. Melbourne: University of Melbourne, 2005.

[16] CURTIS J. Defining Asian social studies in New South Wales' secondary schools: a curriculum history, 1967 – 2002 [D]. Submitted in fulfilment of the requirements of the degree of Doctor of Education, 2010.

[17] LARAGHY M J. A case study of implementing international programs in one state school [D]. Brisbune: Queensland University of Technology, 2016.

[18] OKUMURA S. Policy and implementation for the teaching of Asian languages in Australian primary schools: a case study of Japanese in Victoria [D]. Melbourne: Monash University, 2015.

（四）研究报告

[1] Asia Education Foundation. Australian curriculum review: AEF submission [R]. Asia Education Foundation, 2014.

[2] Asia Education Foundation. Towards an Asia capable school education workforce [R]. Asia Education Foundation, 2013.

[3] Asia Education Foundation. Parents and the learning of Asian languages in schools [R]. Asia Education Foundation, 2015.

[4] Asia Education Foundation. Teacher education and languages [R]. Asia Education Foundation, 2015.

[5] Asia Education Foundation. Submission to the Australian Government White Paper on Australia in the Asian Century [R]. Asia Education Foundation, 2012.

[6] Asia Education Foundation. What works 1: building demand for Asia literacy [R]. Asia Education Foundation, 2012.

[7] Asia Education Foundation. What works 2: leading school change to

support the development of Asia-relevant capabilities [R]. Asia Education Foundation, 2013

[8] Asia Education Foundation. What works 4: using ICT in schools to support the development of Asia- relevant capabilities [R]. Asia Education Foundation, 2013.

[9] Asia Education Foundation. What works 5: schools becoming Asia literate [R]. Melbourne: Asia Education Foundation, 2013.

[10] Asia Education Foundation. What works 6: Australia-Asia school partnerships [R]. Asia Education Foundation, 2014.

[11] Asia Education Foundation. What works 7: study programmes to Asia [R]. Asia Education Foundation, 2014.

[12] Asia Education Foundation. What works 8: parents and the learning of Asian languages in schools [R]. Asia Education Foundation, 2015.

[13] Asia Education Foundation. What works 9: achieving intercultural understanding in schools [R]. Asia Education Foundation, 2015.

[14] Asia Education Foundation. What works 10: teacher education and languages [R]. Asia Education Foundation, 2015.

[15] Asialink. Public submission made to the review to achieve educational excellence in Australian Schools[R/OL]. (2018-03-28)[2022-05-25]. https://submissions. education. gov. au/Forms/RAEEAS/Documents/Asialink-The-University-of-Melbourne. pdf.

[16] AUCHMUTY J. The teaching of Asian languages and cultures [R]. Canberra: Australian Government Publishing Service, 1970.

[17] Asian Studies Council. A national strategy for the study of Asia in Australia (The National Strategy) [R]. Canberra: AGPS, 1988.

[18] Asian Studies Association of Australia. Maximizing Australia's Asia knowledge: repositioning and renewal of a national asset [R]. Asian Studies Association of Australia, 2002.

[19] Australian Government Department of Education and Training. Higher education in Australia: a review of reviews from Dawkins to today[R/OL]. (2015-10-15)[2022-05-25]. http://hdl. voced. edu. au/10707/384852.

[20] Asia Society Australia. Disruptive Asia: Asia's rise and Australia's future [R]. Asia Society Australia, 2017.

[21] Asia Society Australia. Disruptive Asia 2018: ASEAN special edition [R]. Asia Society Australia, 2018.

[22] ANG I, TAMBIAH Y, MAR P. Smart engagement with Asia: leveraging language, research and culture [R]. Australian Council of Learned Academies, 2015.

[23] INGLESON J. Asia in Australian higher education: report of the inquiry into the teaching of Asian studies and languages in higher education (Ingleson Report) [R]. Canberra: Australian Studies Council, 1989.

[24] JOHN F, ROBIN J, KAMA M, et al. Maximising Australia's Asia knowledge: repositioning and renewal of a national asset [R]. Asian Studies Association of Australia, 2002.

[25] LO BIANCO J. Second languages and Australian schooling [R]. Australian Council for Educational Research, 2009.

[26] Strategy Policy and Research in Education Limited. The nature of international education in Australian universities and its benefits [R]. Universities Australia, 2009.

[27] WILKINSON J, MILGATE G. Research report: studies of Asia in year 12 [R]. Melbourne: ACER, 2009.

后　　记

本书是在我的博士论文的基础上修改而成的。2020 年，博士论文写作基本定稿的时候，世界上发生了两件重大的事情：第一件事情是新型冠状病毒感染在全球大流行，影响全球 200 多个国家和地区；第二件事情是发生于澳大利亚的山火，足足燃烧了 5 个多月，据称产生了约 4 亿吨二氧化碳，约占 116 个二氧化碳排放量最低的国家一年排放量的总和。山火导致了大量植物烧毁和大量动物死亡，由山火引发的雾霾飘至新西兰、印度尼西亚等国家。这两件事情，看似没有直接的关系，但是，它们都反映了全球互联时代各国间的相互影响，这些事件将会造成一个国家或地区发展的外部环境不确定性加剧。这使得中国领导人提出的构建人类命运共同体的理念和主张显得尤为重要。因为，单靠一个国家或一个地区的力量是无法解决人类共同面临的困境的。在全球性的公共危机面前，各国只有“抱团取暖”，以对话与合作的方式才能最终克服全球性的挑战。

实际上，无论是全球性的难题还是生活上的事情，都需要集思广益。每一次进步，都间接或直接地需要借鉴别人的意见或者获得别人善意的支持才能做到。从某种意义上讲，本书的完成也是得益于对话的方式。通过对话，才会有真实的想法，才会有情感的交流，才能碰撞出思想的火花。本书的完成要感谢的人太多了，当然下面所列举的人，是我最想要表达谢意的！

首先，我要感谢导师柯森教授。正是在与柯老师的多次交谈中我才萌生了撰写国家间理解与对话方面的文章的想法。每一次与老师的交流，都令我有茅塞顿开的感觉，并从而逐渐选择澳大利亚与亚洲教育交流与合作这一主题作为博士论文的研究焦点。从选题论证、研究思路到论文撰写、论文修改，柯老师都付诸了大量的精力，给予我精准到位的指导。可以说，没有柯老师在背后的敦促、指点和支持，就没有博士论文的写就，也就没有本书的修改与最终出版。当听说我的这本书即将出版，他欣然答应为本书作序。我将永远铭记恩师的支持和关爱！

其次，本书的出版得到了广东高等教育出版社及编辑自始至终的大力支持，他们的专业水准及对待著作出版认真负责的态度让人钦佩。

再次，感谢我的工作单位嘉应学院教育科学学院的领导与同事对本书出版提出修改建议及给予大力的支持。

最后，我要感谢我的家人。他们是我开展学术创作的最强动力。愿以本书献给我的家人。

刘奕涛

2023 年 8 月 15 日于嘉应学院